公共哲学を語りあう

中国との
対話・共働・開新

金泰昌
編著

東京大学
出版会

Public Philosophizing with Chinese Friends:
Dialoging, Co-acting and Opening New Horizons
Tae-Chang KIM, Editor
University of Tokyo Press, 2010
ISBN 978-4-13-010114-1

【ひらきの語り】

出版＝公共するにあたって

日時　二〇一〇年三月一日
場所　神戸ポートピアホテル

――一九九八年以来、精力的に公共哲学対話研究会を推進され、シリーズ『公共哲学』全二十巻の編者を務められた金泰昌先生に対して、多くの方から公共哲学に関する先生のお考えがあらわれる著書が要望されていました。今回、単独思考の所産としての著書ではなく、対話篇という姿形で刊行されることになりました。その意図についてお聞かせ下さい。

金泰昌　本書のタイトルは「公共哲学を語りあう」で、サブタイトルは「中国との対話・共働・開新」です。本書は、主として公共哲学に関心を寄せる中国の方々との語りあいから成り立っています。講演の場合も、一方的に語るのではなく、講演会場で参加者からの質問を受けて、それに応答する形をとり、できるだけ対話となるようにしました。

これは、公共哲学は、対話・共働・開新であると同時に、その相関連動活動の持続・反省・改善であるとわたくしが考えているからです。独話ではなく対話という形式で、他者とともに動態的なプロセスを経ることによって、新しい地平を開く／新しい地平が開かれる、という考え方に基づいているからです。そして、公共哲学は（お互いに和む関係を作り出す）「相和《そうわ》」と（お互いをいかしあう）「相生《そうせい》」と（ともに幸福となる）「共福《きょうふく》」の公共世界を目指しているからでもあります。

一九九八年以来、主に日本を拠点として公共哲学対話活動をしてきました。その成果はシリーズ『公共哲学』全二十巻、及びシリーズ『物語り論』全三巻をはじめとする本として刊行しています。それらを踏まえ、「公共哲学を公共する旅」を主に中国と韓国とで行い、その一部分の記録は『公共的良識人』（京都フォーラム事務局発行）に掲載してきました。今回、その記録の中国篇の中から九編を選び、はじめにとおわりにを追加して編んだのが本書です。

―― 先生のご出身である韓国の記録より先に中国篇を刊行するのはなぜですか。

金泰昌　わたくしは東アジア発の公共哲学を世界に発信したいと考えてきました。その際に東アジアの思想遺産を継承し活かし直したい。そうしますと、中国の思想遺産の圧倒的な蓄積があり、それを踏まえたい。また、十三億の中国の将来は、東アジアだけでなく世界に大きな影響を与えます。その中国との対話篇をまずは世に問いたいと思ったのです。

また、本文でも何度か言及されていますが、「公共哲学を公共する旅」と並行して中国で『公共哲学』第一期全十巻の翻訳が進められていたこともあります。これは、二〇〇九年に北京の人民出版社から刊行され、十月十日には、中国人民大学で刊行を記念するシンポジウムが開催され、編者の佐々木毅東京大学元総長ほかの方々とともに参加してきました。韓国よりも中国の方が本格的な対話・共働・開新のための状況形成が先行したからだとも言えます。

――そうしますと、中国において公共哲学対話活動がいっそう進むことが期待されるわけですね。

金泰昌　はい。中国では『公共哲学』第一期十巻に続き、第二期五巻と第三期五巻の翻訳出版が計画されていますし、本書『公共哲学を語りあう』の出版も期待されます。そして中国だけでなく、韓国でもシリーズ『公共哲学』の翻訳出版が検討されていますし、本書『公共哲学を語りあう』の韓国語版が同時出版されることになっています。また、「公共哲学を公共する旅」の記録の日本篇と韓国篇も準備中です。

――まさに、日本と中国と韓国との東アジア三カ国での対話活動が共働でなされ、新しい次元を開く試みが具体的なこととなっているわけですね。「出版は公共（する）哲学の実践そのものである」という理念でシリーズ『公共哲学』が日本で編集されましたが、十年を経て東アジアにその舞台を広げたことを実感します。

金泰昌　次は、中国や韓国の方々が中心となった公共哲学対話活動が中国や韓国で展開され、その成果が日本にも示され、開新された公共哲学対話活動が東アジア大で共働で行われることを期待しています。そのための契機に本書が少しでも役立つならば、大変うれしく思います。

目次

【はじめに】

公共哲学を公共する旅

公共哲学を公共する旅はいつまでつづくか分りません。しかし、現在（二〇〇八年七月一日）の時点で、過去五年間にわたる中国での「公共哲学を公共する旅」の途上で出会い・聞かされ・語りあった老若男女の方々と分有・共有・互有したと思われる感想・経験・挫折・期待・願望などに基づいて、まずわたくしの立場から語れることを語ることにします。

形式としては、わたくしの一人称的な語りになっていますが、語りの内容は広大な中国の相異なる時と場と気を通して多数の中国人たちと交わした対話、そこで行われた問いと応答が濃縮されたものであります。（個々別々の対話・共働・開新の具体的な状況は、その幾つかの事例を後ほど呈示することにいたします。）

今回のわたくしの語りは、中国で東アジアにおける相和と和解と共福を論旨としつつ、主に中日韓の思想風土の特徴とその相違・共通点を十分考慮しながら、中国の関心共有者たちとかわした対話に基づいた公共哲学の現況確認であります。

公共哲学とは何か

まず中国での議論・討論・論究は、例えば「原道」即ち「道とは何か」・「原君」即ち「君とは何か」のような問答から始まるという傾向がありました。ですから、「公共哲学とは何か」という問いに対するわたくしなりの応答が繰り返し求められました。そこで、今回のわたくしの語りも「公共哲学とは何か」に対する「こた」(応・答)えから出発します。

公共哲学とは、公共する哲学です。公共するとは対話する・共働する・開新するということです。自己と他者がともに・たがいに・向きあって、真実の相和と和解と共福を実現するための共働と開新の途を語りあう哲学であります。

語りあうというのは言語が媒介する行動・活動・運動であります。自己と他者とのあいだで・ともに・たがいに、それぞれがかかわ(係・関・拘)ったり・加わったり・控えたり・や(止・已・辞・罷)めたりするわけです。自己と他者がともに・たがいに、おのおのの選択意志に基づいて無視・反発・拒否することもあり、また共感・共鳴・共振することもあるでしょう。

しかし思考や想像や意識を自己の「内」面における現象と捉えますと、自己と他者との「間」の相互認識・理解・共観がほとんど不可能になります。自己認識はともかく、他者認識や自他「間」相関認識への通路が封鎖されてしまうからです。相互疎通が成り立ち難くなるからです。このような問題を念頭に入れて、言語だけでなく、思考も観念も意識も無意識までも自己「内」現象としてではなく、自他「間」即ち自己と他者との「間《あいだ》」における出来事として捉えることにするのです。

そしてもう一点、自己が向きあってともに語りあう他者とは、自己の外側に・別様に・そして独自に実在する人間であり自然であります。如何なる様式においても自己「内」現象に還元されてはなりません。勝手に自己と一体化できないというのが他者の他者性です。共に公共哲学するとは、最高の真実とか至上のさと（悟・覚・暁）りとか、絶対・不変の真理を探究することとはちがいます。公共哲学は聖賢・選良の優位とその権威を正当化する統治哲学ではありません。経済的不平等を競争原理の自然必然的帰結として是認すると同時に資本主義の暴走を煽る経済哲学でもありません。

公共哲学とは、一人ひとりの生命・生存・生業の基盤確保を通して日常生活における安心・安全・安楽が実感できる善良社会の共働構築のための相生《そうせい》哲学であります。自分が思い、考え、信じていることが如何に正しい・善い・貴いかを立証することではなく、自己と他者がそれぞれ思い・考え・信じていることを、ともに・たがいに・真摯に語りあうことによって、それぞれのおも（思・念・想）いが通じ合い、響きあうことが大事なのです。おもいが通じあえて、そこからそれぞれの自己の思考・判断・行動・責任に反映され、新しい展開につながるようになってこそ、自己と他者との「間」に共働——単独行動ではなく相互・相関・相補活動——に気合がかかるようになります。そして、共働の効能が実感できる理由と場所と気根も増えるようになります。そして、対話と共働の持続的蓄積から生成する力動によって、東アジアの未来創りに資する新しい地平を切り拓く——開新と称します——ところまですすむというのが公共哲学のねらい・めあて・あてどです。そこにわたくし自身の問題関心もあるわけです。

公共哲学の特色とは何か

中国では公共哲学とは何かという問題は他の哲学とくらべて公共哲学にはどのような特色があるのかという問題とともに議論されました。そこで述べられたわたくしの論意を要約します。

ほかの哲学と違う公共哲学の一番目の特色とは、ほかの哲学が圧倒的に「み（見・視・観）て考える」哲学か、「よ（読）んで説く」哲学であるのに対して、公共哲学は「き（聞・聴）いて語りあう」哲学であるということです。古代ギリシャの「テオリア」、中世ラテンの「コンテンプラチオ」、近代哲学を象徴するデカルトの「コギト」、そして仏教教学で強調される「如実知見」などは「見て考える」哲学の典型であります。そして儒（教）学・仏（教）学そしてキリスト教聖書学などとの関連で重視されてきた「訓詁」・「註疏」・「解釈」・「読解」・「註解」及びそれに類する文献研究は「読んで説く」哲学の特徴を正確に表現しています。しかし「もと」（本・元・原・基）を辿れば、ソクラテスも孔子も街角や広場や旅路でいろんな他者たちとともに・たがいに・向きあって「聴いて語りあう」哲学活動をしたわけです。

公共哲学は最高真実としての真理の観想ではなく、世間慣用の真実としての実理の講学を主軸とするところに、その特性があるわけです。講学とは文献至上主義ではなく、共働参加者たちの討論・議論・論究を大事にするということです。原点に戻って、そのありかたをあらた（改・革・新）めるというのが維新ということばの本来の意味（詩経、周雖旧邦其命維新）だとすれば、公共哲学はまさに哲学維新を目指す対話活動とも言えるでしょう。

公共哲学の二番目の特色は、ほかの哲学がほとんど自己の内面を見て考えることに力を注いできたのに対して、自他「間」の発話応答関係を基軸とする自他相関の形成・発展・進化を解明するところに重点を置くということです。真理や真実には語られるものと語られないものがあると言われますが、公共哲学はどこまでも語られる真理や真実を尊重するのです。真理や真実はどこか遠くて高いところか、それとも内密の深層に既存・既成・既定のものとして存在し、特定の内省的修行を通して、はじめて体得できるとは考えません。むしろ自己と他者がともに・たがいに・真摯に語りあうなかから出現・生成・成立する出来事であると考えるのです。公共哲学とは孤独な観照者の自己自身との「内」閉的な独話——既成事実の固定化と事後的説明に終始する——ではありません。また、書斎の中で書籍文献を渉猟し、そこから解得した知識・学説・情報を他者に向かって伝達・説明・記述することがその基本でもないのです。自己と他者との「間」の対話を通して、ともに分有・共有・互有する、発想の転換であり、実践の共響であり、地平の開拓であります。

公共哲学の三番目の特色は、ほかの哲学がどこかにひそめている権威主義とは一定の距離を置くということです。権威主義というのは、もっぱら専門家や文献の権威に対する自己卑下や盲目的服従の心理傾向がありながら、また、借り物の権威をもって他者を圧迫する態度や行動を指して称するものです。それは自己と他者の対話・共働・開新の上位もしくは根底に問答無用の天理・公理・原理のようなものを想定し、それからずれることをいろんなかたちで抑圧する社会力学のことです。勿論すべての問題が自己と他者との間で行われる対話と共働と開新を通して解決されるとは思っておりません。しかしだからといって、人間は対話する存在であり、複数の相異なる立場と意思と願望を持った人間たちが、ともに・たがいに・本当に相和・和解・共福をはかって行くためには、対話的相互関係が必須条件であるというのは紛れもない事実であると思うのです。神意や良心や偶像の権威ではなく、対話の効能に期待するのが成熟した民主主義社会における民間哲学のあり方であると思うのです。

何故、日本で公共哲学対話活動は始動したのか

中国での対話共働者たちは、何故、公共哲学対話活動が日本で本格的・集合行為的に始動したのかという問題に強い関心を示しました。ですから、わたくしもわたくしなりの体験と体感と期待を語ることにします。

一九九三年の夏のある日、アメリカのMITの副総長から、自分たちの研究成果が強いアメリカに貢献し、強いアメリカが世界の民主化と安全保障にとって必要なことであるということを強調し、わたくしの同意を無理矢理に迫るお説教を聞かされたことがあります。そしてその後、一九九四年の秋のある日、ノルウェーのオスロで開催された国際宇宙大学特別研究会での講演を終えてから訪れたオスロ大学で、大学院大学生たちと面白い対話を交わしたことがあります。そこで改めて分かったことは、オスロ大学には平和研究・和解研究・仲介交渉研究・紛争解決研究などが多々あるということと、

ノルウェー政府も仲介交渉外交に注力し、かなりの実績を積み上げてきたので、国際的な評価も非常に高いという実情です。

MITで聞かされたのは強い自我がすべての他者を自我の「内」に回収・同化・統合することによってその足「下」に置くと同時に、強いアメリカによる他者支配を地球大に追求・拡大・確立するという統治哲学であり、それはアメリカの傲慢を象徴しているということが体に受ける感じがしました。オスロ大学ではMITとはまったくちがう事情を聞いたのです。それは、自己と他者との「間」から対立・葛藤・紛争の関係当事者双方の主張・要求・意図に誠実に耳を傾けて、そこから相互の対話・共働・開新を促すと同時に、不信調整・不和解消・敵意緩和を成し遂げるための多分野横断媒介的な研究活動を重視し、そこから産出された成果に基づいて、ヨーロッパや中東における善良な世話役を目指す自他相和の市民哲学です。そして、それがノルウェーの中立志向を象徴しているのではないかということが身に沁みる感じがありました。正直に申し上げてわたくしは、東アジアにおける自他相和の市民哲学の胎動と養育と成熟を日本における哲学対話に期待したわけです。

わたくしがこの問題にこだわっていた一九九〇年代後半の東アジア情勢から考えて、中国や韓国にそのような動向を期待するのは、現実的に無理であると思われたからです。日本には幕末の思想家、横井小楠（一八〇九―六九）が世界の世話役に徹するという国家像を力説した歴史的実例があるということを知っていました。ですからそのような思想資源を改めて新たに活かし直すことが十分考えられると思ったのです。そしてそこに内外のエネルギーが注がれるようになれば、そこから東アジアにおける相和と和解と共福の共働実現のための原動力が出て来ることもありえるのではないかと思い描いたわけです。

横井小楠の言い方を借りて言い直しますと、「天地公共の実理」が中国と日本と韓国がともに・たがいに・確実に幸せになれる東アジアの公共世界の共働構築が、そのためにひたすら尽すという日本の世話役を通して出現することを期待したわけです。そして、それこそが日本における哲学対話の根本課題ではないかと思慮したわけです。

しかしそれは、どこまでもわたくしの個人的な思念であり、期待であり、願望であったわけですが、現実的具体的な出来事としての公共哲学研究会につながり、またそれが十年もつづいたというのは、そのような思念が、わたしだけが抱いていた私念ではなく、本当に数多い日本人たちも実際相似の意響を共有していたということでもあるということです。現在の時点から振り返って考えますと、そこには浅からぬ不思議な良縁の計らいがあったのではないかとも思い至るわけです。

わたくしが日本に滞在しながら本気でゼロからの日本学習を始めたのは一九九〇年の年末です。日本の実像と日本人の実心を実知したかったのです。東アジアには実心に基づいた実学＝真実の学こそが学の学たる本当のあり様であるという思想が分有されています。勿論、わたくしの発想の根底にはその伝統の最良の部分を東アジア発の公共哲学として活かし直したいという意向があります。そこにはそれまでの日本国の虚像と日本人の偽心が、東アジア共通の二十世紀の体験における日陰の部分をもたらした原因であったという認識があると同時に、実心の実働と、それを何としても新しいアジアンドリームの推進力に変換させたいという切実な願望を胸中の奥底に溜めていたからです。日本人の本心・真心・実心さえよみがえ（蘇・甦）れば、必ず必ず明るい東アジアの未来創りへの動き・働き・流れが強化されることもありえるのではないかという希望的観測があったからです。

わたくしの日本学習は、主に東京大学法学部と京都所在の国際日本文化研究センターを中心にして行われました。いろんな試行錯誤を繰り返すなかで、漸く辿り着くことができたのが「公」と「私」という観点から日本の過去と現在と将来を改めて見詰めるという問題関心です。それはわたくしの問題関心であるばかりではなく、数多い日本人たちの問題関心でもありましたし、日本の政治・経済・社会・文化などにかかわる問題としての意味と位相が大きくなりつつあったという当時の事情とも関連します。

わたくしの日本学習は日本を東アジアというコンテクストの中で捉えるということですから、当然の成り行きとして公と私——そして次第に公共が中心議題になりましたが——という角度から日本の過去と現在と将来を見つめるということは同時に、中国や韓国も公と私そして公共という角度から見つめるということにつながるわけです。これは誰かの個人研究で終始するような問題ではないと思われました。何人かの関心共有者たちのあいだで真摯に行われた対話と共働を通して、新しい地平が切り拓かれたわけです。「ともに公共哲学する時空」の稼動開始です。自由で活発で多分野横断媒介的な民間主導の活動連関です。

公共哲学京都フォーラムは二〇〇八年四月二十五日で満十年になりました。何故日本でだったのか。

敢えて言わせていただくとすれば、日本で関心共有者たちとの出会いがあり、一九八九年に発足した、国家・民族・宗教・文化・言語などの壁を超え、科学と教育と環境を語りあう民間主導の実践主体としての京都フォーラムとむすばれつながることによって、公共哲学研究者たちと京都フォーラムの両方の熱意と正気と願望が共振・共鳴・共響したからだと言えるでしょう。そして改めて強調されるべきなのは、企業の社会的責任と貢献を最重要視し、幸福社会学の理念に基づいてすべての人々に最高の幸せをおとどけするという社是を具現しつづけている株式会社フェリシモからの持続的な資金援助があったからこそ、日本における民間主導の哲学運動が可能であったという厳然たる事実です。そして国家でも政府でもなく、大学や教育機関でもなく、関西所在の中堅企業の経営者たちが、日本における前代未聞の質の高い人文学復興運動の実践主体になって、公共哲学がまさに実心実学としての有り様をより明白にするうえで多大な貢献を果たした、ということです。一九九八年当時の状況条件を直視しますと、このようなことは日本以外では到底不可能なことではないかというのが現在のわたくしの感懐です。

何故、中国で公共哲学を語るのか

では、今なぜ中国なのかという問いかけが中国での対話から出てくるのは、自然・当然・必然です。わたくし自身の素直な思いを申し上げますと、日本一国だけでは善良な世話役がつとまらないということが段々分かってきたからです。中国と日本と韓国の多数の多様な民間活動に対する期待と要請と希望が大きくなりつつあるからです。そして日本における言説の主流には長所もありますが、限界もあります。それを何とか越える必要を感じたからです。二十一世紀の地球と人類のさらなる向上・発展・改善のためには中国の役割の比重がものすごく大きくなりつつあるではありませんか。是非とも公共哲学が中国でも着実にそして真っ当に理解され、共有され、開新されることを望んでいます。わたくしにとっては中国も日本も他者です。日本では日本という他者と自己との間の対話・共働・開新をわたくしなりに誠意をこめてつづけてまいりました。しかし、中国では、中国という他者と自己との間の対話・共働・開新を精一杯実行しているわけです。また、中国と日本との間に立って両方をむすび・つなぎ・いかすという立場からの対話・共働・開新にも力を注いでいます。

わたくしは今までの人生のほとんどの歳月を学問と教育の世界で過ごしてまいりました。ですから、中国でも教育問題の対話が多かったのです。日中韓それぞれの教育課題ではなく、日中韓に共通すると思われる教育課題を、日中韓の公共する哲学との関連で語りあうということが重要です。

そこでわたくしの見解を申し上げますと、教育とは世代「間」対話による人間形成と未来創造であります。あえて言い直せば、人間共育と未来共創です。

従来の教育論では公教育とか私教育という教育の捉え方が優勢でありました。公教育とは国家もしくは政府が主導する全国一律的な教科課程に基づいた国民形成教育です。私教育とは民間主導の多様な教科課程に基づいた市民形成教育です。国家と一体化した人間形成か、それとも国家からある程度自立して人類と地球という次元との関連を含めて考える人間形成か、という問題でもあるわけです。

わたくしの考える公共哲学は、何よりも先んじて東アジアにおける相和と和解と共福の共働実現を目指すものです。ですから、国境と民族と言語などの壁を超えて、たがいに対話する人間・共働する人間・開新する人間の連動形成を重視します。そしてその実行可能で効果的な実践方法は、持続的な対話と共働と開新の善循環的な体験学習の持続的な蓄積であると思うのです。

対話とは明確な他者認識に基づいた自他間の言語的相克・相和・相生の関係活動です。自己の内部に他者を取り入れて想念的に交わす対話——よく自己内対話とも言われますが——ではなく、自己の外部に、自己に抵抗し・自己と対立し・自己に脅威を感じさせ・自己を否定することもあり得る具体的に実在する生身の人間、もしくは自然という他者と向きあう対面であり、対決であり、対応であります。対話とは、自己の「内」側でもなく、自己の「外」側でもなく、自己と他者との「間《あいだ》」における全人格をかけての交わりであるということの自他「間」相互認識が基本前提になります

日本と中国と韓国に共通する最重要教育課題は、自己と他者との対話意志・対話能力・対話体験をともに・たがいに・効果的に育みあうことではないか、というのが第一点です。

わたくしが東アジアにおける相和と和解と共福を公共哲学的探求の中心課題として重視するのは、東アジアの現代史が侵略と怨念と不幸という共通体験で点綴された重苦しい過去の物語の束縛から解放されたいからです。東アジアにおける相和と和解と共福を共働実現するという希望と信念と実践の明るい物語をともに語りあいたいからです。そのためには根気よく共働意志・共働能力・共働体験を共に育みあい、その成果を積み重ねていくことが大事です。いつでもどこでもすべてがうまくすすむ

とは思いませんが、意味のある共働の時空を増やしつづけるための多角的・多重的・多元的な教育的取組がますます要求されている、というのが第二点です。

しかし対話と共働は開新――新しい地平を切り拓くという意志と同時に、新しい地平が開かれるという力働を意味します――に進展してこそ、その意味が実感され、その効能が実証されるわけです。東アジアの国々、社会、そして人間たちが、それぞれの意志と能力と資源をたがいに持ちあわせて、侵略と反目と不幸の歴史力学を、相和と和解と共福の共働実現を目指す未来共創へ方向転換できれば、それこそが東アジア発の希望あふれるメッセージとして世界に向けて発信する価値が十分あるものになると思われます。開新意志・開新能力・開新実践の育成と涵養が日本と中国と韓国に共通する教育の最重要課題ではないか、というのが第三点です。

教育とは教師が学生に一方的に教え込むという単線的行為ではありません。教師と学生がともに・たがいに・ぶつかりあうなかで展開する対話と共働と開新の螺線的進行の共振過程が、本当の教育のありかたではないかと思うのです。

日本のアイデンティティは？　そして、日本の居場所は？

中国のいろんなところを訪れ、現地の人々とお会いして語りあいますと、日本の文明文化的・政治経済的そして歴史的アイデンティティに関する問いかけを受けます。それらをわたくしの言い方に変えて申し上げますと、例えば、川端康成は「美しい日本」そして大江健三郎は「あいまいな日本」を唱えていますが、本当の日本のあり様は何かという問いにもなりますし、日本の居場所はアジアなのかヨーロッパなのか、それともアメリカなのかということにもなります。そして「脱亜入欧」と「富国強兵」を目指した日本の形姿がどうなっているのかという問題提起にもなります。そのくらい日本の過去と現在と将来に対する関心が大きくて強いということでもあるわけです。

日本には美しいところもあれば、あいまいなところもあると思います。しかし、東アジアとの関連から見ますと、いつもあいまいな姿を見せてきたと言えるのではありませんか。

「脱亜」した日本と「入欧」した日本との不整合に日本のあいまいさがあるのではないかという中国人からの指摘がありますが、わたくしの個人的な見解はより複雑です。わたくしは「脱亜入欧」という日本的な歴史解釈は不正確であると思います。それは東アジアにおける日本国・日本人の歴史的行為、それがもたらした精神的・物質的損害を都合良く棚上げにした、他者不在の自己内閉的歴史認識だからです。

明治日本の基本路線は「脱亜入欧」による「富国強兵」というよりは「倣欧侵亜《ほうおうしんあ》」——ヨーロッパにものまねならったうえでのアジアへの侵略——のための「富国強兵」であったというのが歴史の実相ではないでしょうか。このような対東アジア的国家意志を巧妙に糊塗しつづけてきたことが、日本の本当のあり様を至極理解困難なものにしているのです。現在も大多数の日本人が何かのきっかけがあるたびに、アジア差別的な言辞を弄しながらもそれがもたらす精神的・身体的傷口や苦痛に対しては、ほとんど無頓着・非関与であるというのも、「倣欧侵亜」的なメンタリティが未だに清算されていないから、というのがわたくしの生活体験的実感です。日本人の意識内在的な原風景には、常にはるか遠くて高い彼方に実在する他者としてのヨーロッパとアメリカへの憧憬と従属、そして時代と状況の成り行きに応じて、勝手に同化したり排斥するだけの都合上の他者でしかないアジアに対する横柄と傲慢が同居しています。そこに東アジアにおける根深い不信・不和・不幸の源泉があると思われるのです。

善良な世話役の担い手になってほしい日本国・日本人が、いつまでも「倣欧侵亜」の宿痾に毒され、内外からの善意の期待が裏切られるだけだとすれば、これ以上の東アジアの悲劇はないのではありませんか。東アジアと日本の公共する――対話する・共働する・開新する――哲学、言い方をかえれば、東アジアと日本がともに・たがいに・真摯に公共哲学するということが、今日と明日の東アジアにおける相和と和解と共福の共働実現のためには何が何でも取り組まなければならない必然・当然・自然の課題であると思うのです。

そして日本の居場所ですが、一九年間（一九九〇―二〇〇八年）の日本在住から体得した実感としては、東アジアのどの国家よりもアメリカに近いところではないかと思われます。しかし、現時点での時代と状況の要請から考えますと、東アジアとヨーロッパとの「間」、東アジアとアメリカとの「間」、東アジアの国家「間」・民族「間」・文化「間」・宗教「間」の仲介交渉・紛争解決・和解達成を目指す善良な世話役のために「あいだに立つ」ことが自然・当然・必然の適所ではないか、というのがわたくしの意見であり期待ですが、どうでしょうか。

ですから、多次元的な「あいだ」こそが日本の居場所ではないかと思われるのです。明治日本は、日本刀をもったさむらいがヨーロッパ風の軍刀と軍服と軍帽で完全武装した帝国軍人に変身するやいなや、猛獣のような勢いに乗って韓国を強制併合し、中国を荒らし回る姿に映ったとすれば、平成日本はアフリカや東南アジアの発展途上の国々で多様な奉仕活動に献身している青年平和協力隊員の面影で表象されることを、日本在住の外国人の一人として祈求するのです。日本の居場所は「内」・「中」・「此方」への執着でもなく、「外」・「辺」・「彼方」への憧憬でもなく、まさに自己と他者との「間」・「あいだ」・「あわい」に立って、そこから自己と他者をともに・たがいに・同時に活かし、豊かにし、幸せにする途を探るところにあると思います。

「活私開公」の公共哲学は何故必要なのか

中国の対話共働者たちは「活私開公」の公共哲学という考え方には良好な共感を示しながら、それがどの程度、実現可能であり、それを今になって語る意味はどこにあるのか、という疑問をぶつけてきました。そこでわたくしなりの見解を語りつづけたわけです。

中国でも日本でもそして韓国でも「公」を尊重し「私」を忌避するという姿勢・態度・感覚が高く評価され強く奨励されてきました。中国と日本と韓国における理解と認識と受容にはそれぞれの特性があり、たがいのちがいが感じられますが、最低限の共通認識として、「公」は皇帝・君主・諸侯・貴族・将軍、及びそれらが象徴・代表・代理する天下・国家もしくは全体との関連で捉えられてきたと思われます。

それに対して「私」は、「公」にくらべてその存在感がかなり希薄なのですが、私利・私欲・私物・私事・私邪として弾圧・抑止・排除・犠牲・否定されました。また「公」は男の世界、そして「私」は女と子供の世界という区分けも長期間存続しました。そして原則的に「公貴私賤」・「公尊私卑」・「公先私後」であり、その極端な表現が「滅私奉公」と言われたわけです。それは東アジアの伝統的な存在論的・価値論的・社会構成的上下階層関係と、それに基づいた支配体制を正当化する秩序規範の基本・基幹・土台でもありました。それは官尊民卑的で男尊女卑的な社会風土と厳格な家父長制を正当化する根拠でもありました。

しかし、多様な歴史的事件と過程と変動を通じて、上位の「公」による下位の「私」に対する一方的な支配という垂直関係が、「公」と「私」が拮抗する双方的な相互牽制の水平関係に転換しました。そして、「公」の権威の成立とその正当性の根拠そのものが他でもない「私」による承認と合意に由来するという、思想・観念・運動の形成・発展・拡大という事態が定着するわけです。もちろん、このような言い方は誤解される余地も多々ありますが、公私関係の根本的な見直しを明確にするためには、意味のある思考転換であると思います。何故、思考転換が必要であり、そこにはどのような意味があるのでしょうか。それは「公」による「私」の支配と「私」による「公」への反動の悪循環を突破する必要性が切実に感じられるようになったからです。「滅私奉公」と「滅公奉私」との相互否定関係を脱構築し、そこから相互補整関係の再構築をはかるという意味があるのです。

わたくしの個人的な見解を申し上げますと、「滅私奉公」の論理・心理・信念は、結局、全体主義—官僚支配—独裁体制をもたらすと同時に、それが強化・蓄積・是認される中で構造悪・組織悪・制度悪に変質するという事態を、ドイツのナチスやソビエトのスターリニズムの事例が示しているということです。また「滅公奉私」の論理・心理・信念が極端化されますと、無政府主義—群集暴力—虚無主義的・快楽至上主義的・退廃的自閉を招来するということもある程度理解されています。ですから「滅私奉公」と「滅公奉私」との悪循環的行き詰まりを突破・開新するために、新しい公私関係として「活私開公」という発想が必要になるのです。

　ここで一番重要なことは、「私」の捉え直しです。「私」を活かすとはどういうことかをよく考えることです。従来の見識からすれば、「私」とはできるだけ「おさ」（押・抑・圧）え、「おさ」（治・修・納・収）めるべきであるということでした。これは「い」（活・生・行）かすとは正反対とも言えます。「おさ」えはやがて「け」（消・滅・殺）すに「か」（替・代・換・変）わって行くわけです。そのような成行きの力働転換を思い量るということから公共哲学的発想が始動するわけです。即ち、基本的に「滅」・「消」・「殺」の発想から「活」・「生」・「立」の発想への発想転換によってはじめて充実するからです。「活」・「生」・「立」という発想は、柔道の高段であった父親が口癖のように言いつづけた「活人」と「殺人」のわざ（業・技・芸）のちがいという考え方からヒントを得たものです。

　哲学にも「強己殺人」の哲学と「活人立己」の哲学があると思うようになりました。「人」とは自分ではなく、他者のことです。そして「人間」とは他者と自己との「間《あいだ》」の相互関係です。ですから

「活人」とはまず他者を活かすことです。そうすれば自己も同時に活かされるのです。しかし他者を殺せば、結局、自己も殺すことになるというのが「活人」の発想の原点です。では「活私」とは何か。それは他者の「私」――人格の一人称性と生命・生存・生業の当事者性と思考と判断と行動と責任の主体性と言語活動における主語性など、具体的実存的自覚の根元――を活かすということです。「滅私奉公」とはまさにそのような「私」をとことん殺したところに「公」を立てたということです。しかし他者の「私」を殺すということはやがて自己の「私」を殺すことにつながりますし、他者の「私」を活かすということは、そのまま自己の「私」を活かすことに連動します。なぜか。同じ力働がはたらくからです。権力者や支配者の都合からすれば「強己殺人」の心身武装が必要ですが、民主社会の一般市民は「活人立己」の心構えが基本倫理として相応しいのではありませんか。

要は「公」の構造改革を「公」と「私」との「間《あいだ》」からの対話・共働・開新――「公私共媒」と称します――を通して為し遂げるために、「活私開公」の公共哲学が必要なのです。それは「公」も「私」のどちらも抑圧・否定・抹殺することなく、両方をともに・たがいに・相互補完的に改善・向上・前進させる――幸福共創と称します――ということになるのです。「公」とは相異なる「公共」を新しく想定し、それを「公」と「私」との「間」から両側の仲介・媒介・共媒のはたらきとして捉え直す理由・目的・主旨がそこにあるのです。

現在の時点では、「公」と「公共」を区別するとか、「公共」もしくは「公共性」を英語のパブリックの翻訳語として「公平性」・「公正性」・「公開性」という意味に理解するのではなく、それとはまったくちがう漢字語としての独自の意味付けを試みるということには、かなりの抵抗・反発・無視があります。日本でも韓国でもそして恐らく中国でも状況はあまり変わらないのではないかと思われます。しかし、わたくしの立場から申し上げますと、「公平性」・「公正性」・「公開性」などは、「公」が「私」に対して示すべき当然の姿勢・態度・行為であり、それは「公」の「権力性」・「防衛性」・「閉鎖性」との対比で言及・指摘・強調される「公」のありかたの問題なのです。「公共」とは次元がちがうのです。「公共」（する）とはどこまでも「公」と「私」との「間」の相互関係の問題であります。

日本の思想風土と公共哲学との相性はどうか

中国でたびたび聞かされることですが、例えば、日本思想の一つの特徴として、「思想の内面化」もしくは「内面重視」というのがあります。わたくしの正直な実感として、韓国人であるわたくしが丸ごと日本人の内在化・内面化・一体化的な思考傾向を通して日本国・日本人に回収・同化・統合されたくありません。日本人も外国に行けば、そうされたくないはずです。わたくしはわたくしとして、そのままの存在と意味と価値が認められたいのです。差別されるのではなく、きちんと分別されるということです。日本人の判断基準だけで定義されては困るのです。そのようなところがうまく通じなくて、相互の誤解が強化・増加・悪化するだけという場合がすくなからずあります。何故、そのような齟齬が生じるのか。必ずしも悪意からくるとは限らない食い違いから、嫌悪と反目の心理が働くのはなぜか。そこには不幸な誤解があるのではないかと思われます。それは日本の思想風土のどこかには、自己の外部に実在する他者を重視するということが他者へ依存するとか服従することと捉えられたり、他者に振り回されたり支配されることであると短絡的に考えて、ほとんど本能的な拒否反応を示す傾向が多々ありながら、それと同時に実在する近隣の他者たち——国家と個人——に対しては他者への敬意が欠如するという自分たちの態度に鈍感なのです。そのような心情の奥底にはすべてのものごとを自己の内面に生起する現象に還元し、そこにすべての思念・想念・観念を回収・集中・統合するという身体感覚的な性向というか気質の動きが頻繁に感じられます。

内面重視というのは思想の特徴であるだけではなく、根深い生活情感のおもむきでもあると思われるのです。そして明らかに制度的な外部の問題までも、人間の内面の心の問題に置き換えて考えるというのが、日本的な心学の美徳であると言わんばかりの態度も見られます。

しかし、人間の内面というのは外からは見えませんし計り知れないので、他者とのかかわりがほとんど完全に遮断された唯我独尊の境地とも言えます。そこから他者も自己も同時にその形姿が消えて無くなる絶対無の場所に進展・転換・向上するとも言われます。禅宗の影響も考えられます。しかしわたくしの個人的な見解を申し上げますと、内面重視の傾向は、むしろ法相宗の唯識に影響された側面が公共哲学との関連ではより重要な問題です。何が問題なのか。それは、一切の存在はただ自己の内面に働く根本心、即ち阿頼耶識《あらやしき》が作り出した仮のものであり、そのはたらき以外に別の事物的・実体的存在はないと説くというところにあります。自己も他者も無であり、空であり、言説が造出する仮像・幻影にすぎないからそこに執着するなというけれど、それはどこまでも悟りの世界の境地であって、普通の人間が日常の生活をいとなみつづける現実世界の事象ではないのです。あえて言わせていただきますと、公共哲学の肝要は覚者の根本無分別智——真如とも言われます——ではなく、どこまでも凡夫の分別世間知にとどまるところにあります。そこには公共哲学の禁欲がはたらくからです。いずれにしてもこの問題をめぐって公共哲学研究会でも激論が交わされました。そして現在もある種の哲学的冷戦のような状態がつづいています。

では何が争点かと言いますと、結局、真実の所在にかかわる基本立場の差異です。内面重視者たちは「内在」・「内向き」・「内発」を、そして外部強調者たちは「外在」・「外向き」・「外発」を断固として固守するうえで各自の立場を貫こうとするわけです。わたくしの立場は言うまでもなく「間在」・「間向《あいだむ》き」・「間発」の重視です。「間向き」は新造語ですが、あいだに立ってあいだから「内」と「外」の両方をむすび・つなぎ・いかすということです。内面重視者と外部強調者との「間」の媒介を計らうのです。ここで媒介と言うのは、それぞれの立場をきちんと理解したうえで、ともに・たがいに・尊重し承認しあうように思い致すことであります。それは予想以上にしんどいことです。

また内面重視の思想傾向は言語の効能を軽く見るという問題があります。大多数の日本人の言語活動に対する認識と信頼と評価が驚くほど低いだけでなく弱いです。自己と他者とのあいだに展開される言語活動を最重要視する公共哲学とは相性がよくないもう一つの文化的側面です。しかしわたくしの意見を申し上げますと、自己と他者との「間」の媒介は結局、暴力・権力による支配か、金力・金権による圧倒から、言力・話芸による相談・取引・妥協に進展してきたのではないかということです。

民主主義社会とは、ものごとをできるだけ武力や財力ではなく、言語的交渉で解決する社会であると言えるのではないでしょうか。

東アジア共通の思想資源としての中国の古典をどう語り直すか

わたくしの祖父が漢学者でしたので幼い時から中国古典に接する機会が比較的に多かったと言えます。中国や日本や韓国の儒学者たちの言説に関しましてもいろいろ聞いたり読んだり学んでよく考えたりしました。一九八〇年代のほとんどの時期をアメリカとヨーロッパを中心に世界の旅回りについやしましたが、いろんなところでいろんな人々と交わした知的会話の中で、中国古典から学んだことが非常に役に立ちました。中国古典は中国人の歴史的遺産であると同時に、東アジアがともに磨き澄まして、世界に示し誇るべき公共財でもあるというのが、わたくしの立場です。ギリシャ古典がギリシャ人のみならず西欧の知的財産であるのと一緒です。

わたくしの心情を正直に申し上げますと、例えば、中国古典やインド古典がその質と量においてギリシャ古典やラテン古典に劣るところがないと信じているのに、世界的に見てそれに対する学問的・社会的認識・理解・評価がまったくととの（調・整・斉）っていないという現状にかなり強い苛立ちを感じております。何とかしなくちゃ、というやむにやまれぬ思いがあります。もちろん、日本と韓国の古典のことも一緒です。古代の聖人君子たちの言行記録という面ではあまりかわらないのに、何故、今日の思想や哲学は圧倒的にギリシャ・ラテンの古典・文献・資料に偏っているのかという疑問が若い時の欧米留学期間中、止まること無くわたくしの学術研究活動に粘着し続けたのです。

一九九八年四月二十五日、日本の京都で公共哲学対話研究会を始めてからも、大多数の共働参加者たちが主に西洋における思想的・哲学的研究成果を重視するなかで、東アジアの思想・哲学・文化の遺産資源を改めて見直し・読み直し・活かし直すことを強調してまいりました。何故か。それは人類と世界における思想と哲学と文化の再構築に東アジアからの意味のある貢献ができるような共働事業を始動する必要があると思ったからです。古典というのは原石と一緒で、放っておけばただの石ころにすぎないけれど、みが(研・磨)けば光輝く高価な宝石になるのです。宝石はいつでもどこでも誰もが欲しがります。大事にされます。人を幸せにします。一体この世界で誰が中国古典・日本古典・韓国古典を磨き上げると思いますか。中国人・日本人・韓国人たちがそれぞれ別々に自分たちの宝創りにだけに注力するよりも、東アジアの公共財として、ともに・たがいに・根気よく探し出し・照らし直し編み替えて、要望があればいつでもどこにでも、そして誰にでもそな(備・具・供)え届けるようにするという心構えの共有・分有・互有が時代と状況の要請であるとは思いませんか。

中国古典を公共哲学との関連で語り直すという具体的な事例は沢山ありますが、ここでは最も基本的な問題にかかわる一例だけをお示しします。わたくしが「公共」という漢字語の本来の意味を探し求める過程で一番最初に出会った典拠は、司馬遷(前一四五頃—前八六頃)の『史記』張釈之馮唐列伝第四十二(史記巻一百二)に出て来る「法者、天子所与天下公共也。」という文章です。

とりあえずここでは法を社会秩序維持のための規範という意味に捉えることにしましょう。古代中国の法認識というのがあったとすれば、恐らく天子・皇帝・最高権力者の命令か、もしくは法の正当性を担保する自明の根拠としての天・神・大自然の意志と結び付けて考えたのではないかと推測できます。しかし漢武帝と張釈之――現在の職位で推定すれば、法務大臣と警察庁長官を合わせたような高位の官人――との間で交わされた対話から読み取れるのは、皇帝とか天子の意志に依る一方的な命令ではなく、天子・皇帝・最高権力者と庶民・万民・民衆とが「公共」するところではじめて・ようやく・はっきりと法が法としてともに認められ、それに従うようになるということであります。

まず「公共」は名詞ではなく、動詞として読まないと意味がよく通じなくなります。では文字通りに読む場合、天子が天下・万民・民衆ととも（与）に「公共」するとは具体的にどうするということでしょうか。そこで中国・日本・韓国で出版された『史記』関係の翻訳書・注釈書・研究書などいろいろ調べてみましたが、特に参考になるようなものは見つかりませんでした。

結局、わたくし自身がいろいろ考えたすえに一種の作業仮説的な解読・解釈を提示することになりました。このように理解すればどうかという提案です。即ち「公共」するとは「対話」する・「共働」する・「開新」するということであると語り直すのです。どのような筋道でそのように読み替えるのか。『史記』に戻って考えてみましょう。物語の筋とは、ある男が橋の下から突然あらわれたので、乗っていた馬が驚いて飛び上がったため、天子が落馬負傷したということで、その男をどう処置するかという問題が発生し、軽罰で終えようとする張釈之と厳罰を要求する皇帝との間で、双方が納得する司法判断に至るまでの対話過程と要約できますが、それを改めてどう解読するかという問題になるわけです。そこで解釈学的工夫が入ります。筋書き自体は、張釈之が皇帝に向って天下万民とともに「公共」することが法を法たらしめる要であると諫言することになっています。しかし行間の奥底に刻みこまれた司馬遷の本意をどう忖度するか。彼の悲惨な挫折と失意の生涯を思い浮かべますと、張釈之のことばを通して言い伝えたかったのは、法を口実にした不正な裁きに対する抑え難い公憤ではなかったかという気がします。皇帝とその取り巻きが権力を横領し、私怨を晴らすために法を悪用する体制不正を根源的に廃絶するためには、法が法らしくなり、それが正当に執行されてこそ、誰もが進んで遵守するようになり、それでこそ天下万民の安泰が保障されるということをはっきりと書き残したかったのではないでしょうか。状況条件をこのように想定しますと、司馬遷の思惑は、張釈之の行動の意味を明確にし、その重要性を強調するところに示されていると推測できます。

当時の事情を考えますと、まず皇帝の天下万民との正しい関係としての「公共」(する)が表面に出ていることに物語的構成の意図が推測できます。それは最高権力者であっても、自己の内面に生起する思量・意志・決定だけを基準にして司法判断を一方的に命令・指示・強要するとは到底是認できるものではないということであります。天子たる者の然るべき有り様とは民衆との「間」から民衆の生命・生活・生業の安寧・改善・向上を慮り、自分自身を常に省みるということではないかと、それこそ天子が天下万民とともに「公共」するということではないかと問いかけたと読み込むのです。しかし恐らく張釈之が天子への諫言の中で述べたことは、即ち自分自身の思考と判断と行動と責任がまさに「公共」(する)の本当の形姿であるということが分からないのかと反問しているようにも読まれます。ここでわたくしは張釈之の言明を聴いて語るのです。結局、張釈之の行為こそがまさに「公共」することの典型であったし、その行為こそが、法を法たらしめ、法が法でなくなる危機から法を救い出すことができたということです。

では、張釈之の行為にはどのような意味があるのか。彼の行為は、ある男と皇帝のあいだに立って両方との対話を通してそれぞれの言い分と意中を十分思い量ると同時に、両方にとって公平・公正・公明な司法判断を実現させたということです。また、皇帝の一方的な独断・命令・執行は法が法として機能停止する可能性があるということを納得させると同時に、皇帝と民衆とのあいだにおける仲介・媒介・共媒を通して、どちらも事前に予想しなかったけれど両方が共認できる新しい解決の途が提示されたと読み直すのです。皇帝に向って「公共」することを進言したという筋書きを、張釈之の行為こそ「公共」することの原型であると語り直すことによって、パブリックとは由来がちがう「公共」（する）の概念を案出したということであります。

何故、国家と個人との間に善良社会を想定するのか

大多数の中国人学者たちは国家と個人との間に善良社会を想定するということに不馴れのようでした。国家とはある程度自立した個人たちが国家とは別次元の善良社会を共働構築するという発想が抑圧されてきたからかも知れません。このような脈略からわたくしの考える公共哲学は、質の高い善良社会を想定したうえで構想したもので、国家とは区分けされた市民社会が成熟するという政治環境が

整っているということが必要条件ではないかという問いもありました。そして、「活私開公」・「公私共媒」・「幸福共創」は非常に素晴らしい「目標理念」であり、深く共感するけれど、果してどの程度実践可能であるのかとも聞かれました。これは特に政治指導者たちや高位官僚たちに受容され、それが政治的現実になることが要請されるという主張もありました。中国における公共哲学の現実的需要はどのくらいあると推量するのかとか、最近、中国政府は国策として「和諧社会」の建設を声高く提唱していますし、どこかで公共哲学の「相和」・「和解」・「共福」と通底するところがあるような気がするとも言われました。日本人は個人的・社会的に「和」を非常に重んじていると聞いているが、長期間の日本在住に基づいた実感から言えることは何かという質問もありました。

わたくしは基本的に国家は権力――それは暴力でもある――装置で、社会は福祉――それは安心――装置であると捉えます。国家と社会は区分けはできますが、分離は今のところ至極困難です。わたくしはまず生きることが最優先課題である個人と、生きることよりもそれ自体の自己保存が重要であり、必要があれば大多数の個人たちを殺すことも厭わない国家が、無媒介に・直接的に・相互否定的に対置されるところに矛盾があると考えます。

問題は国家と社会が混合一体化された形姿で個人と真っ向から対峙するところにあります。国家を一方に、そして個人を他方に置いて、その「間《あいだ》」から両側をともに・たがいに・どちらも犠牲にしないやりかたで媒介する――むすび・つなぎ・いかす――多様・多元・多層の工夫・通路・力働を想定するわけです。日本でもこの問題で激しい論争になったこともありますが、国家と個人との間に一切の中間存在――それは結局、社会であり、特に市民社会の話になりますが――を認めない立場と、多様な中間媒介組織・団体・機能・活動の重視・促進・拡大を目指す立場との分裂・対立・葛藤であると言えるでしょう。

国家といってもその実体は結局、官僚群・官僚組織・官僚制度の外の何物でもありません。官僚思考の特徴は一元化・単純化・統合化を是とすることです。多元化・複雑化・自主化を嫌います。原子化された孤独な個人たちは政治的に――権力もしくは暴力の行使という脈絡から考えるという意味――無力ですから支配・統制・操作しやすいのです。余計なものがあいだに入ると、頭が痛いことも多々生じる可能性が増えるだけだと否定的に捉える心理が働くのです。わたくしは国家と個人との「間《あいだ》」に介在する矛盾の調整は、国家と個人、それぞれの「内」側の意志でもなく、国家と個人各自の「外」側からのある種の仕掛けでもなく、国家と個人との「間」に多様・多重・多層の媒介力学を作動させることによって相克――たがいに勝ち・敗けもしくは生きるか殺すかの――関係から相生――たがいにい（活・生）かしあう――関係への構造と機能との相関転換をはかることだと考えるのです。相克の関係から相生の関係への構造と機能における根本的な相関転換は、両側の不信・反感・敵対をやわらげ・なごみ・いやす――それは一方的な和ではなく、ともに・たがいに・相手を重んずるという意味の――相和の力働が確実に作動するということが初期条件としてとても重要です。

わたくしの一九年間の日本在住の生活体験に基づいた実感から申し上げますと、日本で重視されてきた「和」とは、仲間「内」の同化・同好・同行と余所者の締出し以外の何物でもありません。自己と他者との「間《あいだ》」から、ともに・たがいに・相手を重んずる相和とは似ても似つかぬものです。中国も韓国も現状は「五十歩百歩」でしょう。しかし「和して同ぜず」（和而不同）という論語――孔子――の和同分別を改めて思い浮かべる必要があります。相和がきちんと作動すれば、相互の不信・反感・敵意がやわらいでとけあうことによって、それらの蓄積・増殖・強化を止める――まさに和解である――に相移転できるのではないかということです。そこから双方がともに・たがいに・相手を尊重しながら幸福共創への途を切り開いて行くことが可能になるのではないかと思うのです。

これこそ自己と他者とがともに公共哲学する時空の対話・共働・開新が目指す基軸課題であります。「公」とは要するに国家です。もちろん国家だけではありません。国家にまつわるもの――例えば、権力体制・皇帝・国王・諸侯・将軍・官僚・軍隊・警察――を包括するものです。また「公」とは全体――単一の全体であるというのが公共哲学との関連ではとても重要ですが――とも言えます。「私」とは個人に・だけに・内密にかかわるものです。「公」は「公事」・「公務」・「公益」・「公利」と言われ、「私」は「私事」・「私務」・「私益」・「私利」であると区別し、「公」を「私」の上位に置いて「公」の優位と「公」による「私」の支配・弾圧・否定を正当化してきました。そして「公共」とは「公」と「私」を上下の関係もしくは優劣の関係から対等の関係に移動・把握・定位すると同時に、両方の「間」からともに・たがいに・どちらも否定されないように仲介・媒介・共媒するための仕組であり作用です。ですから「公」と「公共」とは明らかに相異なるものなのです。

例えば、「公」は国家・政府・官僚を、「私」は「一人ひとりの個人・市民・私人」を称するとすれば、「公共」は「人類と地球」（グローバル）と「国民国家」（ナショナル）と一人ひとりの人間の「生命・生存・生業の現場」（ローカル）との三次元相関的共媒という意味で、グローナカルと捉える必要があります。しかし「公共」が「公」と「私」との共媒であれば、「共」と言ったほうがよりすっきりするのではないかという反論もあります。勿論わかりやすくなる側面もあります。しかしここで是非とも皆様と一緒に考えてみたいのは、最近話題になっているいわゆる「親密圏」の問題をきちんと踏まえたうえで改めて「公共」（する）を見つめ直すことの意味です。その意味とは何か。

わたくしは「親密圏」を「私共《しきょう》」（する）時空と位置付けし、それとの相互補完関係の中で「公共」（する）を考えるのです。親密圏には「公」からの離脱・解放・自立という意味が含まれています。それはとても大事なことです。「公」とはかかわりをもたない・かかわりたくない「私」と「私」とが共にするという意味で「私共」（する）ではないかとわたくしは捉えるのです。「公共」とは文字通り「公」と「私」とがともに・たがいに・両方にとって「利」・「益」・「得」になるように仲介・媒介・共媒されるように工夫する活動を意味します。「公」は「私」の独自の存在と価値と意義を認めようとしません。ですからこの活動は「私」のほうから始動すると考えるのがより自然・当然・必然だと思われませんか。

ですから従来の「滅私奉公」もしくはその対極である「滅公奉私」の「間」から両方を連結・調整・突破するためには「活私開公」・「公私共媒」・「幸福共創」という実践戦略をもって持続的に取り組むことが必要なのです。そして、それを政治指導者たちとか高位官僚たちにではなく、生活世界の一般市民たちの対話・共働・開新の実践活動に寄託するのです。政治指導者たちや高位官僚たちは「公」の世界の特権享受者たちですから、「活私開公」による構造改革には不向きなところがあります。また、国家を丸ごと否定するということではありませんので官僚たちに相応しい役目というのがあります。それは「公務」・「公事」・「公益」・「公利」の本来的なありかたから官僚世界の内部に閉鎖された「官務」・「官事」・「官益」・「官利」に変質しないようにするという自主管理に徹するということです。

それと同時に彼ら彼女らには、いい加減に・勝手に・都合よく「公共」（する）を標榜することを慎んでもらいたいのです。官僚とは大体、国益という名の下に自己組織の利権を最優先させるという思考体質に凝り固まっています。ですから、外部の他者――それが自分たちの権限の正当性を根拠付けている本体としての国民であっても――との率直な対話と共働と開新とは相性がよくないです。ですから良質の市民社会の成熟がどうしても必要なのです。そしてそのためには国家が単純系型から複雑系型へ転換・開放・発展するということ――これが「開公」と称するものですが――に対する実相をきちんと認識することが、何よりも先決条件であると思われます。

それはまず一人ひとりの一般市民の生命・生存・生業にかかわる意欲と能力と機会を最大限に発揮することから始動する必要があります。国家がすべての課題を抱え込んで、あくせくしても途中で制度疲労・機能不全・管理怠慢をもたらすだけです。そこからありとあらゆる官制不正・組織犯罪・権力腐敗への距離は非常に近いのです。官吏による不祥事が市民に及ぼす弊害や迷惑の根本的な是正は、健全な市民意識の涵養と高揚による市民社会の自浄作用によるのが得策です。ですから、多様・多元・多層の市民社会の存在は、国家の望ましい発展・向上・改善のためにも必須・不可欠なのです。しかしだからと言って過剰な市民社会の氾濫にも危険な落し穴がありますので慎重な関与が要請されます。

現在の中国では、マルクス主義哲学は公式イデオロギーとして公認されています。ですから、個々人の見解と立場と態度には相当の差異があると思われますが、どうしてもともに公共哲学する時空では直接・間接、マルクス主義哲学と関連する問題に対話がすすむことも多々あります。いつか公共哲学とマルクス主義の問題は改めてきちんと論究する必要があります。わたくし自身もマルクス主義哲学には並々ならぬ関心を持っていますので簡単に言い終わらせるつもりはありません。しかし今回は、中国側の研究者たちから提起されたマルクス主義哲学における善良社会建設という問題に限定したうえでわたくしの個人的な意見を陳べさせていただきます。

マルクスは、すべての人間がお金のためではなく、能力と願望と必要の充足のためだけの労働を通して、社会全体の目標も同時に達成されることを目指したグランドデザインを考案し、それが数多い同調者たちの烈々な共感をもたらしました。若きマルクスが描いた善良社会にはわたくしもその壮大な夢に心がときめく時期もありました。しかし、マルクス主義を公式イデオロギーと設定し、それを政治・経済・社会体制の基軸にして強行推進した具体的な政権・政策・運動は、結果的にあまりにも大きい人命の犠牲を強要した社会実験であり、あまりにも悲惨な人間の内面破壊をもたらしてしまった政治冒険でありました。

わたくしは、マルクスの哲学とマルクス主義の哲学、特にマルクス主義という名を借りた体制哲学とは区別する必要があると考えます。マルクスの資本主義分析は、今日と明日の善良社会論にとってその理論的・実践的意義が大きいと思います。しかし、制度化・体制化・官制化されたマルクス主義哲学は理論としても実践としても破産宣告されたと思います。そこには深刻な限界と瑕疵があったということが歴史的に確証されたと思います。

公共哲学との関連であえて申し上げれば、マルクス主義哲学は、「活私開公」ではなく、「殺私破公」、「公私共媒」ではなく「公私相奪」、そして「幸福共創」ではなく、「幸福否定」の哲学であったというところに原初的限界があるのではないかと思います。マルクス主義哲学の瑕疵とは、革命を通して善良社会が到来すると考えた革命エリートたちの過剰な浪漫性であります。社会破壊のパトスと社会建設のパトスとは相性がよくないのです。破壊のパトスは、怨念・反感・敵意ですが、建設のパトスは相和・和解・共福を願望する希望・祈願・愛情がその根源のはたらきだからです。革命はより恐怖の革命を呼び増すだけだというのがわたくしの生活体験に基づいた実感です。善良社会は血腥い革命からは決して到来しないというのがソビエト・ロシア共和国連邦、東ヨーロッパ諸国、北朝鮮などの境遇から体験学習した実理であります。

（初出　『公共的良識人』二〇〇八年七月一日号）

【語りあい　その1】

1　公共哲学と公共倫理　清華大学（1）

日時　二〇〇五年四月十五日
場所　北京清華大学哲学研究科合同研究室
記録　蔡龍日《ツァイ・ルゥンリィー》

萬俊人《ワン・ジュレン》教授は、清華《チンファ》大学人文学院哲学系主任。中国で最年少で文系教授に就任（三四歳で北京大学教授）。二〇〇一年に京都で開催された第一回グローカル公共哲学京都会議に参加されたこともあり、中国における公共哲学の代表的研究者として、「公共哲学」を中国の地で、そして東アジアに広げて行くときに欠かせない中心人物である。

主要著書　萬俊人主編『現代公共管理：倫理導論』（北京：人民出版社、二〇〇五）

金泰昌　萬俊人先生は公共哲学に関連する本を出版される予定との事ですが、それはどういう内容のものですか。

萬俊人　「公共倫理」を共通主題にした書籍です。

金泰昌　先生が考えていらっしゃる「公共倫理」とはどういうものですか。

萬俊人　私が考えている「公共倫理」とは「公共領域」における「公徳」のことを指すものです。そしてそれ（公徳）は一般社会におけるものと、政治・行政領域におけるものを同時に内包するものです。

金泰昌　広東省広州の中山大学の任剣濤《レン・チェンタオ》先生は「美徳」と「公徳」を分けて考えるところから出発して「公共倫理」を構想するという立場に立っておられました。そして、「美徳」は「個人の倫理」、「公徳」は「公共の倫理」の思考と判断の基本であると見ているようでした。先生がおっしゃる「公共倫理」もだいたい似たようなお立場でしょうか。

萬俊人　私も「公共倫理」のむこうには「個人の美徳」があると思います。

金泰昌　わたくしの個人的な見解ですが、「徳性＝倫理」というよりは「徳性∧倫理」という立場です。即ち、倫理は徳性だけではなく、規範と実践（行為）も入れて考える必要があると思うのです。ですから、一人ひとりの人間が私秘的な生活関連の中で期待され、また自分の方からも自発的に志向する徳性（道徳的資質）があると同時に、公共時空で要請される徳性もあるということと、その両方がたがいに違うものであるという考え方は否定しませんが、人間が基本的に備えるべき資質とは別に、客観的・外在的規範というものがなくてはならないということも重要ではないでしょうか。

それも個々人の私秘的な事柄に関わるものと集団・組織・機関との関わりに関連するものとはおのずから違うのではないでしょうか。加えて実践・活動の具体的な内容・方向・目標なども、私秘的なものと公共的なものは区分される必要があり、そのような志向・行動・判断・責任などを相互関連的に探求するのが公共倫理ではないかと思うのです。

萬俊人 基本的には異論がありません。ただ、私は徳性＝倫理という観点から考えているのです。

金泰昌 では、先生の本のことでお聞きしたい事があります。まず、それは先生の単独著書ですか、それとも他の方との共編・共著ですか。

萬俊人 多数の方々との共編です。その本の中に含まれている論文の筆者を申しますと、主な大学をほぼ網羅しているのですが、北京大学・清華大学・中山大学・復旦大学・武漢大学・浙江大学・アモイ大学・香港大学など九大学から延べ一七名の先生方が参加しています。これは京都の国際会議場で、二〇〇一年九月一日から三日まで開催された将来世代総合研究所（所長 金泰昌）主催の第一回グローカル公共哲学京都会議「グローカル世代間応答的責任的公共哲学についてのアジア太平洋会議」に参加し、帰国してから、もう一人の会議参加者であった盧風《ルゥー・フン》教授（清華大学哲学系の同僚教授）とともに、いかにして中国にふさわしい公共哲学を探究・発展させ、そのための基本的なテキストをつくるかということを検討したのです。そこで「公共倫理」というテーマにしたら中国の現状により相応しいのではないかと考えたのです。中国では「公共哲学」といいますと、その対象範囲が広過ぎて把え難いという印象があり、より限定された「公共倫理」という概念ですすめて行くのがよいのではないかということになりました。そして社会科学の分野では「公共管理*」という言い方をしているので、私たち人文（哲学）系の学者たちは「公共倫理」という名称を使うようになったとも言えます。しかし最近の傾向としては、社会科学系の学者たちも「公共倫理」という呼び方を導入している場合もあります。そういう先生方が参加しやすいように「公共倫理」を中心テーマにして編集した次第です。

それともうひとつは、「公共哲学」という領域の学問は比較的新しいものであり、年配の先生方には受け入れられにくいという面もありますので、本を編集すると同時に比較的若い学者たちのネットワークを構築するという試みでもあったわけです。現代化が進んでいくなかで、いかに「公共化」を推し進めていくかというのも狙いですので、これをきっかけに「学術共同体」というものを構築することも考えております。

金泰昌　例えば先日お会いした中山大学の任剣濤教授などは、省単位の政府役人に働きかけて強力に「公共哲学」の重要性をアピールしています。公共哲学の学習を通して「公務員の公共精神」を向上させるために努力をされております。これは大学教授の社会的貢献であると思います。先生のお話を聞いていますと学術研究の方に重点を置かれているようなのですが、中央政府の国家公務員への働きかけについてはどのようにお考えでしょうか？

萬俊人　我々は大学社会に向けて「公共性」の研究を呼びかけているだけではなく、一般大衆や国家の官僚たちにも公共倫理の再認識を強調してきました。例えば、外交部（外務省）の課長以上の方々や、日本でいえば大臣よりすこし下のクラスの人々を集めて講演したこともあります。また清華大学には公共管理学院というものがありまして、そこでは「公共管理」の分野で講義や講演を行なっております。

金泰昌　お話を伺っていますと、「公共哲学」についての萬先生のめざしと主要関心事は、わたくしも共有できるものと思います。これから共通課題をかかえて、中国と日本と韓国で具体的に相互の関心と工夫と実践を進めていくことが可能であり、また大変重要であるということも改めて実感します。

わたくしたちは西洋思想を導入し消化して、それはこれまで随分役に立ってきたかと思います。わたくしはこれからも大事であると思っております。しかしもう一方で、東アジアの思想資源の探究・活用も重要であると思うのです。そこで、東アジア三国の古典を公共哲学の観点から読み直し、その精神を活かし直すという研究・教育・啓蒙にも力を入れているのです。

＊　Public Management の訳語。New がつけられて「NPM」と略されることが多い。訳語としては「公共経営」とされる場合もある。一九八〇年代の「小さな国家」に続いて、これまでの「管理 administration」による政府の失敗を避け、公的部門に経営的手法を取り入れて、効率性を重視しようとする考え方。しかし重要なことは、ここで使われている「公共」ということばの意味が「公共」（する）哲学の「公共」とは相異なるものであり、どちらかというと「公」（的）ではあるけれど決して「公共」（的）ではないということである。

これまでわたくしたちは、欧米の学者たちとの対話に力を入れてきました。そのために欧米の諸大学や国際機関との共催で共働研究会を開催したこともいろいろあります。わたくしの推測ですが、二十一世紀はいろいろな意味で中国の時代になる可能性があります。世界の賢人たちが中国に関心を持ち、中国で活躍するようになるでしょう。ですから、中国における公共哲学の発展の意味と必要を重視しております。

萬俊人　中国政府もそのようなことを非常に大切にしていこうという方針で、新しいスローガンとして「政治文明*」というものを掲げております。「政治文明」においてもっとも大切なものは「公共哲学」なのではないかと思っております。中国の「烽火」という五カ年計画があるのですが、これはおもに中国の重点大学などに六億人民元の投資をするというものです。これには北京大学・清華大学も含まれております。わたくしがリーダーとなって執り行っている「中華文明と文化」というプロジェクトがあるのですが、国から四年間で二千万人民元の予算が出ております。ここでわたくしは日本・韓国・中国の三カ国でなにかできればと考えております。

前にお会いした時、金先生は、二十一世紀は東アジアの世紀であると仰っていましたが、基本的にわたくしも同感です。そこで中国がどのような地位を占めるのかはよく分りません。ただ日本と韓国と中国の相互協力が何よりも重要であるということは明確です。しかし、東アジアで日本・韓国・中国には歴史的に緊密な交流があるのですが、若者たちにはそれが理解されていないという現実があるかと思います。中国の若い学者たちはアメリカを深く研究していますが、近くにある日本・韓国への理解は浅いという問題があります。日韓中の相互協力が要請される時代の状況の中で相互理解がまだ十分でないというのが問題です。

金泰昌 萬先生のおっしゃったことは日本でも韓国でもほとんど同じではないかと思います。欧米への関心や欧米の学問に対する学習意欲と比べて近隣諸国への関心やそこからの学習及び相互理解というのがものすごく弱いというのが現実です。しかし事態は変わりつつあるというのもまた事実です。ですから、例えば、新しい知のあり方を探求し、学問と研究と社会貢献の連関構造を時代の要請により相応しい方向へ改革して行くための知（識）と徳（性）と行（為）の相関向上を目指す哲学的対話運動としての「公共哲学」を、中日韓で対話する・共働する・開新するということの意味と影響が大きいのではないかと思うのです。

萬俊人 同感です。私もその方向で努力しております。

金泰昌 そこで萬先生に率直にお聞きしたい事があります。現在、中国本土で公共哲学に直接・間接、関連する研究をすすめていらっしゃる現役の大学教授は何名くらいですか。

萬俊人 私が知っている限りでは二十―三十名程度です。しかし金先生を個人的によく存じあげ、また、活動の主旨を理解した上で申しあげますと、院長とか副院長のような役職についている方々と協

＊ 中国共産党第十六回全国代表大会において打ち出された理念であり、二〇〇四年の憲法改正案の中では、物質文明、政治文明、精神文明の協調的な発展が盛り込まれた。

力していくのがより効果的であると思います。そういう方々こそ理念を現実に活かしていく力があるからです。財政的にも人的集結力という意味でも金先生との間で合意された事柄を実践に移していくための資源と権限をもっているからです。公共哲学運動の理論的・実践的共働が現実的に可能になるからです。

金泰昌　萬先生のお陰で中国の南の方は任剣濤教授とのつながりが出来ましたが、北の方はどなたがいらっしゃいますか。

萬俊人　北であれば、吉林大学の姚大志《ヤオ・ダジ》教授でしょう。哲学社会科学院の院長か副院長です。金泰昌先生と同じ政治哲学を専門にされている方です。金泰昌先生にご紹介するということになりますと、まずその専門分野では高度な知的卓越性が認められているだけではなく、国際会議などでちゃんと発表ができ、意味のある議論をすすめていけるということが基本能力であると考えます。ですから、このような条件を満たして、全く新しい研究活動分野としての「公共哲学」への主体的参加と協力が可能な学者知識人はそんなに多くはないので、大変難しい人選であります。

金泰昌　西の方はどうですか。

萬俊人　現時点ではよくわかりません。ちょっと調べてみます。

金泰昌　東といいますか、上海の方には中国の代表的な陽明学者であられる華東師範大学の楊国栄《ヤン・グォロン》教授とか西洋哲学者許紀霖《シュ・ジリン》教授が公共哲学に強い関心を持ち、また研究・活動を展開していますよね。わたくしも何回かいろんなところでお会いして研究内容もある程度は理解しているつもりですが。例えば、許紀霖教授が編集し、二〇〇三年南京の江蘇人民出版社から出版された『公共性与公共知識分子』は中国における公共哲学研究の本格的な研究成果としては最初のものではないかと思っているのですが。

萬俊人　私も彼らのことはよく存じあげております。とても卓越した学者知識人です。

金泰昌　わたくしは日本でも中国でもそして世界のどこでも、公共哲学を学問として研究していらっしゃる学者たちとの対話・共振を大事にしていますが、そこから一歩前進して国境を超えて学問を公共する学者・知識人や活動・実践者たちの多次元的共働連関を重視しております。

いつもそうですが、今回もお忙しい中にも拘らず、いろいろ貴重なお話と木目細かいご配慮に感謝いたします。

萬俊人　相変わらずお元気で公共哲学にかける熱い情熱に感動しております。ささやかなことではありますが、昼食は私の方でさせてください。「酔愛」というレストランがありますが、和食風の中華料理が得意で、韓国料理の味もよくいかされているので、まさに日韓中の関係改善に貢献する食事になると信じますので、是非お試しいただきたいと思います。

金泰昌　ありがとうございます。中日韓間の国境を超える公共哲学を公共する食事ですか。大いに楽しみにしています。

（初出　『公共的良識人』二〇〇五年十二月一日号）

【語りあい その1】

2 公共（する）哲学が目指すもの 清華大学（2）

日時 二〇〇五年十月十一日

場所 北京清華大学哲学研究科合同研究室

通訳・記録・整理 蔡龍日《ツァイ・ルウンリィー》

はじめに

司会・盧風《ルー・フォン》（清華大学人文社会科学学院哲学系教授） このたびは、公共哲学共働研究所所長金泰昌先生をお招きし、「公共哲学とは何か」というテーマでご講演を頂くことになりました。金泰昌先生は長い間「公共哲学」を研究されると同時に、公共哲学の共有と発展のため、日本国内外で精力的に活躍しておられます。日本における公共哲学の代表的研究者の一人であり、また、公共哲学運動の強力な推進者でもあります。現在その業績はすでにシリーズ『公共哲学』というかたちで東京大学出版会から出版されております。そしてその第一期全十巻の中国語訳も只今進行中です。

それでは、早速ではございますが、金泰昌先生のご講演に移りたいと存じます。金泰昌先生よろしくお願い申し上げます。

金泰昌 まず、みなさんからの問題提起ということで現在、一番関心を持っている質問を二、三受けてから、それに応答するという形で、わたくしの講演を進めたいと思います。どなたからでも質問がありましたらどうぞ。

馮務中《フォン・ウーツォン》 私が一番関心を持っていることは、「公民」と「人格」の問題です。中国のような専制統治文化の伝統が長い国で、いかに「臣民の人格」から「公民の人格」への転換が可能なのか、つまり望ましき「公民」への人間変革を可能にするためにはどういう条件が必要であり、また我々は何をすべきでしょうか。

金泰昌 では次の方。

弭維《ミー・ウェイ》 私が関心を持っているのは「公共哲学」についてです。「公共哲学」という概念はアメリカの学者が提唱したと思うのですが、日本ですすめられている「公共哲学」とアメリカで議論されている「パブリック・フィロソフィー」は同じなのでしょうか、それとも何か違いがあるのでしょうか？「公共哲学」は一つの哲学として、いろんな分野の学問と関わりがあり、相関関係があるかと思われますが、「公共哲学」の新しい所は何でしょうか、また何を目指しているのでしょうか。そして、「公共哲学」が基本的に関心を持っている問題とは、また解決すべき課題とは何でしょうか。

金泰昌　また手が上がっています。どうぞ。

毛静《マオ・チン》　「公共哲学」とはなにかということですが、「公共哲学」というものは「公衆（の）哲学」ということなのでしょうか？　それは「専門分野としての哲学」とか、もしくは「私（の）哲学」との関係はどのように考えればよいのでしょうか？　それについてご説明をお願いいたします。

金泰昌　これでいいですか、まだ他に聞きたいことがありますか。はい、ではとりあえずこれで始めましょう。

わたくしはどこまでも皆さんと対話をするつもりですので、皆さんからの質問に対するわたくしの応答が終った時点で、また皆さんの反論や異論や新論を聞くことにします。ではまず最後の質問への応答から始めます。

公共哲学の三つの考え方

「公共哲学」とは基本的に三つの考え方が相互連動しているものです。一つ目が「公共の哲学」、二つ目は「公共性の哲学」、三つ目は「公共（する）哲学」です。

それでは一つ目の「公共の哲学」から考えてみることにします。「公共の哲学」とはまず、市民の立場から思考し、判断し、行動し、責任を負う哲学です。学者も一人の市民の立場に立って「市民とともに対話する哲学」です。ですから学者の立場から学術的に研究し、教育し、啓蒙し、宣伝する哲学とはちがうのです。これで「専門（家）の哲学」との違いがおわかりになったと思います。さらに「公共の哲学」は一人ひとりの人間が自分の人生観、世界観、価値観や個人的な経験を一方的に語る「私（の）哲学」ではなく、市民が市民と共に自己と他者と世界のことを語りあう哲学です。そして「公共の哲学」とは、一つの専門分野に回収・統合されない、多分野横断的な研究とその成果に基づいた包括的知のいとなみであります。

では二つ目の「公共性の哲学」とは何でしょうか。それはまず「公共性」とは何かという問題の学術的究明を目指す専門家志向の哲学です。公共性の概念規定やその歴史的変化、そして現状分析などがその主な内容であります。現在の日本での研究動向から見ますと、それは大体「公開性」「共通性」「国家・政府関連性」（公式性）として理解されています。

それでは三つ目の「公共（する）哲学」について考えてみることにします。まず「公共」を名詞として捉えるのではなく、動詞として理解するということです。名詞として捉えるということは「公共性の哲学」の主な課題につながるのですが、その場合は、理念性・規範性・基準性という角度から考えるということです。しかし動詞的に理解するということは実践・活動・運動という側面・局面・観点から考えるということです。

その次に「公」と「私」を相互対立的に論ずる相反的二元論ではなく、「公」と「私」と「公共」の相克・相和・相生的三元思考を基軸にして自己と他者と世界を相互連動的に捉えるということです。ですから「公」と「公共」の違いをはっきりと分けてその関係を理解することが重要課題であります。

そしてその基本は「活私開公」と「公私共媒」と「幸福共創」という三つのキーワードで要約されます。ですから「公共（する）哲学」は従来の滅私奉公的な「公（の）哲学」とは違うものであります。「公（の）哲学」というものは、日本では「公《おおやけ》」が天皇・国家・政府（政権）という意味ですから、天皇や国家や政府（政権）が国民のためということで作り上げて、国民にこれに従うように強制する思想体系です。支配者の（善意に基づいたという）理念体系です。これは支配者が支配するための哲学であると言えるでしょう。勿論、御用（官辺）学者たちが手伝います。

「公共（する）哲学」とは市民が専門家と公共する哲学です。今までの「専門（哲学者の）哲学」というのは専門家集団の仲間同士が共有し、それが一種の知的特権に変質し、専門外の人々との距離を拡大することによって権威を保存するという知のありかたに基づいているものです。これは本来公共財であるべき知を私有化する「私（の）哲学」であるとしか考えられません。

ここで問題は何かと言いますと、従来の所謂「公（の）哲学」や「専門（の）哲学」が一人ひとりの人間が具体的な歴史的・地方的生活現場で個人的に、もしくは集団的に生命・生存・生業を営んでいる生活世界の自立とその質の高揚という課題と要請に応答せず、むしろその成立根拠である生活世界を一方的に支配・略奪するようになったということです。そして「私（の）哲学」は専ら閉鎖的な利己主義を正当化する方向に偏向し、一切の相互関係を解体・否定して、精神的無政府状態をもたらすようになったということです。このような現状をわたくしは「滅私奉公」を目指す「公（の）哲学」と「滅公奉私」を目指す「私（の）哲学」の二元対立的な哲学的閉塞状況と捉えて、そこから脱出して新しい哲学を共働構築する途を「活私開公」と「公私共媒」と「幸福共創」を連動促進する「公共哲学」を通して開こうとしているわけです。

勿論、わたくし一人の考えでは成り立ちません。どこまでも多くの方々がそれぞれの専門分野の独自性による多様性と差異性をたがいに十分尊重する中で共に探究する対話・共働・開新の力動的なプロセスの持続的な展開を通して成り立っているものです。

ですから現在の共働研究の方向といえば、「公（の）哲学」から「公共哲学」へ、「私（の）哲学」から「公共哲学」へ、そして「専門（の）哲学」から「公共哲学」への変革を目指すということになります。

「公共」（する）とは

その次に「公共」（する）とは具体的にどういうことかという問題があります。まずそれは「活私開公」であり「公私共媒」であり「幸福共創」であります。「私」（の存在・価値・尊厳）を「滅」（抑制・犠牲・否定）するのではなく「活《い》」（認定・尊重・発展）かすことによって「公」（国家・政府・体制）を国民・市民・生活者に「開」（応答・責任・配慮）かれたものにするということです。そして「公」と「私」とのあいだ（間）から両方をともに媒介（＝共媒）するはたらきとして、公共を動詞的に捉えるのです。欧米諸国では「ＰＰＰ」*と言われていますが、わたくしの言い方ですと、まさに公私共媒です。それをもっと具体的に見ますと公私対話・公私共働・公私開新という三次元相関的なプロセスとして考えることも可能です。ですからわたくしは公的な次元と私的な次元のどちらかに偏らず、両方が公平に、そしてともに納得するような方向で対話をつづけ・共働し・そこから新しい次元が開かれる（開新）というプロセスを「公共」（する）内容であると理解するのです。

「公共性の哲学」では「公共性」を「公開性」「共通性」「公式性」もしくは「公正性」「公平性」「公準性」という理念・規範・基準で捉える傾向があります。

「公共（する）哲学」では「公共（する）」とはどの程度、どの範囲で、どの期間、対話し・共働し・開新するのかということを重視します。そして「共同（する）」と「公共（する）」との違いとその関係を重視します。それは「公（の）哲学」が国民的・公民的同質性・共同性の強化を目指すのとは違って、「公共（する）哲学」は市民による・市民のための・市民の・そして市民とともにする公共世界（相違性・多様性・多元性を前提として成り立つ共生・共尊・共福の世界）の共働構築を目指すからです。一人の幸福（私福）でもなく全体の幸福（公福）でもなく、ともに・たがいに・偏りなく幸福になる（共福）ような世界を共創するということです。

「和」の新しい捉え方

今まで東アジアでは「共同」（する）と「公共」（する）との関係がちゃんと区別されていませんでした。「共同」（する）と「公共」（する）の問題は「同」と「和」の問題でもあります。「和」は決して「同」ではないのに、「同」とほとんど一緒になって理解（誤解）されてきました。特に日本では長い間そのような考え方が支配的でした。「同」というのは、人種、言語、文化の同質性ということであります。そこで初めて「共」(生・存・福)が成り立つという考え方です。ですからここから出てくる政治・社会・経済におけるあらゆる問題は結局「共同(体)」との関連で考えられて来たのです。そうしますと、問題になるのは、多様な異質の他者はどうなるのかという問題です。

この多様な異質の他者というものは「共同一体化」の働きの中では排除され、否定され、抹消されるわけです。しかし現在の日本社会は昔の共同一体化が成り立たない社会になっています。外国人もたくさんおりますし、同じ日本人でも世代間・階層間・職業間、いろいろな分野でたがいに異質・他者になりつつあります。発想も目標も立場も相異なるという状況が強化・増殖しているのです。ですから昔のように排除したり、否定したり、抹消するわけにはいかないのです。互いに異なるもの、他者同士が如何にしてともに暮らしていく途を共究することができるか、つまり如何に「多異共働化」が可能になるのか、これが最大の問題になってくるわけです。わたくしは共同一体化は「共同」(する)で、多異共働化は「公共」(する)であると捉えるのです。ですから「共同」と「公共」は違うということになります。このことをまず理解する必要があるということです。

「同」と「和」の問題については、皆さんもご存知の『論語』の中にある「君子は和して同ぜず、小人は同して和せず」という言葉を借りますと、「和して同ぜず」(和而不同)は「公共性」の問題で、

---

* Public Private Partnership もしくは Private Public Partnership の略字。「官民協力」などと訳される。

「同でなければ和せず」（不同而不和）は「共同性」の問題ということであるとも言えるかも知れません。「公共（する）哲学」は「共に和する哲学」であるというのがわたくしの基本認識です。わたくしが知る限りアメリカのパブリック・フィロソフィーにはこのような考え方がないと思います。

パブリック・フィロソフィーと公共哲学の違い

次は「公開性」と「共通性」と「公式性」の問題です。先ほどの弭さんの問題提起の中に、アメリカにおける「パブリック・フィロソフィー」とわたくしたちの「公共哲学」は同じものかどうかという質問がありました。わたくしはそれぞれが相異なる問題意識と基本認識を持っていますので違うと思います。アメリカのパブリック・フィロソフィーにおける「パブリック」というのは確かに「公開性」と「共通性」に重点が置かれた認識になっています。それは例えば英語の「パブリック」という言葉が「みんなに知らされた」「みんなと共通する」という意味で使われ、「プライベート」が意味する主に個々人の内向的閉鎖性や秘密性と対比的に理解されているという言語的・文化的背景と深く関連しているわけです。しかし英語の「パブリック」には国家とか政府との関連を強調する意味で「公式性」という意味も含まれています。

ですから、整理しますと、「パブリック」という言葉は「公開性」「共通性」「公式性」という意味で使われて来たのです。そうしますと東アジアの思想や言語（特に漢字という言語媒体）から改めてよく考えてみますと、これが意味するのは「公」に近いのです。例えば日本語の「公《おおやけ》」は名詞で使う場合は天皇（家）・国家・政府という意味であります。動詞で使うと「公開する」または「共通のものにする」という意味になります。そして形容詞で使いますと「公認された」という意味になります。英語の「パブリック」の使い方とほとんど一致します。

ここでわたくしが言いたいことは英語の「パブリック」が漢字語の「公」とその意味内容がほとんど一致しているということと、もしも「公」と「公共」を区別する必要を認める立場に立つのであれば、英語の「パブリック」に基づいて発想する「パブリック・フィロソフィー」とは違う発想から展開する哲学が想定されなければならないのではないかということです。あえて言いますと、アメリカでの「パブリック・フィロソフィー」はわたくしが申し上げた「公共哲学」の三つの考え方の中の「公共の哲学」との対比で言及された「公（の）哲学」と「公共性の哲学」の一部によって構成されたものであると思われます。ですから「公共（する）哲学」は「パブリック・フィロソフィー」より包括的な哲学であります。しかし、わたくしは決して東アジア主義者ではありません。反西洋・反欧米でもありません。本当に欧米と対等な立場で対話・共働・開新するためには東アジアにもともとあって今もあるものをきちんと認識し直すことが大事であるという立場なのです。

「公共性」は西洋のものか?

今までわたくしが日本・中国・韓国で公共哲学を対話・共振するなかで必ず出てくる話は、「公共性」というのは、もともと東アジアにはなく、西洋から入ってきたのだというものです。これに対してわたくしははたしてそうなのかと疑問を持ちました。一九九八年四月京都で初めて公共哲学の研究会を始めたとき、日本政治思想史研究家の渡辺浩東京大学教授がわたくしにはっきりと言ったのは、日本語の「公《おおやけ》」には英語の「パブリック」という意味は入っていない。「公共性」という概念は西洋から入って来たものであると言われました。大体、このような考え方が大多数の日本人学者の共通認識ですから、「公共哲学」というと必ずアメリカの「パブリック・フィロソフィー」と関連付けて語られるのですが、わたくしとしてはそれに少なからず不満があります。「パブリック・フィロソフィー」という名称が最初に使われたのは一九五五年だと記憶しているのですが、アメリカのウォルター・リップマンが書いた本*のタイトルに出てくるもので、ハーバード大学の優れた政治哲学者であるマイケル・サンデル**がこの言葉を使ったり、アメリカの有名な社会学者であるロバート・ベラー***が使ったという事実はあります。そして、彼らの「パブリック・フィロソフィー」から日本における「公共哲学」もその影響を受けたとか、それを直輸入したというのが一部の学者たちの意見です。わたくし自身もアメリカやイギリス・ドイツ・フランスで研究したことがあります。その過程で、いろんなことを学びましたので、部分的にではありますが、それらの国々の偉い学者たちの影響を受けたということは認めます。しかし少なくともわたくしの考え続けてきた「公共（する）哲学」は、その主要用語も基本概念もアメリカやヨーロッパの学者たちとは関係がないのです。中国と日本と韓国の思想資源の読み直しに基づいたものなのです。

東アジアに「公共」はなかったのか?

そのような認識の違いがあったわけですから、はたして本当に東アジアには「公共」という言葉がもともとなかったのかということを調べてみました。一つだけ前もって言わせていただきますと、「公《おおやけ》」と「公共」とは違うという点では、わたくしと渡辺教授とは見方が共通しますが、「公共(性)」が西洋からの輸入概念であるという点では相異なるということです。

もちろん、「公」という言葉の意味が日本と中国、日本と韓国ではかなり違います。その違いをまずわからないといけないのですが、日本ではこの「公」というのは歴史的に見ますと、まず天皇

---

* ウォルター・リップマン(Walter Lippmann, 一八八九—一九七四)は、アメリカのジャーナリスト。一九五五年に *Essays in the Public Philosophy* を刊行。日本では、矢部貞治が『公共の哲学』として翻訳を刊行した。

** マイケル・サンデル(Michael Sandel, 一九五三—)は、アメリカの哲学者。ハーバード大学教授。一九九六年の『民主政の不満 *Democracy's Discontent*』の最終章に「公共哲学を求めて」というタイトルをつけている。本章については、中野剛充が翻訳をしている。「公共哲学を求めて——満たされざる民主主義」『思想』九〇四号(一九九九年)に掲載。

*** ロバート・ベラー(Robert N. Bellah, 一九二七—)はアメリカの社会学者。ベラーを中心とするグループによる著書『心の習慣』には付論として「公共哲学としての社会科学」が掲載されている。翻訳は、ベラーほか、島薗進・中村圭志訳『心の習慣』(みすず書房、一九九一年)。

（家）です。そして天皇が象徴する国家であり、その機能実体としての政府・官僚であります。すなわち権力・体制です。これらは必ずしも中国での認識と同じものではないということも十分承知しています。しかし今ここでの問題は「公」とは違う「公共（性）」をどう捉えるかということですので、その点に関する東アジアの状況を中心に考えているのです。

そこで先ず中国の古典から調べました。中国古典の中で「公」とは違う「公共」という言葉が使われた最初の事例は、わたくしの調べた限りでは、紀元前九一年に完成されたと言われている『史記』に出て来ます。この中に「張釈之伝」という物語があります。この張釈之という人物は漢の武帝のころの司法長官です。漢の武帝が地方に出張に行き、いろいろと見て回るなかである橋を渡りました。その時、突然橋の下から人が飛び出してきて、皇帝が乗っていた馬が驚いて皇帝が落馬したのです。その飛び出てきた人を張釈之が逮捕して取り調べました。そして、軽い罰を与えて釈放しようとしたのですが、これに対して漢の武帝は激怒して「天子が馬から落ちて大変なことになるところだったのに、おまえはなぜあの者にあのような軽い罰だけで釈放するのか」と叱ったのです。その時、張釈之が漢の武帝に向かって言ったことは次のような言葉です。原文は「法者、天子所与天下公共也。」です。「法というものは天子といえども天下（万民）とともに公共するところで成り立つもの（あるいは法らしい法になる）」という意味です。今まで『史記』を読んだのは歴史学者や文学者で、政治学者とか社会科学者はあまり関心を持たなかったのです。読んだとしても別の所に注目したのです。わたくしは日本語に訳された『史記』を五種類ほど読んでみましたが、やはりこの部分の訳についてはあまり深く考えていないという印象を受けました。

わたくしは中国人ではありませんが、中国の古典は世界に誇れる人類の共有財産であると思っています。なぜかと言いますと、西洋人が世界に誇るギリシャやローマの古典に劣らない先人の貴い知恵が保存されているからです。西洋人がまだ「公」と「公共」を区別して考えていない時期に、「公」とは異なる意味で「公共」という言葉をちゃんと使った事例が記録されているのです。これはわたくしにとっては偉大な発見でした。ここでの「公共」は名詞ではなくて動詞なのです。理念というよりは行動なのです。ですから「公共（性）」というものを「共同性」・「公開性」・「公平性」といった名詞的概念で捉えようとするアメリカの「パブリック・フィロソフィー」とは別に、これを「対話する」や「共働する」や「開新する」という、動詞的・実践的・活動的な意味で捉えようとする「公共（する）哲学」の古典的根拠の一つはここから来ているのです。ですから動詞的発想を出発点にするということを頭に入れておいてください。ただ『史記』には「公共」という言葉が一カ所でしか言及されていないので、それだけでは不十分と思っていろんな文献を探ってみました。その中で朱子の文献に注目するようになりました。

朱子は西暦一一三〇年に生まれて一二〇〇年まで生きていた偉大な思想家です。『史記』の完成者司馬遷は西暦前一四五年頃から八六年頃までの人物であると推定されていますからかなりの時代的な隔たりがあります。朱子にはいろいろな著書がありますが、わたくしが最も興味を持って読んでいるのが『朱子語類』*です。その中には朱子が中央政府の役職を離れて、官吏として地方に赴任し、地方の問題を抱えて、複雑・多様な官民問題もしくは民民問題について交わした会話の記録が含まれています。『朱子語類』というのは膨大な量の書物ですから読むのが大変ですが、これをよく読んでみますと、頻繁に出てくる言葉があります。それは「天下公共」と「衆人公共」という二つの言葉です。日本の「公《おおやけ》」とは国家・政府・天皇などの意味であると言いましたが、中国における「公」は勿論、皇帝・国家・政府につながることもありますが、「天下」とよくつながっているものなのです。「天下」とは皇帝・国家・政府より上位の概念であると同時に、具体的な民衆との関係が強調されるという意味も含まれています。「天下万民」という場合もそうです。しかし、「公共」が「天下」もしくは「衆人」とのつながりで使われているところが重要なのです。わたくしの個人的な読み方としては、天と民との相関関係が何よりも重要な意味をもつということです。孟子の天民関係観がその基本になっていると思われます。即ち、「天視自我民視　天聴自我民聴」（天はわが民がみるところからみる、そして、天はわが民がきくところからきく）ということです。「天民公共」とも言える立場です。「天下公共」は垂直にはたらく「天民公共」を、そして、「衆人公共」は水平にはたらく「天民公共」と捉えるのです。

このような朱子の考え方の影響が日本における公共の議論にも響いているような気がします。例えば、十七世紀の伊藤仁斎や十九世紀の横井小楠、そして田中正造のような儒者知識人たちの言説の中に出てくる「公共」という考え方です。「公共」が「公」とは一応、区別された意味で使われているのです。

特に、横井小楠が頻繁に使った「天地公共の実理」とか田中正造の「公共・協力・相愛」というのは名詞的概念というよりは、動詞的実践活動という意味合いが強いと思われます。そしてそのような特徴は『史記』や『朱子語類』における「公共」の考え方とも共通しているものと思われるのです。韓国の場合にも例えば、十六世紀の大儒者、李珥《イ・イ》*が「以公共為心者。人必業而従之。以私奉為心者。人必咈而叛之」とか「為公共之物。不可有私貯也。」という言説の中で公共心の重要性を強調しています。そして、十八世紀後半から十九世紀前半まで活躍した巨儒、丁若鏞《チョン・ヤクヨン》**の経世論の中には、「公共商議」とか「公共審実・衆議平允」もしくは「公共出納」など公共関連語が使われています。「公共」とは理念的実体ではなく、心の姿勢・作動であり対話・議論・交渉のプロセスであります。

何故わたくしが中国と日本と韓国における公共ということばの使用事例を申し上げているかと言いますと、「公共」というのは東アジアになかった、それは、西洋から入ってきたという固定観念を是正したいからです。わたくしがこのようなことを言いますと、東アジアに昔から「公共」ということ

---

* 一二七〇年、南宋の黎康徳が朱熹（朱子）とその門人らとの問答を集大成し、部門別に分類した書。一四〇巻。鎌倉末期に日本に伝来。溝口雄三・東京大学名誉教授の呼びかけにより、翻訳が進められており、二〇〇七年七月に第一回配本が実現した。

* 朝鮮朝の儒学者。一五三六—八四。号は栗谷《ユルゴク》。朱子学者として退渓李滉《テゲ・イ・ファン》とならぶ二大儒と称される。大韓民国では五〇〇〇ウォンの紙幣の肖像画となっている。

** 朝鮮後期の実学者。一七六二—一八三六。号は茶山《タサン》。

ばはあったとしても生活言語であって、思想言語として整理されたことはないし、また「パブリック」のような概念的整合性がないという反論が出て来ます。そのような反論に対してわたくしが申し上げていることは、まず哲学とは現実の具体的な生活現場——わたくしは生活世界と呼ぶことにしています——から出現するものであって、どこかで作られ整理された概念があって、それをもって生活世界の現実状況を説明するだけではないから、生活言語を基にして改めて思想言語を構想・整理して行くのがより相応しい途筋ではないか、ということです。そして「パブリック」を基準にして「公共」を考える必要もあるかも知れませんが、「公共」を出発点にして「パブリック」を考え直すということも必要ではないかということであります。そのような思いと立場から、東アジアの歴史と文化の中に含まれている知的資源を今改めて見直すというプロセスにおいて共働構築されつつあるのが「公共（する）哲学」であるということを言いたいのです。

「公共（する）哲学」が目指すものとは

ではこのような「公共（する）哲学」は何を目指すのかという問題提起についてですが、わたくしの「公共哲学」的問題意識の基本は繰り返しになりますが、「同」を前提にしない「共」は如何にして成り立つかということです。それはわたくしたちの具体的な生活現場で異質な他者と自己とが互いの存在と価値を尊重しながら、相克・相和・相生《そうせい》の関係を共に幸せになる方向に発展・持続させることが基本目標であるという事です。個人間・集団間・組織間・国家間・文化間・民間間における多次元相関的な思考探究です。それは人種・言語・文化・宗教・信仰・政治的イデオロギーの多様性と差異性を十分認めながら、なおかつ共に幸せになる途を探る（幸福共創・共福実現）ということです。他国の幸福を犠牲にしながら自国の幸福を目指すのではなく、自他共《とも》に和による公共幸福の実現を目指すのです。

自分・自己というのは「自」という字で表しています。もともとこの漢字は自分の鼻を意味しています。「自分」というときには自分の鼻を指さしますね。これが「自分」です。それに対して「他」という漢字は蛇や蠍のことです。ここからおそらく古代中国人にとっては一番嫌な他者というのが蛇や蠍だったということが考えられるわけです。

現在の社会では自分とは違う他者とともに共生しなければなりません。しかし蛇や蠍と一緒に共存するということがいかに難しいかということは、日本だけではなく中国でも韓国でもどこでも存在する最大の難題になっています。いかにして他者とともに共福を目指すかということです。

そこでわたくしが考えたのは「同」ではなく「異」を認めあううえで「共」が成り立つ条件の基本としての「和」を改めて再検討することの必要性です。そして、「和」というのは「たがいに和する」（相和）であり「ともに和する」（共和）でありますので、動詞的に捉えることが必要です。結果の実体化ではなく、過程の体認化が重要なのです。「相異」という漢語の「異」という字も編み物があってそれを両手で支えるという意味ですから、他者は排除されるべき存在ではなくて、何かを一緒にやるためにはお互いに手をあわせて共働するためになくてはならない存在だというように捉え直すという思考転換が要請されるのです。

「同」ではなく、「和」を考えるということは国内問題でも国際問題でも、とても重要な問題なのです。

「和実生物、同即不継」

『論語』とともに、わたくしの大好きな中国古典に『国語』*というものがあります。その中に「和実生物、同即不継」という言葉があります。わたくしはわたくしなりに「和が実れば万物が生じ、すべてが同じであれば続かない」と解釈します。『国語』の中では三つの説明がされています。一番目の説明は「陰陽和合、万物生生」という意味です。一人の男性と一人の女性が和するところから新しい生命としての子供が生まれるということです。「和する」ということは相異なる人間（男）と人間（女）が出会って、対話をかわし、共働し、開新するということです。即ち「和する」ということが新しい生命誕生の基本条件ということですね。二番目の説明は、料理に関することです。料理には、相異なるいろんな素材が必要ですね。多様な材料が調和することによって美味しい料理が可能になるということです。三番目は音楽です。素晴らしい音楽が成り立つためにはそれぞれ違う音がうまく和合することが重要であるということです。

このように『国語』の中の「和実生物」は「和」（するということ）こそが生命と料理と音楽の基本条件（原理と言ってもよろしいでしょう）という説明で、ある程度わかるのですが、「同即不継」

はどう理解すれば「和」の理解とつながるのかという問題があります。わたくしの個人的な解釈は「同」は固定・固着・停止の条件にはなっても、持続・発展・進化には繋がらないということです。ですから、生生化化《せいせいかか》、今風に言えば、持続的・発展的・進化的な働きは相異なるものが互いに和する（相和）ところから出てくるということであります。ただ、ここで誤解されたくないのは、相和は相克と相生の両側面の「間《あいだ》」で働くということです。決していつも妥協・賛同・従順することではないということです。相克とは対立・葛藤・衝突です。人間社会にも自然世界にもこれは避けられません。しかし、そこに相和と和解が働いてこそ相生の地平が開かれるのです。それをわたくしは「共媒」という言葉で表現している場合もあります。

「公民」と「臣民」

それから、もう一つの問題は、「公共哲学」は「公衆（の）哲学」かということです。それは、「私（の）哲学」との関係の問題にもつながります。そして、「臣民の人格」と「公民の人格」の問題とも関連します。

まず、公民ですが、中国では空港の出入国管理所でパスポートを出して検査を受けるところを見ますと、「中国公民」という言葉があります。「中国公民」とは、「中国（の）国民」という意味ですね。

＊ 中国春秋時代（前七七〇—前四〇三）の国別の記録を集めた書。二十一巻。

結局、中国の国籍をもった人間という意味なのでしょう。ですから「公民」イコール「国民」と言っても間違いではないと思います。

「臣民」とは被支配者という意味が強いので民主主義を標榜しているところでは使われなくなった言葉です。民主主義社会では公民（国民）としての人間が主権者ですから、その人権的位相は誰かの支配の対象・客体ではないので、臣民という名称は相応しくないからです。しかし問題は「公民」という言葉が持っている歴史的背景です。少なくとも大日本帝国の植民地の経験を記憶しているものとしては「公民」という言葉にはかなりの否定的な感情をもたざるを得ないのです。たとえば、日帝強占時代、すべての韓国人は強制的に皇民教育を受けました。そこで使われた言葉がまさに「公民」でありました。

それともう一点、言いたいことがあります。仮に「公民」という言葉を「国民」という意味で使うという立場から考えましても、では国籍を持っていない人間はどうなるのかという問題があります。外国人とか難民や移民の問題は現在、国際問題としては勿論、国内問題としても最重要課題の一つであります。それは国籍をもっているかいないかが差別・排除・憎悪・否定・抹殺に繋がるからです。ですから、「国民」もしくは「公民」ではなく「市民」という概念が重要になってくるのです。「市民」と言うと「（都）市（住）民」という狭い意味に捉えて、農民とか町民はどうなるのかという反問がよく出てくるのですが、もっと広い意味で国籍をもたない住民という認識が必要になるということです。自己と他者がたがいに「同」ではなく、「異」を尊重しながら「共」（生・存・働・福）を可能にするためには相克・相和・相生のプロセスから生じる「和」の働きを促進することが要請されます。

わたくしの個人的な考え方としては「国民」もしくは「公民」は「公」的市民であり、国籍を前提にしない個々の人間は「私」的市民であり、「公」の次元と「私」の次元を多重・多層・多元的にむすび・つなぎ・いかすという働きを目指して、思考・判断・行動・責任を日常生活の現場で実践しているのが「公共」（する）市民であると理解しているのです。

「公共（する）市民」

個人の人格をまず基礎にして、それが、わたくしの言い方ですと、「公共（する）市民」としての人格を備えたとき初めて、個人の人格がより公共的な人格になるということになります。これは「国民」とは違います。「国民」とは、どこまでも国家を前提とした人間の捉え方です。国籍所有者という意味です。しかし現在、中国でも日本でも韓国でも居住している国の国籍を持っていない人間はたくさんいます。ですから国民ではないけれども社会と国家と世界の発展や繁栄に貢献する人は「公共（する）市民」なんです。今、わたくしは韓国籍で日本国の国民・公民ではありませんが、日本と東アジアと世界のことを考える場合、日本国籍をもっている日本国民とあまり変わらないと思っています。ですから、居住している国の国籍をもっている国民と、国籍がなくても公共（する）役割を果たしている「公共（する）市民」とでは、そんなに大きな差はないと思います。そのような観点から考えますと、「公の哲学」は「国民（＝公民）の哲学」であり、「私の哲学」は「私民の哲学」であり、そして「公共哲学」は「公共する市民の哲学」であると言えますね。

もう一つは「公衆（の）哲学」かという問題ですけれども、「公衆」という概念も、例えば「大衆」・「群衆」とかいう概念とかなり違って、ある意味では「公の精神」を持った人間の群れ、多数の人間ということですが、「公」と「公共」を一応区別して考える立場からすると、「公共哲学」は「公衆（の）哲学」とは違うといわざるを得ません。

「公共（する）市民」は「公」の大衆とはそのイメージが違います。わたくしにはどうしても「国民」とか「公民」と言うのが「公衆（公の民衆）」に近いイメージになります。国家や権力によって作り上げられたもののような感じがするのです。

先に「公私共媒」と言いましたが、このときの「公」は国家であったり、政府であったり、天皇であったり、権力者であったりしますが、「私」としての一人一人の市民が共に力を合わせて、個々人の生活世界と制度世界としての国家や政府や体制との「間《あいだ》」を多元的に媒介するということですから、どうしても「公衆」と「公共（する）市民」とは区分したいのです。

わたくしの考え方を言いますと、「公衆」、「国民」、「公民」は「滅私奉公」する人間集団になりやすい。そして「私」的市民――わたくしは「私民」という言葉も使いますが――は「滅公奉私」に走りやすい。そこで「活私開公」と「公私共媒」と「幸福共創」を目指すのが「公共（する）市民」であるという事です。ですから、「公共哲学」は「活私開公の哲学」であり、「公私共媒の哲学」であり

「幸福共創の哲学」なのです。

今日のわたくしの講演も「公共（する）実践」にしたいのです。わたくしの講演は国家や政府の公（式）的なイデオロギーを説明するようなものではありません。また学界によって公認――公式的に認定――された教科書的な内容を啓蒙するものでもありません。要するに「公的」な講演ではないのです。また、わたくしの個人的な思いや研究や信仰をみなさんに宣伝したり、説教したりするものでもありません。わたくし個人の人生観・世界観・価値観を皆さんに理解して下さいと訴えているのでもありません。金泰昌の「私（の）哲学」ではないのです。どこまでも皆さんと一緒に新しい哲学のあり方と可能性を共に考えていくために対話し共働し開新するということで、皆さんからの問題提起を受けてそれに応答し、また反論を聞き、そこに対応していくというプロセスを重要視するという立場に立っているのです。わたくしは哲学の専門家としてではなく、公共哲学を皆さんとともに語りあう共働対話者の一人としてここにいるのです。ですからどうぞ皆さんからの反応・反論・異論をお願いします。

質疑応答

馮務中　さきほど質問した「公民」についてなのですが、「公民」という言葉は私の調べによると中国の文献で最初に出てくるのは韓非子の「五蠹篇」*です。「公民少、私人衆」つまり国の為に尽くす人が少なく、私利私欲の人が多すぎるということです。こういう意味から考えると先生の「公民」への理解と韓非子の「五蠹篇」での理解は一致しているようなのですが、私が知っている限りでは、中国の多くの人は「公民」という言葉は日本から輸入されたと言っています。日本の「大化の改新」の時、一つの大きな政策があって、「庶民」を「公民」に変えた。つまり、家族に隷属している人、国に隷属する人に代えて、「公民」と呼ぶようになったと言われています。しかし、現在、中国で使われている「公民」という言葉は、韓非子の時代や大化の改新で使われている「公民」とは違って、国籍があり、権利を享受し、義務を負い、人格の面においては、独立して自由であるという意味です。ここで私の質問はこのような人を日本ではなんと言うのかということです。

金泰昌　『韓非子』は「背私謂公」即ち「私に背くこと之を公と謂う」と「私」と「公」を相反関係で捉えています。韓非子的公私二元論から考えますと、私民が多くて公民が少ないというのは深刻な問題です。ですから、あなたがおっしゃるように「私民」から「公民」への変革は政治的にも教育的にも一大事であるということはよくわかります。ですから、その範囲内ではわたくしもあなたの意見にほとんど異論がありません。ただ、前にも言いましたように、基本的な権利と義務を果たすということは、いつでもどこでも必ずしも国籍があるかないかとは繋がらないということを認めるか認めないかという問題があるということです。そこで、国籍は持っていなくても国籍を持っている人々と同等な義務を負っていても、権利においては納得がいかない差別・排除・弾圧があるので、今後の課題としては国民とか公民というのも、もう一回ちゃんと考え直す必要があるのではないかということです。わたくしが考える人間のあり方は、まず生活世界の生活者としての位相と、一国の国民としての位相と、人類社会・地球社会の一員としての位相が、互いに絡み合って成り立っている複合的なものであるということです。ですから、わたくしは複合的アイデンティティという言葉とグローナカル（グローバル×ナショナル×ローカル）公共市民という言葉を使って人間の人格の多元的な位相をあらわしています。

あなたの質問にちゃんと答えるためにもう一点申しますと、中国と日本と韓国の相互関係が国家間・文化間・市民間の問題として共に幸せになる方向へ転換・反転・持続させる知恵と方法と勇気を一緒に探索したいのです。それには国家の要請に応答しながらも国境を超えると同時に、互いの生活世界から、具体的で現実的な人間同士の対話・共働・開新のねばり強い促進と蓄積と継承によるしかないと思うのです。それは「公」（民）と「私」（民）との二極対立的な考え方からは生まれてこないのです。「公」（民）と「私」（民）とをその「間《あいだ》」からの共媒を通して「公」（民）と「私」（民）がともに結ばれ、つながり、生かされる「公共」（する）市民の実践活動を通して、徐々に、しかし着実に実現されると信ずるので、公共（する）市民の哲学としての「公共哲学」の共働構築の意義と重要性をここで皆さんと一緒に考えているのです。

張維　先ほど金先生は日本における公共哲学と米国のパブリック・フィロソフィーとは違いがあると

＊　韓非子は、中国思想史上、法家の大成者。全五十五篇からなる彼の著書『韓非子』の中のうちの一篇が「五蠹《ごと》」である。

おっしゃいました。それぞれの国の具体的な国情に合わせて、異質多様な善良な社会を目指していくことが大切だと。米国のリップマンが「パブリック・フィロソフィー」を提出しドイツのハーバーマス*も「独自性」と「公共性」という二つの特性を持つ新しい公共性の理論を提唱されました。このような欧米中心の公共論が流行する中で、日本ではどのようにこのような局面に対応し、日本の独特な、そして東アジア発の公共哲学を構築し、しかも欧米と対立するのではなく、対話・共働・開新することが可能になっていくのでしょうか。

金泰昌 重要な問題を提起してくださいまして、ありがとうございます。

アメリカにおけるパブリック・フィロソフィーは個々人の違いもありますが共通するのはほとんどが政治哲学であるということです。ですから、政治体制と政治思想に関する議論が圧倒的に多いのです。そして、その主流と言えば、何よりも自由民主主義が基本です。そしてそれをよりよいものにしていくためには、個人の自由（義務よりも権利を強調）のさらなる拡張と保護が必要であるという考え方（いわゆる自由至上主義にまで発展していますが）と、何らかの共通善を基礎にして成立する共同体への所属とそれに対する責任と義務を重視する考え方（普通、共同体主義という名称で理解されていますが）との間の論争が重要な内容になっています。**

これにはものすごく複雑な、そしていろいろな学説または理論が絡み合っていますから短い時間では説明できないのですが、アメリカの場合は善か正義かということで、善を代表するのは共同体主義、それで正義を重んじるのは自由主義とも言えますが、わたくしの意見としてはアメリカの公共哲学はやはり自由社会の公共哲学であると言いたいのです。

そしてヨーロッパの場合はアメリカよりもっと複雑多様なのでなかなか整理できないのですが、あえて批判されることを承知の上で思いきって言えば、公平（正）社会（社会民主主義）の公共哲学ではないかと思われます。そして、政治哲学というよりは社会哲学という性格が強いのではないかとも考えられます。アメリカのパブリック・フィロソフィーはかなりの程度、政治学者がすすめていますが、ヨーロッパの場合は、広い意味での社会学系の学者が主力ではないかとも見られるわけです。どこまでも相対的な話です。

では、日本では今何を求めているかと言いますと、いろんな事情がありまして、異質・他者との共

＊ ユルゲン・ハーバーマス（Jürgen Habermas, 一九二九―）はドイツの哲学者・社会学者・歴史家。『公共性の構造転換』において、十七―十八世紀において西欧社会で成立した「市民的公共性」と、十九世紀における国家と社会の自同化という社会国家（行政国家）化を背景に、「独自性」と「公共性」が衰退していく姿を描いていた。

＊＊ このような論争は「リベラル‐コミュニタリアン論争」と呼ばれている。ジョン・ロールズ（John Rawls, 一九二一―二〇〇二）が一九七一年に刊行した著作『正義論』（*A Theory of Justice*）に始まる論争。本書の立場に対して、より個人の自由を強調する立場を採ったのが、ロバート・ノージック（Robert Nozick, 一九三八―二〇〇二）らであり、リバタリアニズム（自由至上主義）と呼ばれる。一方、個人が帰属する共同体の意義を強調するのが、共同体主義あるいはコミュニタリアニズムと呼ばれる立場である。

生を「同」（化）ではなく、「異」（他共働）に基づいて成立させるという問題を政治・経済・社会・文化・宗教・科学（技術）などのあらゆる領域で相互関連的に再検討することなのです。

日本人は基本的に正義というものはあまり好まないのです。日本人は善というものをかたくなに理解したがらないのです。そして、日本人が一番好むのは「和」です。勿論、それを反対したり拒否する人も多いでしょう。しかし、問題は従来の日本的「和」はまさに「同」であったということです。「和」と「同」が混合されているところからいろんな誤解・歪曲・堕落が頻発しているのです。ですから、今までの日本的「和」を脱構築して改めて再構築する必要があります。なぜかと言いますと、東アジアにおける今後の共存・共生・共福は「同」ではない「和」のはたらきを通してこそ実現される可能性があるのに、「和」が「同」に変質したから、暴力的な同化強制としての侵略戦争に走ってしまいましたが、そこから大きな惨劇が生じたわけです。ですから、東アジアにおける公共哲学は何よりも相和と和解と共福の実現（共福民主主義）を促進する善良な社会の建設に貢献することが時代と状況の要請であると思うのです。

文娟《ウェン・チュエン》　今、国際関係を勉強しているものです。金泰昌先生の「公共哲学」についてのお話を聞いて、国際関係学で勉強している内容と矛盾していることがたくさんありました。特に国際関係学で勉強している中には、理想よりは現実、そして特に新自由主義*のような考え方が圧倒的に強い現状の中で、「相和」とか「和解」とか「共福」というのが現実改善的な力になるのでしょうか。さらに、金先生が先ほどおっしゃった善良社会というのは、国家を単位とした考え方なのでしょうか、それともグローバルな社会を指しているのでしょうか。もし、本当に国際的に善良な社会ができれば、今のように国家と国家との揉めごともなくよい関係を築いていくことができるのではないかと思いますが。

金泰昌　ありがとうございます。この質問が出なかったら、今夜、後遺症が残って眠れなかったと思います。これでようやく助かりました。

わたくしが若いときからあこがれたのはアメリカでした。しかしアメリカに行ってみたら、どうも腑に落ちないところがあり、今度はイギリスに行きました。そしてイギリスに行ってしばらく勉強し、いろいろな経験をしてみてもまたすっきりしなかったので、今度はドイツやフランスや北欧、スカンジナビア、さらには東ヨーロッパと周っている間に最近、気がついてみたら、なんと五十六カ国を周ったことになりました。しかし、どこにもわたくしの求めている善良な社会はありませんでした。そして、最後に日本に来ました。またどこかをさまよう余裕もないし、余力もありませんので、今後は日本で中国と韓国を往来しながら友人たちとともに力を合わせて何らかのモデルでも示せたらいいなと思い、国境を越える市民の間に作られる善良な社会ということを考えるようになりました。ですから、同志は国籍を問いません。どの国の人であってもそういう志を一緒にできる人は友人ですね。年齢も関係ありません。ですから皆さんも友人として接しています。

＊　neoliberalism の訳で、そのまま「ネオリベラリズム」ないしは「ネオリベ」などと表記されることもある。市場に対する国家政府の介入を最小限にする「小さな政府」「市場（競争）原理」を重視する立場。

では、文娟さんの問題提起に対して応答したいと思います。

わたくしが生まれた家庭は多文化家庭でありました。祖父は反日志向が強い朱子学者でした。母親は親ヨーロッパ的なキリスト教信者だったのです。父親は日本で成功した商人でした。それぞれ個性が強く、この三人はけんかすることが多かったと記憶しています。例えば、わたくしをどのように育てるかということ一つとっても意見が合わず、常に激しい論争を繰り返していました。これがわたくしの不幸の原因でしたが、とにかくこの三人の間がうまくいって、笑ってほしいということがわたくしの最大の願望でして、とにかく何か工夫をして、何かいいことをして、食卓で一緒に食事をしながらにっこり笑ってくれることが最大の喜びだったのです。そのような家庭環境から「間《あいだ》」と「相生」と「共福」の問題が重要課題として思考されるようになったと思われます。日本と韓国の間、日本と中国の間、韓国とアメリカの間というのもそのような課題認識に繋がるものです。ですから、わたくしの専門のひとつも国際関係学で、多次元的な「間」と「相生」と「共福」の問題を探究しているのです。

例えば、わたくしが何かを間違えると祖父が「人間とは〈理〉を大事にしなければならない、〈理〉に適う生活が最も大事なのだ」と言います。すると父親は「〈理〉が大事なのではなく〈場〉が大事なのだ。その〈場〉にふさわしい躾《しつけ》を身につけることが大事だ」と言います。今度は母親が「そのようなことをすると子供の〈気〉が殺される。最も大事なのは子供が持っている〈気〉を〈活〉かすことである」と言います。このようにわたくしの「躾」一つをとっても意見が違ったのです。その後、勉強し、経験し、年をとって行く中で、これはそのまま中国と日本と韓国の文化の違いではないかと考えるようになりました。中国はどちらかというと「理」への傾向が強い文化で、日本は「場」に対する感覚が鋭敏な文化で、韓国は「気」の影響が何事にもあらわれる文化です。見事に東アジアにおける三つの文化の違いが家庭の中にそっくりそのままあったという感じがします。これがヨーロッパとの対比・アメリカとの対比とも重なって、結局「公共」は基本的に「間」と「相生」と「共福」の問題であり、「はたらき」の問題であり、すでに存在するものではなく、つねに複数の相異なる人と人がともに産出していくこと（抽象的概念ではなく出来事）であるという考え方に繋がったのではないかと思うのです。

現在、学者だけの公共哲学研究会をほぼ毎月、主に京都で行っています。同時に企業経営者の勉強会を大阪で毎月行っています。ですから、「学者とともにする公共哲学」と「経営者とともにする公共哲学」の共働探求が同時進行しているわけです。またこれ以外にもいろいろな大学を回って公共哲学研究会も開催しています。それぞれにはかなりの組織知の蓄積・貯蔵・展開があります。その一部分が東京大学出版会から出版されました。幸い中国の何人かの友人が中国でもこれが必要であるということで、シリーズ『公共哲学』（東京大学出版会）第一期全十巻の中国語への翻訳が進行中です。今回、お世話になりました韓立新《ハン・リシン》先生も翻訳委員のお一人です。第二期以降も引続き出版されていくものと思います。これができたらこれに加えて中国と日本と韓国の学者が、その他の国の学者も加えて、中国で力を合わせて「公共哲学」をもっと素晴らしい哲学に発展させようと思っています。

また東京大学の山脇直司教授の協力のお陰でユネスコと組んで、ユネスコを通して東アジアという枠を越えて世界全体に公共する哲学を広めていこうということで、ユネスコ側と合意が成り立ち、来年早々にはユネスコと公共哲学京都フォーラムとの共催で国際会議を開催する予定になっています。〔二〇〇六年四―五月に開催された。〕これは本来中国語版がすべて出版され、中国の友人たちと充分議論してから行うつもりでしたが、英語圏に共感の輪を広めるためにも意味が大きいのではないかということで、まず、やってみようということになりました。勿論、中国からの参加予定者も多数いらっしゃいます。中国と日本と韓国は漢字を共有していますので、漢字で書かれた古典・文献を使うことがとくに大事であると思います。そこから出てくる共通認識を整理して中国と日本と韓国が一緒に世界的な議論の場に参画し、そこで他の文化から来た人たちとの間に対話が成り立てば、東アジア発の「公共哲学」が二十一世紀の地球と人類に貢献する新しい哲学の一つとして意義が明確になるのではないかと思うのです。

これは現時点での希望であります。日本の若い人たちとの対話の機会がたくさんありました。今後はみなさんのような中国の若い世代とともに考えていく対話の機会が多くなることを期待します。わたくしは今までのわたくしの学習と研究と活動経験に基づいて二十一世紀の国際関係の望ましい改善は民間主導のソフトパワーによってかなりの程度実現可能であると思うのです。むしろその途しか他にないと思います。そしてわたくしが希望する善良な社会は相和と和解と共福が対話・共働・開新のプロセスを通して推進・蓄積・継承される社会です。それは生活現場としての地方（ローカル）と国民国家（ナショナル）と地球社会（グローバル）の三次元相関連動態（グローナカル）として考えています。

以上でわたくしの応答を終わらせていただきます。本日は本当にありがとうございました。

（初出 『公共的良識人』二〇〇五年十二月一日号）

【語りあい その1】

3 公共哲学と政治哲学 吉林大学(1)

日時 二〇〇五年十月十二日
場所 吉林大学哲学社会学院哲学研究室
通訳・記録・整理 蔡龍日

吉林大学は、東北地域における最大規模の総合大学(吉林省長春市)。姚大志《ヤオ・ダジ》教授は東北地域を代表する政治哲学者であり、公共哲学的問題意識を積極的に研究と教育に反映させている。

姚大志 一九五四年二月生れ、吉林省出身。一九九七年吉林大学大学院博士号取得。一九九四年カリフォルニア大学、二〇〇四年ハーバード大学で高級訪問学者として共同研究に従事。政治哲学専攻。現吉林大学哲学社会学院教授、中華現代外国哲学学会理事。主要著書『ポストモダン』(東方出版社、二〇〇〇)、『現代意識形態理論』(黒龍江人民出版社、一九九九)、主編『当代世界新鋭思想家』(黒龍江人民出版社)、訳著『公平としての正義——正義新論』(上海三聯書店、二〇〇二)。

はじめに

姚大志　それではまず哲学系（学部）について少し紹介させていただきたいと存じますがよろしいでしょうか。

金泰昌　はい。よろしくお願い申し上げます。

姚大志　まずは吉林大学哲学系を代表して金泰昌先生と蔡龍日さん、お二人のご来校を心より歓迎いたします。吉林大学哲学系には三十人の教員がおり、そのうち、教授は十五人前後で、そのほかは助教授・講師となります。吉林大学の哲学系は中国における有名校・学部の一つであります。一九九五年に中国教育部から七つの有名大学の哲学系が人材育成基地として認定されたのですが、わが校もその一つに挙げられています。その七校とは北京大学・人民大学・復旦大学・武漢大学・中山大学・南開大学、そしてわが吉林大学です。主な研究領域はマルクス主義哲学、中国伝統哲学、西洋哲学の三つに大きく分れております。

例えば、私は西洋哲学の研究者で、邱高興《チュウ・ガオシン》先生は中国伝統哲学、中でも仏教哲学を研究されておられます。さらに、私は西洋哲学の中でも政治哲学における正義について研究を進めており、とくにアメリカの政治哲学を中心にしています。その関係から一九九四―九五年の二年間、カリフォルニア大学で研究し、去年はハーバード大学で半年間、研究しました。しかしながら、韓国・日本の哲学についてはあまり触れたことがありません。今日、同席いただいている邱先生は韓国に一年半滞在していた経験がありますし、再来年、日本にも行くそうなので、韓国や日本の状況に詳しいです。また今後の交流のためにも今回、同席してもらいました。

「自由主義」と「社群主義」

金泰昌　では、さっそくですが、先生の哲学の研究と教育の中に「公共性」や「公共哲学」という問題意識が入っているのでしょうか？

姚大志　もちろん入っています。そして私の考え方としては、「公共哲学」の中で最も大事なものは政治哲学であると思っています。「公共哲学」イコール政治哲学という意味ではなくて、「公共哲学」の中心になるのが政治哲学であるということです。私が考えている「公共哲学」というものは、いろいろな人々がいかにして良い生活をしていくかを考える哲学で、とくにある一つの共同体の中でいかにして良い生活をしていくかというのが中心課題になるという考え方です。ある一つの共同体の中で、多くの人々がともに生活していくためには、きちんとした制度が必要になってきます。そしていろんな制度の中でも、特に政治制度が最も重要になってくると思っています。また、いろいろなルール、規則の中でも、特に正義に基づいたルールが一番重要ではないかと思うのです。人と人とがともにいろいろなことをするには約束というものが必要です。約束を守るということが正義の基本だと考えるのです。

金泰昌　そうしますと先生の「公共哲学」の基本は共同体の重視ですか。それとも正義――それは公正とも言えますが――という基本的なルールに重点を置くということですか。先生が「共同体」を強調しているように聞こえたのですが、間違いありませんか。

姚大志　私が申し上げた「共同体」というのは中国では「社群《シャチュン》」といいます。「社群」の基本原理としての正義が今までよりは今からがもっと重要になるということです。

金泰昌　そうしますと、アメリカでの言い方をすればコミュニタリアニズムですが、それを中国では社群主義と称するということですね。このように理解してよろしいですか。

姚大志　はい、そうです。

金泰昌　仮に公共哲学の原型のようなものがあるとして、それを中国での議論にするために「社群主義の公共哲学」と「自由主義の公共哲学」という二つの公共哲学があると想定しますと、姚先生の公共哲学は「社群主義の公共哲学」の方に重点が置かれていると理解してよろしいでしょうか。

姚大志　いいえ、自分としては「社群主義の公共哲学」よりも「自由主義の公共哲学」を重視しているつもりですが。

金泰昌　そうですか。先ほど正義が大事であるとおっしゃいましたが、正義はどちらかと言うと「自由主義」が重視します。「社群主義」はよくわかりませんが、共同体主義であれば、（公共）「善」を何よりも主要な規範・価値として強調します。ですからアメリカ的な議論からすれば「正義」の優先と「自由主義の公共哲学」とは相性がよいのですが、中国での文脈からはどうなのか、現場の事情を知りたくて、そのような質問をしたのです。

姚大志 そうですね。私の見解ですが、「自由主義の公共哲学」の中にもいろいろな学派があります。例えば、ノージックは正義や自由主義について述べた際に共同体のことには言及しませんでした。しかし、別の考え方として、ロールズの考える政治原則は一致協力の原則でした。即ち共同体の重視です。*

金泰昌 欧米的な観点から見ますと、自由主義にも多様なものがあるというのはもちろんその通りですが、現在、姚先生は中国にいらっしゃるので、中国ではどうなのかというお話をしていただきたいのです。中国という社会がこれから自由主義の社会を目指すのか、それとも社群主義の社会を目指すのか、それとも別の道を目指すのか、あくまでもアメリカの事例は参考に過ぎませんので、中国における展望がどうなのかについてお伺いしたいのですが。

「社会正義」の重要性

姚大志 今後の中国について見ますと、中国の発展においては社会正義が重要になってくると思います。中国では改革開放以来すでに二十数年経っており、その成果はある程度あがっています。しかしながら、その成果の分配の享受においては不平等が目だっています。すべての人が平等に享受しているわけではありません。東部と西部の格差が発生し、都市と農村、大都市と中小都市との格差もあります。とくに私自身が取り上げたいのは教育と医療における格差の問題です。現在、私の指導している博士課程の学生の一人は医療制度についての論文を書いています。中国の公共哲学に最も求められる問題領域としては社会正義、特に社会的平等ではないかと考えています。

金泰昌　公共哲学の核心問題の一つとして社会正義をどう捉えるかというのはとても重要です。改革開放路線の成果が実感できるようになればなるほど、分配における公平性の問題が重要な課題になります。このような場合によく話題になるのが、パイを大きくするのが先か、分配をうまくするのが先かということです。まず、パイを大きくすることが大事であるという立場は（高度の）経済成長を重視します。しかし、そうすると勝ち組と負け組との格差が大きくなる。格差があまり大きくなると不公平・不公正に対する不満とそれによる不和・対立が激しくなります。かと言って公平とか平等とかという立場を強調し過ぎると個人と社会の活力が弱くなってしまって、分配するべきパイ自体がどんどん小さくなってしまう、というパラドックスを抱えるようになります。経済成長・経済拡大と社会正義（公平・平等）の問題は常に両面があり、どちらに重点を置くかということはどの国においても大問題になります。もし中国が社会正義の方に重点を置きすぎると経済成長の原動力が弱化するかも知れない。その矛盾というか逆説についてはどうお考えなのでしょうか。

＊　本書七一頁の注も参照。ジョン・ロールズは一九七一年に『正義論』（*A Theory Of Justice*）を刊行した哲学者。ロバート・ノージックは、ロールズを批判し、リバタリアニズム（自由至上主義）の立場を採った哲学者。

姚大志　確かに金先生がおっしゃったような問題が既に出てきています。一つには効率と公正のバランスの問題があります。正義を重視するとしても効率が悪ければバランスが取れないからです。しかしながら例えば医療や教育を最も必要とする人々に、最低限の医療・教育の提供が保障される仕組みが必要であると思います。小学校・中学校へ学費なしでもいけるようにすることは現在の中国の経済であれば、問題解決はそう遠くないと思います。しかし、医療の問題は深刻です。例えば、現在の中国の貧しい家庭では家庭内の誰かが大きな病気にかかるようなことがあるとその家はつぶれてしまいます。現在の中国ではこのような状況が大きな社会問題になっています。家族の中の誰かが大きな病気にかかったときのなんらかの対応策を制度として考えるべきではないかという問題です。

金泰昌　教育と医療における最低限度のサービスを保障する仕組みをどのように創るかということは「公共哲学」が取り組むべき最重要課題の一つです。では、先生のお考えではそのような最低限度の保障は国家が行うべきものなのでしょうか。それとも個々人の責任ですか。また、市民社会が行うものなのでしょうか。

姚大志　教育については、みんなが学費なしで学校に行けるようにするのは国家がなすべきことであると思います。しかし、医療に関してはそう簡単な問題ではないので国家が一部分を負担し、個人も一部分負担し、さらには市民社会が一部分を負担するという方法もあるかと思います。医療に関してはとても複雑な問題ですので一言で誰が負担すべきものであるかは簡単には言い切れません。

金泰昌　確かに複雑な面がありますが、福祉国家というのは基本的に国家が福祉を保障する責任を持つという考え方ですね。それが財政的に、もしくは他の理由で機能不全になってしまったというのが現状認識であります。国家が国民の福祉全般の責任を持てないという事情変化があって、福祉国家から福祉社会への転換が唱えられたという経緯があります。これはどの国でも、日本でもアメリカでもイギリスでもそうですが、市民社会の役割が大きくならざるをえないということにつながります。国家は一応、最小限の基本的な責任を負いますが、先ほど先生がおっしゃられたように複雑な問題なので、より多元的に対応していくしか現実的に他の途がないのではないかというのが大方の意見ですね。もちろん個人の負担は増加します。現在、中国では医療福祉の分野において個々人の状況はどうですか？

姚大志　そうですね。確実なことは何も言えません。ただ大変深刻な問題であるということだけは間違いありません。金先生のおっしゃる市民社会というのは具体的にどのような部門を言うのでしょうか。

金泰昌　多様・多元・多重のものがあると思います。例えば、NPO・NGO、さらにはボランタリー団体など、ありとあらゆる民間団体がそれぞれ自分の能力の範囲で医療に関わるサービスを直接的にまた間接的に提供するということです。これまでは専ら国家が提供してきたものでも、今後は市場と市民社会の積極的な共働を通して提供していくしかないということです。国家機関というか、政府が民間企業や市民社会と共働して需要に対応していかざるをえないということですね。

姚大志　中国ではほとんどの病院が国有です。私立病院もあるのですが比率から見ればまだまだ小さいものです。中国の医療分野において発生している大きなトラブルとして、病院自体は国営でも、運営は民間がビジネスとして行っているということがあります。ですから、利潤を追求しなければならず、所有と実質的な運営が異なっていることからいろいろな不祥事が起こっています。もう一つは、中国で病院といえる施設はほとんどが都会にあり、農村にはあまりないということがあります。第三の問題は、都市部に住んでいる人々の中にも公費で医療を受けられる人と受けられない人との差があります。受けられない人が大きな病気にかかってしまうとその家は破産してしまうのです。そのような家族に対してどのようにケアしていくかが最大の問題なのです。

金泰昌　わたくしがお聞きしたいことを中国における医療問題に集中して申しますと、社会主義社会における基本原則と現実的な対応策との調整の問題です。社会主義の基本原則から見ればすべての問題は国家が責任を負うということになっている制度であると思います。ですから原則的に医療の問題は国家の問題であり、国家が責任を負うというものであります。しかし現在の中国では表面は社会主義ですが、内面は資本主義がかなり入っていますね。先ほどの先生のお話もそうでしたが、病院が国家所有でありながらも経営は私的経営体として運営されているということでしたね。

「公」と「私」をつなぐ「公共」

金泰昌　わたくしが現在関心をもっているのは、「公」的な医療制度と、「私」的な医療行為と、「公共」的な医療関係のありかたと将来の展望です。「公共」的な医療関係というのは、一人ひとりの健康を促進し、その障害条件をできるだけ除去していくというのは、基本的に国家・政府の公的責任であり、特定個人が健康を損ない、病気にかかったという場合は、医者という個人、もしくは病院という団体・組織と関わるようになるわけですが、そのような関わりから出てくるいろんな問題をきちんと考えるということです。それは、患者と医師との関係とか、患者と病院との関係とか、また患者と政府との関係など多様・多元・多重の相互関係を患者と関連当事者が共に話し、考え、問題を一緒に解決していくということです。ですから、公共的な医療関係というのです。そのような仕組みがなければ、国家がすべての責任を負うか、それとも個人がすべての責任を負うかの両極端になってしまいます。おそらく中国の場合は長らく社会主義であったので、国家にすべての責任を負ってもらうという考え方が強かったと思われます。しかし、その逆として、すべては個人の責任であるという考え方が強まっているのかも知れません。現状はどうですか。わたくしの個人的な意見としては、中国でも「公私共媒」というか、「官民共働」といいますか、「公」単独でも「私」単独でもない対応が要請されると思います。これが「公」と「私」とは別の次元としての「公共」ということです。「公」と「私」とをつなぐ「公共」という発想・活動・政策ということです。そのような考え方・見方がまさに公共哲学の出発点です。

姚大志　今、金先生のおっしゃられた、「公」だけでも「私」だけでも解決できないことを、「公共思考」・「公共活動」・「公共政策」に基づいて対応するということには私も同意します。ヨーロッパやアメリカや日本はすでに市民社会を経過しており、そこには「公共」思考・活動・政策というものが存在しています。「公共哲学」がそのようなものを重要課題として研究されているということは、欧米や日本においては当然のことであると思います。

しかしながら、中国においてはそのような「公共」といえる発想・領域・活動がまだできておらず、現在、芽生え出している状態です。ですから、日・欧・米で研究されている「公共哲学」と中国における「公共哲学」にはたいへんな格差があると思います。中国ではまだ「公共思考」・「公共実践」・「公共領域」と呼ばれる分野・局面・次元が発達していないので、公共哲学的認識や行動はまだ、成立困難だと思います。

金泰昌　おっしゃる通りかも知れません。日本・中国・韓国という東アジアでは、欧米に比べて市民社会というものは弱く、活性化されていません。それは国家が強く、個人が十分自立していないということですね。長い間、「滅私奉公」の社会であったことからも、自由で責任のある市民が育たなかったのです。しかしながら、最近、中国においてもいろいろな方が市民社会の研究をしておりますし、日本や韓国においても市民社会が定着しつつあります。それは西洋のような市民社会ではないのですが、「市民社会」という言葉を使った方が分りやすいことからそう使われているようですが、私はそれを「公共世界」と呼んでおります。「公」と「私」をその間から両立させ、ともに媒介することによってどちらも犠牲にすることなく向上させるということです。そのような働きを「公共」というのです。そして、そのような働きの現場を公共時空もしくは公共世界と称しているのです。

このような働きに近いものとして、公共活動団体、すなわち非政府団体・非営利団体・ボランタリー団体などありとあらゆる団体がありますが、国家の負担を減らし、個人が良質のサービスを受けられるようにするためには、これらを合理的に活性化することが必要です。例えば、従来の発想からすれば、この建物（人文社会館）も国家（政府）の予算に基づいて作るのが普通ですが、外国（韓国）の一民間企業家が、一個人の私的な営利活動とは別に、非営利活動として八〇〇万米ドルを寄付したその資金で、この建物が建築されたという話を聞きました。これこそ一私人の思いを活かすこと――「活私」によって中国のよりよい未来を開くこと――に貢献する人材を育成する「開公」という「公共」心・「公共」活動・「公共」実践の具体的な一事例であるとも言えますね。ここで教育を受けた若い人たちがまずは中国の国家と社会と人民のために、そして世界と人類と地球（環境）の更なる向上・進化・改善に貢献するようになれば「活私開公」と「公私共媒」を通して「幸福共創」を目指す公共哲学の基本方向ともつながることであると考えられます。このような活動がより多く広く行われるようにするためには、多様・多元・多重の民間活動が奨励される必要があります。すべてお上におまかせするのではなく、民間主導で国境・文化・宗教を横断する「公共」活動をすすめていくことが要請されるのです。そこから形成される国境・文化・人種・宗教を横断する生活時空を公共世界と言うのです。そして、公共世界の基本・土台とその維持・発展の原動力を探究・促進・改善するのが公共哲学です。

従来は「滅私奉公」の考え方が中国でも日本でも韓国でも強調され強制されました。国家を優先させて個人は犠牲にするというものでした。しかしながら、今後は「活私開公」という新しい発想と論理と心情が必要です。一人ひとりの人間の主体性・当事者性・主人意識がきちんと認められ、それが大事にされるということが、全ての発想と論理と倫理の出発点になる必要があります。しかし、だからといって何もかも自分勝手ということとは根本的に違うということも、また重要です。日本での議論の流れに基づいて言いますと、「滅私奉公」と「滅公奉私」とのあいだから両方をむすび・つなぎ・いかす方向へ発展・改善・変革させる工夫・研究・探索が公共哲学であるとも言えるかもしれません。

ここで改めて考えてみる必要があるのは、社会主義社会と資本主義社会における私財蓄積とその使用における基本認識の差異ですね。社会主義の基本原則に基づいて考える場合は私有財産というのは正式には公認されないし、私財蓄積というのはほとんど不可能ですので、それをどのように使うかという問題もないわけですよね。ある意味ではすべての「財」は（国）公有財―共有財―全人民の財産ですから、特定個人―私人の意志によってその使用が決まるというのは日常生活の必要に応じる範囲内ということになるでしょう。それ以外はほとんど公的な次元の――政府管理の下に置かれる――事柄になるでしょうからです。

しかし、資本主義社会では基本的に私財蓄積が私的所有権として実定法的に保障され、それを通して形成された私財の保存と使用も実定法上の規定に違反しない限り、個人の快楽のためにも、また公共的な目的実現のためにも自由に使われるわけです。もちろん、良い面も悪い面もありますが、「公」と「公共」と「私」を考える上でこの社会のありかたの違いを念頭に入れないと抽象論になってしまう可能性があります。

姚大志　今、金先生がおっしゃられたお考えにはまったく賛成ですし、中国もそのような方向で進んでいるかと思います。今までは、金先生もおっしゃったように、東アジアの、とくに中国は国家の力が強く、個人にはあまり力がなかったのですが、改革開放以後にようやく個人が力を大きくすることが認められるようになりました。個人の力が大きくなっていけば国家の力とのバランスが崩れてきますので、その調整役として先ほど挙げられた非政府団体・非営利団体などが少しずつ出現してくると思います。そのような団体が出現してくれば「公」・「私」では解決できない問題を少しずつでも解決できるようになるのではないでしょうか。現在の中国はそのような方向に向かって進んでいると思いますが、まだ時間がかかるであろうと思っております。

金泰昌　時間がかかるということはよく分かります。現実はなかなか理想通りにいかないものです。しかし大切なのは基本的な方向の選択にあるということです。

姚大志　中国がこれからそのような考え方をすすめていくためにはいろいろな制度的条件が必要になるかと思いますが、そのような状況の中できちんとした法律ができ、基本的な権利を確保できるようになるということも必要になってくると思います。そのような状況がありますので私は当初より政治哲学が大切ではないかと提唱しているわけです。

「公共哲学」の展望

金泰昌　日本での動向の中でわたくしが特に注目しているのは二つあります。その一つは東京大学や千葉大学の公共哲学研究者たちがすすめている「学問研究の構造改革を目指す公共哲学」運動です。極端な専門分野的分割化（タコツボ化と言われます）から専門分野を横断する相関志向の学問研究へのパラダイムシフトを強調しています。そして、もう一つは、武田康弘白樺教育館長とその同志たちのすすめている民知—恋知による生活知再構築運動です。従来の官知・制度知による生活世界の領土化・植民地化から一人ひとりの市民の主体的・主観的・当事者的自立をはかる生きる力としての知の産出とその共有を強調する純民間活動です。

姚大志　そのような視点は新しいですね。金先生、ぜひ一度、吉林大学で「公共哲学」の講演をしてください。

金泰昌　はい。わたくしは中国の若い人々とともに東アジアの明るい将来を語りあうということを何よりも大事にしてきました。ですから出来るだけ早い時期にそのような機会を持ちたいと思っています。

姚大志　今後「公共哲学」を研究する学生が増えていくと思います。私が研究を始めた十年前には政治哲学を研究する学者は全国でも二、三人しかいなかったのですが、現在では多くの人が研究しています。同じく「公共哲学」についても今から公共哲学に関する関心が高まり、研究する人も増えていくと思います。一九九七年に開催された学術シンポジウムに、いろいろな大学の政治哲学研究者たちが参加しました。その会議での議論がきっかけになって公共哲学の重要性を認識するようになったと言えます。それから公共哲学を研究する人が増えるようになりました。

金泰昌　姚先生が「公共哲学」には政治哲学が必要であるとおっしゃいましたが、アメリカの場合も全く一緒ですね。日本では最初に「公共哲学」に関心を持たれた研究者と言えば、西洋思想を専門とする法哲学者や政治学者また倫理学者でした。そして社会学者もいました。中国で最初にお会いした公共哲学研究者といえば、清華大学の萬俊人教授です。彼は倫理学者ですね。そういうこともあってなのか萬教授の主な関心と研究は「公共倫理」に向けられています。姚先生の場合はどうですか。

姚大志　私の場合は政治哲学を基本にした公共哲学ですね。もちろん、公共倫理の問題も大事であると思いますが。

金泰昌　わたくし個人の場合を申しますと公共哲学に重点を置くようになったきっかけがあります。実は今から九年前に日本で「国際陽明学会」を開催した際に、ハーバード大学の杜維明《トゥ・ウェイミン》教授*が来て、今後、世界規模で「公共的知識人」を議論していく必要があるという主旨の発言をしました。その時、

---

*　一九四〇年中国雲南省生まれの儒教研究者。ハーバード大学にて修士・博士号を取得。二〇〇一年の国連の「文明間の対話」年において、コフィ・アナン事務総長が招聘した「賢人会議」に儒教の代表者として出席した。

わたくしは公共的知識人を考えるためには、まずきちんとした公共哲学を論じる必要があると提案しました。その後も杜維明氏は公共的知識人論をいろんなところで展開しました。

わたくしはわたくしなりに公共哲学を議論してまいりました。しかし公共哲学は誰かの個人的な研究活動に限定されるものではありません。少なくとも日本での状況を見ますと、多様・多元・多重の公共哲学が理論的にも実践的にも展開されています。わたくしの考え方としては公共哲学というのは学者と国家・市場・市民社会との対話・共働・開新を通してたがいの変革・改善・向上を目指す認識と実践の連関運動であるということです。

面白いことに三年前に上海の華東師範大学で公共的知識人を共通議題にした国際会議が開催されました。ちょうど、同じ時期に日本では東京大学で「東アジアにおける公共知の創出」という国際会議が開催されました。* その二つの国際会議を両大学の共同主催の形態にもって行くための調整に東京と上海を往来しながら、いろいろ努力してみましたがうまく行きませんでした。しかしその過程で面識を得た上海の華東師範大学の許紀霖《シュ・ジュリン》教授やその前から知りあいだった楊国栄《ヤン・グォロン》教授との学問的交流をその後もずっと続けています。

姚大志　いろいろな角度・分野から「公共」というものをみていくことが必要かと思います。「公共倫理」という立場から検討する必要もありますし、杜維明教授のように「公共的知識人」という立場も必要であると思います。みんなが同じテーマについていろいろな角度から研究するのは、そのテーマをより発展させることになると思いますのでとてもいいことです。

金泰昌　とにかく日本では公共哲学京都フォーラムをほとんど毎月持続的に開催してきましたので、提起された問題領域も多様です。そして議論百出でございます。もちろん、公共哲学の対話活動は日本だけではなく、アメリカやヨーロッパでも展開されてきましたし、中国でもいろいろ試みてみたいと思っております。

姚大志　私の知っている範囲からいえば、「公共哲学」はヨーロッパにおいてよく研究されているのではないでしょうか。アメリカでは「公共哲学」は「政治哲学」が中心になったかたちで研究されているのではないかと思います。私にはこのような認識がありますが、それについてはいかがでしょうか。

金泰昌　だいたいそのような状況だと思います。しかし、日本や中国や韓国の現実を見ますと、政治・経済・社会、そして科学技術・情報通信など複雑・多様な問題群が緊密につながり結ばれているので、従来の専門分野別の対応だけではあまり意味がないという状態が増加し、強化されているという側面があります。そこで、専門分野を横断して媒介するという観点と思考と研究が要請されているのです。そのような方向への知的探究活動として公共哲学が想定され、いろんな取り組みが行われているのだと言えるでしょう。そして従来の学問というのは学者による・学者のための・学者の学問でありました。しかし、公共哲学は市民（社会）との対話・共働・開新を目指す知・徳・行の連動変革

＊　同じタイトルで、佐々木毅・山脇直司・村田雄二郎編により東京大学出版会から二〇〇三年に刊行された。

運動でもあると言えます。

姚大志　中国も市民社会についての関心と研究が活発になりつつあります。ただ、主にマルクスとヘーゲルの思想から市民社会を研究するという形になっています。

金泰昌　中国における市民社会研究と言えば、鄧正来《トン・ズォンライ》教授の名前が出てくる場合が多いのですが、姚先生もご存知ですか。

姚大志　同じ吉林大学法学院の教授です。

金泰昌　そうですか。

姚大志　以前より鄧先生をご存知だったのですか。

金泰昌　先程、お話に出ました華東師範大学の許紀霖教授にご紹介いただいたのですが、ちょうど昨日、北京の清華大学の外賓ゲストハウスで鄧教授とお話する機会がありました。

姚大志　中国の市民社会について書かれた書籍としては、鄧教授が書かれたものが何冊かあり、この分野においては最も業績の多い方です。

金泰昌　鄧教授ご自身が新しい著書に関して、かなり強い確信をもっているという印象を受けました。約二〇〇〇ページに及ぶ大著ということでした。序文を残してほぼ完成しているとのことです。出版される日を楽しみにしています。そして鄧教授が主幹をつとめる『中国書評』で、わたくしに書評してほしいという話がありました。

姚大志　鄧教授は四川大学の外国語学院出身で、主に独立自由の立場から今日の中国が当面している諸問題に取りくんでこられたようです。三、四年前に特別に吉林大学の法学院に招かれて教授になりました。彼は典型的な公共（する）知識人といえます。

金泰昌　二〇〇四年の『哲学年鑑』に浙江樹人大学の卞崇道《ビェン・チョンダオ》特別招聘教授が「日本における哲学の動向」という論文を書いていますが、その中で「公共哲学」を紹介していらっしゃいます。中国における日本哲学研究の第一人者と言われている卞崇道教授が名古屋大学で、東京大学の山脇直司教授の講演を聞いてはじめて公共哲学に触れたそうです。そこでさっそく図書館に行ってみたら十冊もの本が並んでいて、驚いて急いで読み、『哲学年鑑』に紹介したのだそうです。その直後、わたくしが北京で卞教授にお会いし、公共哲学翻訳編集委員会の委員長になっていただきました。シリーズ『公共哲学』第一期全十巻を、中国語に翻訳して中国の出版社から出版するという仕事の総責任者になっていただいたということです。

姚大志　翻訳というものは言葉の問題だけではなく、その分野の研究者でないと深いところまで伝えることができないので、大変重要なお仕事ですね。

金泰昌　清華大学は「公共倫理」が中心ですから、「公共哲学」は吉林大学が中心になって研究と教育をすすめて行くということはどうでしょうか。そして、中国における公共哲学の研究と教育のさらなる発展にも主導的な役割を姚先生ご自身が担っていただければ中日両国における公共哲学の共働構築にとってこの上無い素晴らしいことではないかと思われるのですが、どうでしょうか。

姚大志　できる限り頑張ります。

金泰昌　哲学とは希望を持ち続けることだと思います。絶望のど真ん中でも希望を持ち続ける。公共哲学の花が中国全土に満開になる日を待ち望みながら、最善を尽くすという姿勢で姚先生とも協力していきたいのです。

姚大志　本物の哲学者は金先生のような方であると思います。哲学を職業として研究している人は大きくなれないものですね。

金泰昌　いやいや。わたくしは小さな野生の雑草に過ぎません。ただ、本来、哲学するということは知徳を恋い慕うということです。自分がそこに全力投入し学び続けていることを楽しむということです。そのようなわたくしの基本姿勢は『論語』に出てくる「理性で知ることは感情で好むことの深さに及ばない。感情で好むことは、全身で打ち込んで楽しむことの深さに及ばない」（宮崎市定訳）という孔子の言葉に影響されたものです。

邱高興　来年、日本に行く予定ですが、そこで金先生から公共哲学に関するご指導を受けたいのでぜひともよろしくお願いします。

姚大志　私も金先生より直接「公共哲学」を学べるよう願っております。

（初出　『公共的良識人』二〇〇六年八月一日号）

【語りあい　その1】

4　中国における公共哲学の構築　吉林大学（2）

日時　二〇〇六年五月十五日
場所　吉林大学哲学社会学院

はじめに

姚大志《ヤオ・ダジ》　金泰昌先生は政治哲学と比較思想がご専門ですが、一九九〇年渡日以来、世代間問題と公共哲学の研究と実践に力を注いでおられます。金先生は特に中国と日本と韓国の間の学術交流を通して、市民主導による幸福共創の土台作りという独自のプロジェクトに情熱をかけておられ、そして中日韓の若い学生たちとたがいに心を開いて対話を交わし、共により素晴らしい未来を語りあうということに非常にご熱心です。

金先生は普段、一方的な話し方としての講演よりは共に語りあう対話を強く願望されるということで、先生のご意向に従いまして、まず皆様から何を共に考えるのかという共通議題を提示していただき、それに応答するという形でお話をすすめて行きます。では、どなたからでも結構です。どうぞ議題を出して下さい。

藺慶春《ルン・チンチュン》　現在の私の主な関心はアメリカのジョン・ロールズとドイツのユルゲン・ハーバーマスです。特にロールズの正義理論とハーバーマスの討議民主主義――特に公共圏理論――の問題について勉強しています。金先生ご自身におかれましては、ロールズとハーバーマスはどのような意味をもっているのでしょうか。

馮藐《ポン・ミヤオ》　私は政治哲学を勉強していますので、どうしても、公共哲学と政治哲学とはどのような関係にあるかというのが気になります。公共哲学とは政治哲学と同じものですか。それとも違うものですか。もし公共哲学と政治哲学が同じものであれば別に公共哲学を今更議論する必要がないと思われます。違うものであれば、その違いを知りたいのです。

昨日、インターネットで「公共哲学」という項目を検索してみましたが、日本では学術研究としても実践活動としてもある程度、現実的な動向になっているということを感じました。日本ではどのような人々が公共哲学に関心を示していますか。中国では公共哲学が極少数の学者たちの研究と議論に限定されています。公共哲学は一般市民よりは官僚に必要な哲学という印象を受けますが、金先生のご意見をお聞かせいただけますか。

張明《チャン・ミン》　私の現在の主な関心は国家との関係における個人の位置付けです。全体のために個人が犠牲になるのは当然であると考える伝統的な文化と、個々人の人権とその尊厳を重視する新しい政治文化との対立と葛藤は、今日の中国でも大きな問題になっています。これは東アジアの共通文化としての全体優先の価値志向とアメリカやヨーロッパの個人優先価値志向とのちがいという側面もあります。金先生ご自身はこのような問題についてはどうお考えでしょうか。

劉明《リュ・ミン》　私は政治学を中心に勉強しておりますが、理論的にも実践的にもいろんな問題があります。公共哲学もいろんな問題をかかえているとは思いますが、金先生ご自身が現在、最優先課題にされているのは何でしょうか。

金泰昌　ありがとうございます。ここでまず、四人の方による議題設定に基づいてわたくしなりの応答を試みることにします。

わたくしは若いとき、アメリカの大学院で国際関係の哲学という分野を勉強し、その後、ヨーロッパの国々をまわりながら比較思想と比較文化を自主学習しました。そこで素晴らしい知的遺産と友人と文献に出会い、限りなく大きくて強烈な知的刺激を受けました。言語と宗教と人種の多様性の現実を実感しました。相異なる信念と意見の衝突と調和の力学も体感しました。

一九九〇年の渡日以来、わたくしの関心は日本と中国と韓国の過去と現在と未来に移動しました。それは今までの学問研究と教育実践に対する反省と、今からの課題に基づいて切実に思索するようになった新しい知と徳と行のありかたの問題です。それは新しい時代状況の要請に対応できる新しい哲学の共働構築という課題でもあります。

中国も日本もそして韓国も一つの共通した歴史的経験をもっていると言えます。それはそれぞれの良質の伝統文化と固有思想の豊富な資源がありながらも、それらを無視・忘却・否定して専ら西洋からのものを導入・学習・模倣することによって、所謂、西洋化という意味の近代化を遂行したということです。そして、その一点における成功と失敗の度合によって、歴史的位置付けが決定されたという経験です。それは一言で言えば、国民国家という「公」の思想と哲学の物語りであったとわたくしは捉えるのです。そこでは「私」の存在と価値と尊厳は、弾圧され犠牲になり、また排除されました。このような歴史の体験と感覚と認識に基づいて新しい時代と状況に相応しい哲学を探り究めていくには、その基本方向は一人ひとりの人間の存在と価値と尊厳の尊重を強調する――それは「活私」です――とともに、そこから国家や政府や体制をより人間親和的なものに変革して行く――それは「開公」です――ために思考・行動・判断・責任の自覚と共有を目指すということではないかと思われます。これは国家や政府が指導する啓蒙運動ではありません。市民主導の知徳行の連動変革運動です。ここまでは前置きです。

ロールズとハーバーマスの意義

ではまず蘭慶春さんの問題提起への応答から始めます。日本でも韓国でも公共哲学とか公共性という問題になりますと、すぐユルゲン・ハーバーマスやハンナ・アレント*、そしてジョン・ロールズの名前が出てきます。事情は中国でも同じなのでしょうか。わたくし自身がロールズとハーバーマスについてどう思うかということですが、それはすでにありあまるほど出ているロールズやハーバーマスに関する解説にもう一つの解説を追加することではないと考えます。あえて言えば、わたくしの学問研究と実践活動の中でロールズやハーバーマスがどういう意味を持ったのかを話してみろということであると理解します。

まずいろんな面で大きな影響を受けたといえます。九八年から本格的に公共哲学の共働構築を開始する以前にロールズやハーバーマスの理論とそれについての数多い関連文献を読みましたし、またいろんなところで議論もしたわけですから、ある程度のわたくしなりの認識と評価はすでに整理されていました。ですからわたくしの発想や思考展開のどこかに、ロールズやハーバーマスの影響があったというのはある意味では当然のことです。

では、まず、ロールズがわたくしにとってどういう意味があるのかということから話します。韓国でも七一年にロールズの『正義論』がハーバード大学出版局から公刊された直後から二、三年の間に、彼から直接指導を受けて帰国した政治学者たちや哲学者たちを中心にロールズ論はほとんどすべての

＊　ハンナ・アレント（Hannah Arendt, 一九〇六―七五）は、ドイツ生まれのユダヤ人哲学者。著書『人間の条件』のなかで、二つの意味で public を定義している。ひとつが「公に現われるすべてのものは、万人によって見られ、聞かれ、可能な限り最も広く公示されるということ」という「公開性」の意味である。もうひとつの意味が「世界そのもの」である。

会合での主要議題になりました。そして八〇年代には社会的な注目も十分浴びました。ちょうど全斗煥《チョン・ドゥファン》政権（一九八一―八六）の「正義社会具現」というスローガンと連動した賛否両論の盛り上がりもあって、正義という問題に対する関心も高まりを見せたからです。韓国の社会風土と言えば伝統的に正義志向が強かったと言えます。時代劇なんかも、義賊・義盗・侠盗・義士・義人・義死・義憤・義奮・義挙・義軍・義兵・義気・義理など「義」をテーマにしたものが多いし、人気も高いのです。しかしそこから見られる義というのは、弱者の立場に立って、強者・支配者・権力者に抵抗する姿勢・精神・行動にかかわるものです。それは本来の意味における政治社会制度の設計基準ではなく、人間関係における基本エートスであるか、それとも人間の内在的・道徳的資質の問題であります。ですから制度論的な正義論をきちんと考え論じたという意味ではその思想資源が豊富であったとは言えませんね。韓国の状況から見ますと人間の基本的な自由に対しては、誰もが平等な権利をもつという原則よりは、一定の不平等の認定条件として社会的・経済的に最も不利な状況に置かれている人々に、最も有利になるようにするべきという原則が、より強く共鳴されたのではないかと思われます。

しかしわたくしが考えている公共哲学は、東アジアの歴史経験と思想資源を見直すことによって、日本と中国と韓国がともに幸せになる公共世界を切り拓くための市民主導の実践活動ですから、アメリカとドイツの歴史経験と思想資源に基づいて形成されたジョン・ロールズとユルゲン・ハーバーマスの構想とはちがうところが多々あります。

まずロールズとの関連で考えたことですが、わたくしは「同」を前提にしない「共」の基本原理は

「仁愛」と「正義」の両立を可能にする「中和」であるという立場を堅持してきましたので、その違いが大きいと思われます。

わたくしはアメリカとヨーロッパでの生活体験と欧米の政治的・社会的影響を多大に受けた韓国の現代史を通して、正義の沸騰、もしくはその横暴がもたらした道徳的・倫理的荒廃と人間関係の殺伐化を痛感しました。勿論、それは本当の正義ではなく、偽の正義が正義の名を借りて不正を恣行したからであって、真の正義が確立されればそのような状態にはならなかったという反論があることは十分承知しています。しかしわたくしは正義というものの実像の恐ろしい姿を、部分的に直接目撃し、またそれを嫌になるほど実体験もしたわけです。ロールズは正義を重視する立場から幸福を目指す原理を批判していますが、わたくし自身は正義も個人と社会と世界の相関的幸福を実現するための第二次的規範であると思うのです。正義がある程度実現されたとしても、そこで人間が幸せになれないのであれば、その正義の実現がもつ意味はどこにあるのでしょうか。

もちろん、幸福というのはあまりにも多様で相異なる捉え方があるので、秩序形成の基本原理としては不適切であるという考え方もよく分かります。しかしそのような観点から見ますと、正義を含め、人間と社会と世界にとって重要な問題はほとんど全部複雑で定義不可能なものばかりです。そしてロールズの正義論も一つの規範理論でありますね。現実というよりは理想に近いものと言えます。そうであればわたくし自身は幸福のほうにより高次の規範性を置きたいのです。わたくしは率直に申し上げて、自由民主主義や平等民主主義よりも、自由も平等というのも結局、人間と社会と世界が共に幸せになるための条件であると思うからです。ですから幸福民主主義の理論化と現実化を目指したいのです。幸福民主主義ということばはまだ政治哲学や政治理論の教科書には載っていません。概念的に近いものとしては福祉民主主義というのがあります。スカンディナヴィア諸国の高度福祉社会を念頭に入れた制度的仕組みを想定したものです。ただ、福祉民主主義が制度設計に重点を置いた思想・政策であるとすれば、幸福民主主義は個々人の幸福実感を重視すると対比できるでしょう。

このようにわたくしが考えますのはロールズが正義理論の背景として前提にしている公共政治文化が世界共通の妥当性をもつものではないからです。それは欧米と東アジアでの生活体験に基づいた実感から言えることです。

次にハーバーマスですが、わたくしが一九六二年に出版された『公共性の構造転換』を初めて読んだのは、七五年夏にたまたまドイツのミュンヘン大学を訪れた時、書店でみつけて韓国に持ち帰ってからです。正直に言って当時のわたくしにはよく理解できませんでした。そこでもっとホットな別の問題に関心が移ってしまったといういきさつがあります。

七〇年代の韓国の政治的・社会的・文化的状況の中で主な問題意識は民主化の課題であり、当時のわたくし自身の学問的関心は民主的近代化との関連におけるマルクスとウェーバーとスミスの思想が持つ現実変革的意味の比較検討でありました。フランクフルト学派*の批判理論に関する理解はある程度整っていましたが、ハーバーマスの公共性と言うか、公共圏を議論することの意味を理解する認識の土台も体験の整理もまだそろっていなかったとしか言いようがありませんね。そしてついに八〇年五月の光州事件（反軍部の市民・学生による抗戦）が起こるわけです。当時のわたくしは軍当局による徹底的な情報統制とそこから生じた真実隠蔽もありましたので、現状把握ができませんでした。ですから自分の頭で考え、自分の心臓で実感し、自分の手足で行動するという意思と勇気がなかったというのが事実です。歴史的事件の深い意味を十分理解できるのはある程度の時間が過ぎてからであるということは、今までの生活経験から十分会得しております。ハーバーマスも六八年の学生たちの反抗運動**を事件当時は「左翼ファシズム」と批判したのですが、八八年になって、自分の批判の不適切さを反省し、そのことを四五年のナチスからの解放にも匹敵する歴史的・文化的分岐点であったとその意義を再解釈したといういきさつがあります。

わたくしも九三年に軍事独裁が終焉をむかえて金《キム》・永三《ヨンサム》大統領による民間政権（一九九三—九八）が

---

* マルクス主義を基に、啓蒙主義における理性の道具化を問題とする批判理論を展開し、『啓蒙の弁証法』を著したアドルノ（Theodor W. Adorno, 一九〇三—六九）ならびにホルクハイマー（Max Horkheimer, 一八九五—一九七三）らに始まる研究者達の総称。ホルクハイマーが、一九三〇年にドイツのフランクフルト大学の社会研究所（Institut für Sozialforschung）の所長に就任したことに名称は由来する。ハーバーマスは、この第二世代に属するといわれている。

** 一九六七年六月にイラン国王訪独に対する抗議行動において、ドイツ人学生オーネゾルクが警察によって射殺されたことをきっかけとして学生運動が激化した。当時フランクフルト大学の教授であったハーバーマスは当初から、この学生運動に対して討論集会などで発言を行っていた。

名実共に始動してからようやく反体制民主化を唱える学生運動や光州事件の歴史的意味付けをわたくしなりに整理することが出来ました。それは国家公権力や大企業の貨幣権力とは次元が違う市民力の実在と、それが現実の変革をもたらすということに対する信頼です。そして特に光州事件とその後の一連の政治的・社会的・文化的変動を、その激流の中で実体験しながら学習したことは、政権官僚や一部の政治軍人たちによる公共性の独占とそれに基づいた権力体制が、声高く標榜した正当性の根拠としての国民的合意が急速に内部崩壊し、民主化を主導した市民たち——国軍・国民の軍隊に抵抗して戦い、ついに勝利を獲得した歴史の主役として位置付けされた——にこそ新しい秩序形成の正当な原則根拠が存在するという認識の大転換が生成したということです。それは、ハーバーマスにおける公共性概念の歴史的転換を韓国の状況に則って言い直しますと、「国民的公共性」——主に軍部によって提唱された——から「市民的公共性」——民主化運動の主役としての市民による——への進展であったと言えます。そして現在の市民的公共性は国家の公権力や大企業の貨幣権力に回収・同化されない自立した自律的公共性の確立とその成熟を通して、いずれは韓国での公私共媒としての対話的公共性を目指しているということです。

韓国社会の現状と言えばまだ激情的・衝突的大衆民主主義の段階から、ものごとを理性的に解決していくという洗練された討議民主主義*が確立された段階へ発展したとは言えません。ですから公共理性だけで公共性が担保できるとは考えられないのです。そこで公共感情とか公共意志とか公共霊性の問題も話題にせざるを得ないのです。現在、わたくしが日本で日本人の学者たちと共に探求していることは、そのような経験と認識を韓国とはいろんな条件が相異なる日本の状況における検証・確認・比較であるとも言えるでしょう。

公共哲学と政治哲学の関係

そして、馮㒥さんの問題提起ですが、わたくしの立場から申しますと、公共哲学と政治哲学はそれぞれ違うものです。公共哲学の中に政治哲学的なものが含まれることもあるでしょうし、また政治哲学の中に公共哲学的なものが入る場合もあると思います。しかし、アメリカにも日本にも公共哲学と政治哲学はほとんど同じものであると考えている人々が数多くいらっしゃいます。ですから一言で簡単に結論を出すということはほとんど不可能であるでしょう。しかしわたくしの個人的な見解を申しますと、政治哲学が基本的には権力を中心に置いて政治社会のありかたを探求するのに対して、公共哲学はことばこそ新しい意味とそれに基づいた思考と実践の地平を切り拓く原動力であるという認識をその基本とします。そのような考え方に基づいて生活世界と制度世界のあいだに多元・多層・多重の中間媒介作用の時空を想定し、そこから生活世界と制度世界の相関連動の新しい次元としての公共世界を共働構築して行くための研究・実践活動であると、それぞれの特徴を分別することもできるの

＊ Deliberative Democracy の訳。対等な立場による参加者の実質的討議を重視する倫理学を展開するハーバーマスらに依拠した、デモクラシーの理解。審議的民主主義と訳される場合もある。形式的な参加や投票権に留まらない、実質的な政治的意思決定への参画を重視する立場。

ではないかということです。誤解を恐れずにやや極論的な言い方をしますと、政治哲学は国家を中心課題とする哲学であり、公共哲学は市民社会を基軸にする哲学であるとも考えられますね。

インターネットで公共哲学という項目を検索したということでしたが、日本の場合、例えばグーグルですと約一八〇万件くらいでてきますね。韓国ではナベルで約四五万件、アメリカでは約三五万件、そして中国の場合は百度で約一万七千件くらいです。やはり日本が飛び抜けて多いと言えます。また日本ではどのような人々が公共哲学に関心を示すのかということですが、わたくし自身及び何人かの公共哲学研究者たちの直接経験に基づいた推測ですが、それこそ日本社会の各界各層にいらっしゃるということです。特に多いのは、政治家や官僚と非政府及び非営利団体に関係する民間活動家、宗教家そして一般市民の男女ですね。生活者主導の勉強会もあります。公共哲学に関係する個人のホームページとかブログも多数見られます。しかし、公共哲学とは何かという問題に対しては、一つの正答がどこかに用意されているわけではありません。関連当事者たちが、それぞれの立場と所信をたがいに尊重するという前提に基づいて共に対話・共働・開新をくりかえしていくプロセスを通じて問題の解決をはかるという思考と行為の基本姿勢を指称するものです。

このような考え方はある意味では『荘子』（斉物論第二）にでてくる「道行之而成、物謂之而然」と似ているところがあります。その意味は「道はそこを通るので道となり、物は名称が与えられてそうなる」という意味です。公共哲学とか公共性というものも、どこかにその実体があってわたくしたちがそこに戻ればよいということではありません。わたくしたちがいろんな問題を考えていくなかで、そのような思考と行為の道程ができたとも言えるのです。ですから例えば、『論語』に出てくる孔子の「克己復礼」（おのれに克《か》って礼に復《かえ》る）という考え方とか王陽明の『伝習録』にある「勝私復理」（私に勝って理に復《かえ》る）という教えとは根本的に相異なる発想ですね。このような文脈から改めて考えてみますと、公共哲学とか公共性とは何かという問題に関しては基本的に二通りの捉え方が現在同時併存していると言えますね。

公共哲学は一般市民よりも官僚や政治家に必要な哲学ではないかという問題に関しましてわたくしの意見を申しますと、まずは市民一人ひとりの基本認識として「公」哲学と「公共」哲学のちがいをよく理解することが重要であるということを強調しておきたいのです。「公」哲学とは国家・政府・体制を中心に置いて全てのものごとはそのためにあるという思考・判断・行為・責任の哲学です。ですから特に官僚や政治家に必要な哲学です。七世紀頃の日本の聖徳太子が制定した十七条憲法の中にも「先公後私」という天皇の官僚に求められた基本規範が明記されています（「十五に曰く、私を背きて公に向くは、是臣が道なり」）。そのような規範意識の延長線上で考えますと、例えば「滅私奉公」というのも今日の国家公務員や政治指導者には必要な公哲学的精神姿勢であるとも言えます。しかしそれを自分たちは忘却しながら、国民・市民・個人たちに一方的に強要したというところが反公共哲学的失態であったと批判せざるを得ません。わたくし自身の意見ですが、行政哲学・管理哲学・制度哲学・政策哲学などはどちらかと言いますと、公哲学の構成分野という性格が強いのではないかと思います。

では、公共哲学は誰に必要な哲学なのか。それは市民に必要な市民の哲学であります。市民の立場から生活世界の自立とその質的向上を目指すという基本方向を前提にして、制度世界をより市民親和的に改善していくための知識と徳性を個人的にも集団的にも育成することです。公共哲学は国家や市場と市民社会の対話と共働と開新の哲学です。公共哲学は政治中心の「公」の哲学と経済中心の「私」の哲学を相互媒介する市民社会中心の「間」・「共」・「脱」の哲学です。

公共哲学が市民中心の公私共媒の哲学であるとすれば、官僚や政治家にはどういう関係があるのかという疑問が起こるでしょう。その答えは、官僚や公務員もそれぞれの職務関係とは別の次元では、例外なしに市民の位相にいるわけです。ですから、彼ら・彼女らの公哲学的関連性よりも、市民的公共哲学的関連性の方がもっと根源的であると考えられます。ですからカントが、例えば、官僚が職務上の立場からものごとを考えたり、意思決定するのは理性の私的使用であり、職務上の立場を離れて、自立した一市民の立場から自主的に考えたり、意思決定するのは理性の公共的使用と区分けしましたが、そこにも官僚や政治家に公共哲学が何故必要なのかという問題に対するカントの考え方が提示されていると言えますね。公哲学と私哲学はある意味では同一論理の両極端にすぎないという側面もあります。ですから公私とはちがう次元から公と私を媒介する論理が公共であるということをきちんと認識することが重要なのです。

結局、今までのわたくしの議論をまとめますと公哲学は官僚と政治家に必要な哲学ですが、公共哲学はすべての市民に必要な哲学であるということです。そして一言追加しますと、公哲学を一般市民に押し付けるということは、民主主義社会における官僚規範としての「先公後私・滅私奉公」の基本精神を欺瞞的な空言空語にしてしまう恐れがありますので極力控えるべきです。

全体優先価値志向と個人優先価値志向

それでは張明さんが提起した議題に移りたいと思います。従来の政治哲学では国家と個人、もしくは権力と人間という問題の解明に力を注いできました。ここでは国家が全体の具体像であるわけです。しかし、戦後の日本の現実状況に基づいて考えますと、全体というのが国家よりは会社ではないかという認識の変化が起こったというのが重要です。ですから全体優先志向の具体的な姿は国家主義と会社主義という二つの顔をもってあらわれたと思われます。表面的には二つの顔が全く違うように見えますが、深いところで作動する基本的な心情パターンはほとんど同一であると考えられます。それは、両方とも基本的に全体のために個人は犠牲になるのが当然であるという文化によって支配されているということです。日本の場合を考えますと、全体の和を崩さない・乱さないというエートス（道徳的慣習もしくは社会的精神風土）であり、それが他ならぬ、「滅私奉公」の精神構造というものです。これが日本の古き良き伝統に基づいた道徳感情であり、それを保存・維持・普及して行くべきであると信じる人々が数多くいらっしゃいます。日本の教育の現在のありかたを批判し、美しい日本を創り出すためには「公《おおやけ》」の精神や愛国心を涵養する教育が必要であるということを強力に主張する人々の考え方です。このような考え方は日本の歴史を通して見た場合、つい最近までの精神的主流であったと言えます。

しかし例えば第二次世界大戦の終焉直後からの一時期、個人優先思考が社会心理として拡散するという現象もありましたし、その流れが現在も底流としては残っているというのも事実ですね。それは「滅私奉公」とは相反する社会風土的気流として「滅公奉私」と言われました。ですから日本の事情と言えば、伝統的な滅私奉公的全体優先志向と滅公奉私的個人優先志向が、時には対立・葛藤しながら、時には交渉・妥協するなかで場当たり的に馴れ合ってきたのではないかと思われます。

日本の場合との比較を念頭に入れて韓国の事情を考えてみますと、伝統的にも現実感覚的にも日本よりは、はるかに個人優先志向が根強いのではないかという気がします。韓国人は個人的には強いけれど、集団的には無力であるというような韓国人の自己認識や他国人の批判も、ある意味では韓国人の個人優先志向の体質を指摘しているのではないかとも考えられます。韓国の場合は、国家主義とか会社主義という姿の全体優先志向が精神的主流になったことはなかったのではないかと思われます。韓国では全体と言えば民族・同胞・親族でしょうね。しかしそのような全体意識も個人優先志向の強化・増進によって崩壊しつつあります。ですから韓国人は日本人に比べて国家依存心理がすくな(少・尠・寡)いし、国家離れにあまり不安感をもたないのです。韓国民とか韓民族とかという一種の全体意識よりも、一人ひとりの人間として、一人の個人として、国家とか民族に頼らず自立した生命体・生活者として生きて行くという考え方がしぶといと言えます。勿論これには肯定的な面と否定的な面があります。

わたくし自身の個人的な見解として言いたいことですが、十九世紀中頃の国際政治の激動の中で、韓国が日本の植民地になってしまったのは、日本のような国家中心の全体優先志向が当時の大韓帝国――一八九七年、朝鮮王朝が改称した国号で、一九一〇年大日本帝国に強制併合されます――にはなかったからではないかと考えられるということです。国家的な規模の侵略に対応できる国家的な抵抗意識もその戦争機械も全く用意されていなかったのです。そこにあったのは一部の憂国志士たちの個人的な抵抗であり、散発的で一時的な大衆蜂起にすぎないものです。

このような観点から見ますと、全体優先志向は東アジアの伝統文化とつながり、個人優先志向はアメリカやヨーロッパの文化であるという張明さんの区分けには、多少違和感を感じます。韓国における個人優先志向は、西洋との接触を通して西洋の影響を受ける以前からの精神構造であり、社会風土であったと考えるからです。どのようなかたちであらわれようとも、いわゆる体制権力―政治権力―支配権力への深い不信感と自力で逆境を生き抜くしか他に途がないという限界状況の中で、あらゆる種類の全体優先志向に対する拒否反応が定着したのではないかというのがわたくしの個人的な見解です。わたくしは中国の老荘思想も基本的には個人優先志向であると思うのです。中国では法家思想という全体優先志向もありましたが、それが中国思想とその現実的適用という側面で、どのように理解するかというのは、中国の専門学者や一般市民と共に議論してみたいところです。

わたくしが九〇年の渡日以来、一貫してやってきたこと、そして特に九八年四月以来多数の日本人学者たちとの対話・共働・開新を継続してきたことと言えば、全体優先志向と個人優先志向を、そのあいだからの媒介・相関・相補を通して連動向上をはかるための哲学維新活動であります。哲学の意義喪失・不在証明・死亡宣言が声高く促唱される反哲学的現実状況の真っ只中で、哲学の復活再生・意義再現・存在証明を宣言することです。それは哲学再建による世界構築です。全体の中に個人が回収されてしまうのでもなく、だからといって個人によって全体が解体されてしまうのでもない、全体と個人が共に活かしあう、そして互いにそれぞれの質的向上を目指すということです。新しい知・徳・行の相関連動的民間運動の基本方向は、従来の「滅私奉公」と「滅公奉私」の二極対立的閉鎖状態から脱出し、そこから改めて両方をむすび・つなぎ・いかす途を「活私開公」・「公私共媒」・「幸福共創」の三次元相関的な実践活動を基軸にする哲学の共働構築を通して実現するということです。今後は中国で皆様とともに互いの共感・共鳴・共振が可能であり、わたくしたちの願望がかな（適・叶）えられるような哲学を探求・構築して行きたいというのが公共哲学運動の主旨であります。

公共哲学の最優先課題

次は劉明さんの議題ですが、現在、わたくしが公共哲学の最優先課題と考えているのは、何かということですね。それは東アジア三国——中国・日本・韓国——の人間たちがそれぞれの歴史と文化と価値を互いに尊重するなかで、共に幸せになる世界——相和と和解と共福の公共世界——を民間主導で共働構築するための哲学運動であります。その土台創りです。そのための共感・共鳴・共振の輪を広めることです。国民国家を中心とする国際関係の限界を、国境横断的な市民活動の継続とそこから生じる横断媒介的な力量を蓄積して超えることです。それは決してアジア主義というようなイデオロギーではないということを強調します。排他的な地域主義の哲学を考えているのではありません。人類文化と地球社会への東アジアからの建設的な知的・倫理的貢献を具体的に実現したいのです。それは今までのように中国と日本と韓国が別々に互いを無視しながら、専ら欧米からの学習に傾斜するだけでは、知的・倫理的売り先（市場）としての東アジアでしかないと言われても仕方ないでしょう。もちろんわたくしたちは欧米から学んだことが多々あります。しかし東アジアも知的に倫理的に自立し、東アジアからの独自の貢献を考える時期が到来したと思うのです。それは西洋拒否とか反西洋の思想を提唱することではなくて、よりバランスの取れた相克・相和・相生の関係形成を目指す成熟した哲学運動であります。

わたくしは幼いとき、祖父の厳格極まりない指導の下で、中国古典を勉強しました。その記憶の中で最近頻繁に思い出すのが『論語』の「君子、和而不同。小人、同而不和」と「礼之用、和為貴、先王之道、斯為美、小大由之、有所不行、知和而和、不以礼節之、亦不可行也。」という孔子のことばです。わたくしなりに解釈しますと、「礼をうまく活用するためには和が大切である。先代の方法もその点で立派であった。しかし大小にかかわらず、和ばかりに頼っているといずれ行き詰ってしまう場合がでてくる。和の大切さを知ったということばかりに流れ、礼をもって節度を加えなければ、やはりまた行き詰ってしまう」ということです。

要は「和」と「同」は根本的にちがうということ。そして「和」はその意図及び動機が善意から生じたとしても一方的なはたらきでは不十分であるということです。それはどこまでも「自他相生」（自己と他者がたがいに生かしあう）のはたらきにするために、互いの自制と節度というのが必要不可欠であるということが、強調されているのです。過去の一時期、大日本帝国の一部の軍国主義者たちと、その同調勢力がいわゆる「大東亜共栄圏」構想を持ち出し、それを「八紘一宇」*という一方的な和同混合の体制を強制したという歴史的体験に基づいて、中国も日本も韓国も未来建設的な方向から真の和――それは一方的な「同」の強制による偽の「和」の捏造ではなく、互いの持続的な努力の蓄積によって、共創する「和」のありかた――を共働学習する必要があります。それは「相和」であり、「共和」であり、「中和」であります。また、ここで考えておくことは、歴史的事実として、日本による東アジアの「和」の破壊行為があり、それが残した肉体的・精神的傷を癒すための日本の自発的対応が誠実に実施・継続されることが期待されます。例えば韓半島における伝統的思想には「解怨相生」という考え方――怨と恨を解消してこそ互いに生かしあうことが可能になるという考え方――があります。本当の自他共福の土台を未来に築くためには過去の怨恨の「しこり」（痼・凝）を解き晴らすことが先決条件であるということです。

国家と世代と文化を横断する市民主導の知的・倫理的活動としての公共哲学は、誰か偉い人の権威を借用したり、特定の正典的文献に過剰依存することによって自己正当化をはかるような知的・倫理的風土からの脱却を目指します。権威主義的な哲学から民主主義的な哲学への体質変化を実現させようとするのです。ですから誰かが一人で考える哲学というよりは、自他が共に考え共に語りあう哲学を共創するというのが、今のわたくしにとっての最優先課題であると言えます。それはもちろん相和と相生と共福の公共哲学です。

張明　私は誰か偉い人が一人いて、その人が作ったもの、決めたものにみんなが従う社会というものは古い社会であると思います。一人ひとりの個人がもっとしっかりして、自分の力で皆とともに望ましい社会を作っていくというのが大切だと思います。公共哲学は独立した個人と国家の関係を相克・相和・相生の関係性という観点から根本的に見直し、立て直すための哲学であるということは金先生の言われるとおりだと思います。しかし、すべてのものごとを個々人の自発的行為に基づいてやっていくというのは、いろんな困難な問題をかかえることにならないでしょうか。「公共哲学」は、この確立した個人同士の相互交流を良くするための一つの方法提案になるかと思いますが、どのようにすればその実現可能性を高めることができるとお考えですか。

金泰昌　少なくとも、中国と日本と韓国の歴史と現状を念頭に入れて考えますと、一人ひとりの人間の「私」的な次元についての肯定的な捉え方を改めて立て直すことが出発点になると思います。伝統的な考え方は無私とか滅私とか破私という「私」の存在と価値を否定する自己解体的道徳論が一方的に強調されすぎたと思うからです。「私」というのが主に私利私欲として否定的に規定されましたが、

＊　本来「八紘」は、全方位すなわち全世界の意であり、「一宇」は一つにまとまることを意味するが、戦時中の日本で侵略のためのスローガンとして用いられた。

それでは一切の私的欲望——伝統的には人欲として天理に背くものであるということで抑圧されました——が消滅した生命・生存・生業というのが現実的にありえますか。わたくしはありえないと思います。それは生命軽視の思想につながりやすい考え方です。そこから反人権的な体制を正当化するイデオロギーが出てきたのではないかと思われます。国家であれ、会社であれ、一人ひとりの具体的な個々人の生命・生存・生業とそれに基づいた幸福の実現をすべての思考と判断と行為と責任の原点にするということが重要ですね。今までは「私」というのは「公」を実現するためには抜本塞源すべき邪悪であると扱われたわけです。そのような「反私為公」という捉え方の行き過ぎを是正する必要があると思います。「公私共進」という考え方を進めていくのが望ましいと思うのです。「私」(事・益・利・欲・心)というのは滅すべき悪というよりは、合理的に活かし用いるのが歴史と社会の発展のためになる力働であると捉える必要があるからです。

張明　過去の偉人たちのお話だけでなく、金先生ご自身のこれまでのすばらしい生活体験などを聞かせていただき感謝しています。本当に自分の祖父が人生経験を語ってくれているような感じでした。金先生が最後にふれられた、国家間・民族間・文化間の相克・相和・相生の哲学が公共哲学であるというのはわたくしも共感するところがいろいろあります。

公共哲学が何となくアメリカのパブリック・フィロソフィーの輸入物ではないかと思っていたのですが、中国・日本・韓国の古典を読み直し、そこから洞察と構想と実践の地平を拓り開いて行くというお話を聞いて興奮しました。

対話・共働・開新の条件

張明　もう二点、せっかくですので私が以前から考えてきた問題について金先生のご意見をお尋ねしたいと思います。

まず一つ目の問題は、対話・共働・開新の主体としての個々人に求められる基本的な素質と信念とはどのようなものかという問題です。またそのような素質と信念を十分そなえているということをどう確認するのかという問題とも言えるでしょう。

そして二つ目の問題は、対話・共働・開新の限界に関する問題です。個々の対話・共働・開新の主体は、それぞれの基本原則に基づいて相手の出方をよく調べ、それに対して自分に有利になるような対応を探るわけですね。そこで、もしもある種のくい違いが生じたら、対話・共働・開新のプロセスは立ち止まってしまうわけでしょう。その点はどうでしょうか。

金泰昌　相異なる立場と観点と目標をもった複数の個人たちが、対話・共働・開新のプロセスに参与するという場合、基本的な素質や信念を前もって確定することは望ましいことではないと思います。ただそのプロセスを順調にすすめるための最小限度の共通了解として、たがいに相手の個別性・差異性・独自性を尊重するということが必要不可欠であると思います。そしてわたくしは、対話・共働・開新のプロセスが、あらゆる問題を解決する全能策とは決して思っておりません。もちろん、限界があります。しかし、限界がきちんと自覚されてこそ、そのメリットが十分活かされると思うのです。

自己と他者との相克・相和・相生の関係という観点から人間と社会と自然を三次元相関的に捉えるということです。そしてすべてが順調に進展する場合もまた不順の場合も、無為と当為と有為の原則を、それぞれ時と場の要請を十分考慮して適切に対処するという立場を取ります。無為の原則というのは出来るだけ自然の成り行きにまかせて、人為的介入を自制するということです。当為の原則というのは、道徳原則と言い換えてもよろしいと思いますが、伝統的な道徳感情に基づいて、出来る限り善と判断される方向で、問題解決をはかるということです。そして有為の原則というのは、目的合理的な思考と行為の基準でもあります。ある目的の効果的な達成のための方法姿勢でもあるわけです。功利原則とも言えるでしょう。

この三つの原則というのは基本的に中国古典の学習に基づいて考え出したものです。無為の原則は老荘思想から、当為の原則は孟子・朱子の思想から、そして有為の原則は荀子・韓非子の思想から、それぞれ導き出したものです。ただここでよく考える必要があるのは、どの原則も、それだけを全ての問題状況に対する対応原則として応用するのは無理であるということです。ですから、それぞれを適時に適所に使い分ける工夫と知恵が重要なのです。それがまさに孔子の「時中《じちゅう》」（思考と行為が時と場の要請にぴったりあう）という対応原則なのです。わたくしの考える公共哲学の基本原則は、孔子の時中に基づいた思考・判断・行為・責任の相関連動であるという側面もあります。

張明　人間を含めすべての生命体は結局自分の利益を求め損害を避ける、そしてその確実な保障のためには他者の犠牲を強要することもあり得るというのが、私の現実認識です。しかしすべての生命体の中で唯一人間だけが理性の使用による合理的な対応が可能であるということが他の生命体とは違う人間の特徴ではないかと思います。理性の使用による合理的対応というのは、暴力の使用による闘争ではなく、言語の使用による問題解決ということです。ですが、問題は暴力の使用による闘争を通して問題解決をはかるという対応への誘惑がいつでもどこでも強力に作動しているということです。人間は皮肉にも平和と幸福よりは戦争と不幸をあえて選択する場合が多いという現実に深い挫折感を感じるのです。私はこれこそ根本的な矛盾であると考えています。

劉明　例えば金先生が言われる対話と共働と開新にしても、それが本当に公共的なものになるためには、そこへの参加者一人ひとりに確実な市民意識があり、それが自由で平等な独立した主体として認められるという環境条件が必要ですよね。それがきちんと制度化されているということが必要でありますす。しかし中国では伝統的に民主的な市民意識に基づいた公共討議の経験が乏しいのです。私は真の公共討議は、国家と社会が有効に区分されてこそ成立可能であると思うのですが、今の中国ではそのような条件が整っていません。また健全な市民意識も、ものごとをきちんと自分で考え、自分で判断できる公共理性の成熟が前提になってはじめてその役割を果たすことができると思います。しかしそれも今のところまだ未成熟です。

金泰昌　劉明さんの自国の現状についての厳格な分析の能力と勇気に中国における明るい公共哲学的展望がはっきり見えます。劉明さんのおっしゃる国家と社会の分化というのは、多元社会の基本条件ですね。かつての全体主義国家体制は人間生活のすべての次元が専ら国家に回収され、同化され、統合一体化されていましたね。そのようなところでは、すべてが「公」で、「私」もなければ「公共」というはたらきもなかったわけです。しかし国家と市場と市民社会が、それぞれ分化・自立・機能し、互いに相関・相補・相完することによって連動向上するというのが、多元社会の望ましいありかたです。もちろん、すべてがいつでもどこでも順調に行くとは限りません。しかし何もかも国家に包括されて、それぞれの独自の存在と役割が認められないというのであれば、「公」とは別次元の「公共」を考えることは無理です。そのようなところでは国家意識とか「公」の精神は強調されますが、市民意識というのは存在できません。国家理性というのはあるかも知れませんが、公共理性というのはありえないのです。ですから公共哲学の基本条件の一つは、市民社会の成立とその発展と成熟でありす。そしてその土台は着実な民主意識と市民精神ですね。

中国における公共哲学の構築

劉明　私は中国における公共哲学の構築の問題を考えてみたいのです。私の理解するところでは、現代の欧米における公共哲学の形成には次のような文化的・思想的背景が有効に作用したと思うのです。即ち、①千年に及ぶキリスト教の教義が培ってきた平等主義の政治社会観、②二、三百年持続してきた民主政治体制と現代法律制度、③国家と社会の明確な境界及び私的領域の自立分化、④市場経済の高度発達とそこから生じた個別性と多元性の認定、⑤文芸復興と啓蒙運動が産出した強力な知識と技術による社会変革などが、現代公共哲学の知性史的土台になっていると思います。しかし今の中国には以上のような知的・精神的伝統が一つも備わっていません。このような中国の現状の中で公共哲学を構築するというのにはかなりの制限と拘束があると思いますが、どうお考えですか。

金泰昌　もちろん、例えば現在のアメリカで議論されているパブリック・フィロソフィーのようなものを、そのままのかたちで今の中国で構築するというのであれば、アメリカのパブリック・フィロソフィーの文化的・思想的背景と似たようなものを持たないという中国の現実条件が大きな制限要因になるでしょう。しかしそれは劉明さんご自身がどのような未来の社会像を規定し、その実現のために必要と思う公共哲学をどのようなものにしたいと思うかによると思います。それによって、中国の現状が楽観的にも悲観的にも捉えられるのではありませんか。もしもアメリカのような中国になるというのであれば、できるだけ早く、そして徹底的にアメリカ的な政治文化を確立することが先決課題になるでしょう。しかし中国が中国の伝統を十分活かしながら中国らしい未来を切り拓いて行くということであれば、それに相応しい哲学を構築するために必要な文化的・思想的資源が、あなたの手元には豊富に用意されていると思います。要はその賢明な活用の仕方次第であると思います。

ただ、今ここで劉明さんに是非とも言っておきたいことがあります。それは、中国がアメリカのような国家社会になってほしくないということです。わたくし自身かなりの時間と資源を使ってアメリカを研究しましたし、アメリカでの日常生活の実体験もあります。わたくしの一人娘がアメリカに住んでいますから、頻繁に往来するわけですが、率直に言いまして、今日の世界にアメリカのような身勝手な国家は一つだけで十分だということです。アメリカの中の自由と平等と正義を実現するために世界の不自由と不平等と不正義がその代価として強要されていると言える場合が多すぎるのです。

わたくしは中国がもう一つの傲慢で他者略奪的な覇権国家にならないことを切実に願望するのです。アメリカ的な自由と平等と正義の公共哲学とは違うものを構築してほしいのです。

劉明　中国では長い期間、国家全体主義的思想が主流でした。しかし改革開放政策の強力な推進に伴って市場経済が発展し、そこから富を獲得した個人たちの主体性と権利に対する意識が強まりました。そこから徐々にではありますが、人権・自由・民主という基本的な政治的価値と、それとは合致しない伝統文化との衝突がいろんなところで目立つようになっています。一方では経済成長を優先させる側の私利私欲の行き過ぎを強烈に批判・罵倒する道徳論がありますが、他方では道徳主義的政治論理は時代錯誤的旧態に過ぎないという反論も無視できません。中国における公共哲学の課題の一つは経済と道徳をどう両立させるかということではないかと思うのですが、どうでしょうか。

金泰昌　中国だけではなく、どの国の場合もほとんど同じ問題をかかえています。今までの正統論は私利私欲を禁止・抑制・否定するための多様な精神的・肉体的修養の工夫とその実施の方向にありました。それは「破私」とか「滅私」とか「無私」でありました。しかし私利私欲は人間の自然的本性のありかたに深くつながっているので、過剰に禁止・抑制・否定すると、個々人もその集合体も無気力になってしまうということが明白になったのです。今日の日本や韓国でよく見られ、その問題がよく社会的話題にもなるいわゆる「鬱病現象」も非合理的な禁欲の強要による場合が多いと言われています。特別の数少ない聖人君子は例外として絶対多数の凡人たちを見る限り、私利私欲というエネルギーが善悪両方向への動機付けとして強力に働くわけです。ですから、その賢明かつ合理的な運用管理の方策を工夫するのが、より現実的な対応ではないかと思われるのです。

ここで一言追加しておきたいことは、蓄財を無条件に非道徳的であると考えたり、経済的成功者たちを敵視するという社会風土を再考する必要があるということです。そして経済的成功者の成功の果実が失敗者たちの痛みと怨みを和らげ、再生・再挑戦への意志をはげますきっかけに貢献できるような社会心理と制度設計が具体的に考察・実行される必要があります。経済と倫理は必ずしも相反するものではないという認識が要請されています。

ここでわたくしの個人的な意見を申しますと、このような問題に対処する場合でも中国古来の思想資源の活用の余地があります。例えば老子・荘子の無為的「物学」(自然学)と、曾参・孟子の当為的「道学」(道徳学)と、荀子・韓非子などの有為的「実学」(社会経営学)を読み直してそれを新しく活かしていくことこそ、今後の中国における公共哲学の構築にとっての最重要課題でありますし、その貢献の可能性は途轍もなく大きいと思います。

わたくしは「人間」という漢字の組み合わせからいろんなことを考えますが、まずその存在様式の特徴が、単独存在でもなく集合存在でもなくて、「間《あいだ》」の存在であるというのがわたくしの人間理解の基本なのです。わたくしの発想の原点には、韓半島に昔から伝承されてきたハン思想の影響が響いているると思います。ハン思想の人間観は徹底的に「あいだにある」・「あいだからなる」・「あいだからたがいにつなぎあう」のが人間であると考えるのです。人間とは、天と地の間、親と子の間、善と悪の間、過去と未来の間、そして理想と現実の間に生まれ、そこで両方を互いにつなぎあわせながら生きつづけ、いずれは死んでいくいのちの担い手であると理解するのです。それは分裂・媒介・超脱の連続でもあります。

わたくしはこのような観点から、人間が平和と幸福への願望（理想）と戦争と不幸への衝動（現実）との「間《あいだ》」で苦悩し、挫折し、絶望しながらも、あらゆる手段と最善の努力を傾注して、そこに実在する矛盾を何とか解決したいという意欲を持ち続けてきたというのが、最も人間らしい人間の真の姿ではないかと言いたいのです。暴力の使用による闘争への誘惑と、言語の運用による対話への意思の間で、成功した時のよろこびと、失敗に終わった時のむなしさをくりかえしている過程を通して徐々にしかし確実に、人間は精神的成熟度を高めてきたと言えるのではありませんか。それは限りのない取引・交渉・妥協の蓄積にすぎないかも知れません。だから問題の解決ではなく、その先送りにすぎないという批判を受けることもあるでしょう。しかし人間がその根本において、間の存在であるという認識に基づいてものごとを考えますと、それは分裂・媒介・超脱の反復・進展・開拓を持続することに積極的な意味を探すことが一つの至上命令でもあると考えられますね。わたくしは何事をするにしても唯一絶対の最終的な正道が既成のかたちでどこかに用意されているとは思いません。わたくしたちに可能なのは平和と幸福への願望を放棄せず、戦争と不幸への衝動を合理的に調整・管理・活用するためにあらゆる人間的知恵と精神的・物質的資源を動員し、それに最善の工夫を集中・実施することです。

張明　戦争と不幸への衝動を合理的に調整・管理するための最善の工夫を持続的に集中・実施するなかで、平和と幸福への願望を可能な限り実現するというのは、その現実的土台としてある種の制度的仕組みの設定とそれによる保障がなければただの抽象論に終わってしまうのではないかと思われます。そのような意味では、制度設計の問題が最重要課題ではありませんか。そのような観点から私は、例えばジョン・ロールズの正義論を高く評価しています。そこで今日の中国が目指す「和諧社会」の実現のためにも、正義の原則を現実に尊重するところに成立するような制度の設定・運用が必要だと考えるのですが、金先生はどのようにお考えになられますか。

金泰昌　わたくしも制度世界の基本原則は正義であると思います。しかし正義の捉え方は多様で複雑であります。大体従来の正義論の道筋は倫理的正義論と政治的正義論の対立であったとも思われます。例えばジョン・ロールズの公正としての正義に関する二つの原理というのは、その優れた意味における政治的正義論の代表的な典型の一つです。それは結局、自由と平等を両立する第一原則と、根絶不可能な不平等を容認する基本条件としての第二の原則の併用に基づいて秩序ある政治社会の安定化をはかるという政治哲学的構想です。わたくしもその重要性を認めます。しかしわたくしたちは制度世界だけに生きているのではありません。わたくしたちはまず、生活世界で生まれ育ち、いずれ死んで行くのです。そこでは何よりも生命・生存・生業のいとなみが大事なのです。その目指すところは、一人ひとりの自己実現という意味における幸福と、それを可能にする土台としての平和であると思います。

今までの考え方の主流といえば、わたくしたちが制度世界という「公」の世界と、生活世界という「私」の世界との二極対立の中で、「公」優先の生き方・考え方と、「私」優先の生き方・考え方との間で、どちらか一方を選択するということでありました。そして制度世界の「公」によって生活世界の「私」が全体の利益――それが公益とか国益とか言われました――のためという名目の下で抑圧・調整・啓蒙される必要が強調されました。しかしわたくし自身は制度世界と生活世界の間から、たがいの相克・相和・相生の三次元相関的な力働を通して両者をともにむすび・つなぎ・いかすための多様・多層・多重の中間媒介活動を実現可能にするような時空を別途に想定したいのです。それが公共世界です。ですから制度世界の基本原則が正義であり、生活世界の基本原則が幸福と言えるとすれば、その両方をともに成立・併行・発展させるためにも公共世界の基本原則として「中和」――より具体的には相和・和解・共福の三次元相関連動――と「時中」――原則に基づいて現実の問題状況に合理的に対処する場合、その対処の適時性と適所性を最大限考慮するということ――の重要性を認識し、それを実践・活動において善用するということを強調したいのです。

劉明　ということは、公共哲学は政治・経済・社会の相互連関を積極的に考察・活用・発展させるための知識と技術を、賢明に、そして適切に研究・実践して行くということですね。それも西洋からの知的・技術的刺激を十分消化しながら、更に中国そして東アジアの伝統文化の素晴らしい遺産・資源をうまく発掘・発展させることが必要というわけですね。

金泰昌　ですから二十一世紀の東アジアの相和と相生と共福に貢献できる新しい哲学としてのグロー

ナカルな公共哲学の共働構築を目指して、中国と日本と韓国の民間主導による共働学術研究が時代と状況の要請であるということです。ここでグローナカルというのは、グローバルとナショナルとローカルという三つの動向を相互関連的に捉えながら、ものごとを思考・判断し、決定・応答するということです。中国語では全球化と国民国家化と生活現場化と言うようですが。

公共哲学は共に考え、共に語りあう哲学です。今日は吉林大学の皆様と公共哲学に関する語りあいが出来て嬉しいです。一部の専門家たちが自分たちの業界内部で論争する専門分野としての哲学というよりは、高度な知的・倫理的内容の質を確保しながらも、市民との対話・共働・開新を重視する、市民の・市民による・市民のための哲学でもあるということを忘れないで下さい。いつでもどこでもまた活発な対話を期待しております。

ではこれをもって今日のわたくしの応答を終わらせていただきたいと思います。ありがとうございました。

（初出『公共的良識人』二〇〇七年六月一日号）

【語りあい その1】

5 公共哲学と二十一世紀の東アジアと世界 中国人民大学

日時 二〇〇六年四月十八日
場所 中国人民大学逸夫会議センター

京都フォーラムと人民大学との緊密な関係は一九九七年から本格的に始まり、特にわたくし自身は国際政治学院の宋新寧《ソン・シンニン》教授との関係を中心に何度も特別講演を行った。その後公共哲学に主力を注ぐようになってから、張立文《チャン・リウェン》教授や林美茂《リン・メイヌオ》副教授のお陰で人民大学哲学院との協力関係が深まり、二回「京都フォーラム in 人民大学」を開催した。今回は特に人民大学哲学院創立五十周年を記念する事業の一環として対話・共働・開新の時空を持つことになった。

なお講演の後に、対話者から「講演への反応」が寄せられ、それに対するわたくしの「再応答」を試み、ここに収録した。

はじめに

司会・張志偉《チャン・ティウェイ》　先生方、学生のみなさん、本日午後の講演会は、中国人民大学哲学院創立五十周年を記念するための、さまざまな学術活動の総括として行われます。

今日、ご講演いただく金泰昌先生は韓国出身の政治哲学者で、現在は日本の大阪にある公共哲学共働研究所の所長として長い間「公共哲学」を研究され、東京大学出版会より出刊されたシリーズ『公共哲学』全二十巻の編集責任者でございます。中国人民大学・林美茂《リン・メイヌオ》助教授のお話によりますと、最近、日本では「公共哲学」が各界から注目されており、中国でも徐々に受け入れられはじめているということであります。現在、シリーズ『公共哲学』の第一期全十巻が、中国国内で翻訳されている最中です。

十日ほど前のことですが、張立文《チャン・リウェン》先生（人民大学名誉教授・孔子学院院長）と彭永捷《パン・ヨンジェ》教授（同学院副院長）は日本の北陸大学の孔子学院落成式に参加された後、大阪の公共哲学共働研究所を訪問し、金泰昌先生をはじめ、いろんな方々とともに「和合学」と「公共哲学」の接点についての議論を交わしたということであります。それでは張立文先生より金泰昌先生のご紹介をお願いします。

張立文《チャン・リウェン》　先生方、学生のみなさん、こんにちは。本日は金泰昌先生をお迎えし、「公共哲学」についてご講演をお願いすることになりました。金先生は十数年にわたり「公共哲学」の研究に携わってこられました。私が金先生にはじめてお会いしたのは十年前です。中国人民大学国際関係学院の宋新寧《ソン・シンニン》教授からご紹介いただきました。それから人間的にも学術的にも交流を続け、特に「和」と「同」と「共」の相互関係について深くて広範囲に亘る根本的な討論をしてまいりました。金先生は以前から、私が提唱してきた「和合学」のこともよくご存知で、日本の九州の難波征男教授を通じてご関心をお持ちになったということであります。

中国においても「公共哲学」に対する学界の関心が広まりつつあります。金先生は、去年、清華大学で講演され、大きな反響があったと聞いております〔本書四四頁以下参照〕。先生は自ら世界各国をまわりながら「公共哲学」を話題にした対話を継続していらっしゃいます。先生のご講演により、みなさんの学習と思考に新たな刺激があたえられるに違いありません。それでは、金先生、よろしくお願いいします。

司会 今回の講演のお知らせをご覧になった方は、金先生の講演形式についても注目されたと思います。今回は講師が事前に作成された原稿に基づいて一方的にお話をされるのではなく、みなさんから関心のある問題を提示していただいてから、それを今日の共通話題として受け取り直して、それに対して金先生が応答するという手順をふまえながら進行いたします。これは金先生からのご要望でございます。金先生はどこまでもみなさんと対話することによって共に公共哲学するという立場を強調していらっしゃいます。ではまず、みなさんからの問題提起をお願いします。

李萍《リ・ピン》 私は二つのことについて質問します。一つは、「公共哲学」と一九九〇年代の日本における流行思想であった「共生哲学」とはどのような関係にあるのかということについてです。もう一つは、「公共哲学」と市民運動の関係です。そしてさらにはハーバーマスが提唱した「公共領域」とはどのような関係にあるのでしょうか。

潘兆雲《バン・ツァオユン》　哲学院修士課程の学生です。私も二つ質問します。一つ目は、平等と寛容についてです。これに対する金先生の基本的な考え方を知りたいのです。二つ目は、二十一世紀の世界を見ますと、いろんな交流活動が行われているなかで民族間もしくは国家間の不平等や非寛容が目立ちます。金先生ご自身はこのような問題状況をどのように捉えておられますか。

林之聡《リン・ツウツォン》　哲学院で外国哲学を勉強しています。二十一世紀における最大の問題は人類の生存であると思われます。このような問題に対して「公共哲学」はどう対応しますか。また聞くところによりますと金先生は長期間日本に滞在していらっしゃいますね。ですからよくご存知だと思いますが、私がインターネットで調べたことによりますと、日本では毎年約三万人の自殺者が出ているという統計数字が公表されています。金先生はこの問題をどう考えていらっしゃいますか。

加治宏基　私は日本からの留学生で、国際関係学院の博士課程に在籍しております。一つお伺いします。日本と中国、そして韓国を考える場合、私の専門に近づけて申し上げますと、現在グローバル化が進んでいる世界の中で全地球的な市民社会という枠組みの中で取り上げることも重要ではないかと思われます。また、全世界規模の超国家的な組織として国際連合、そして東アジアでは東アジア共同体の可能性に関する諸問題がいろいろ議論されています。公共哲学はこのような問題にはどのように対応するのでしょうか。

胡群英《フ・チェイン》　私は哲学院のマルクス・レーニン学研究の博士課程の二年生です。今回は特に「公共哲学」は伝統的な学術分野における包括的な領域なのか、それともまったく新しい分野なのかをお聞きしたいのです。

司会　ここで金先生の応答をいただいてから、反論やそれに対する再応答の時間をもつのがよいのではないかと思われます。では金先生よろしくお願いします。

金泰昌　本日はみなさんにお会いできて本当にうれしいです。わたくし自身は講演という形式があまり好きではなく、このように座ってみなさんと向きあって対話するのが体質にあいます。少しわがままと言われるかも知れませんが、ここではわたくしのやり方でやらせていただければありがたいです。ですからみなさんも気楽にお付き合いしてくださることをお願いします。

「共生哲学」の「共生」と「公共哲学」の「相生」

まず李萍教授からの一番目の問題である「共生哲学」と「公共哲学」の関係についてですが、それこそまさに共生関係ではないでしょうか（笑）。ただここで、わたくしの個人的な見解を言わせていただきますと、わたくしは「共生《きょうせい》」ではなく「相生《そうせい》」をキーワードとして公共哲学的思考・研究・実践をすすめています。ですからわたくしにとっては共生哲学というよりは相生哲学が公共哲学の内容の一つになっているということです。しかし、これはどこまでもわたくし自身の考え方ですから他にも多様な意見があるということを申し上げておきます。

では「共生」と「相生」はどうちがうのか。哲学的な観点から言いますと、存在論と生命論にかかわる基本的な考え方がちがうのです。

まず存在論の立場としては、日本では古代から「〈独〉存在」(〈ひとり〉である)よりは「〈共〉存在」(〈ともに〉ある)という存在観がより肯定的に受容されたのではないかと思われます。韓国では「〈間〉存在」(〈あいだ〉にある)という考え方が基本ですね。中国では「〈個〉(体)存在」より「〈集〉(体)存在」が重視されると聞いております。今後もっと詳しいことを共に探究したいと思っております。ですから韓国での存在の捉え方に基づいた「〈間〉存在」というのは、日本的に言えば、「〈独〉存在」と「〈共〉存在」の「あいだ」(間)をつなぐというありかたであります。そして中国的に言えば「〈個〉(体)存在」と「〈集〉(体)存在」――「〈群〉(体)存在」と言ってもいいかも知れませんが――との「間」をつなぐというありかたであると言えるでしょう。

では韓国思想の「〈間〉存在」というのは、具体的にはどういうものかと言いますと、それは「空」と「空」との「間」をつなぐ存在――「空間存在」――であり、「無時」(永遠とも言う)と「無時」との「間」をつなぐ存在――「時間存在」――であり、「人」(ひと)と「人」(ひと)との「間」をつなぐ存在――「人間《じんかん》存在」――であり、また「天」と「地」との「間」をつなぐ存在――「天地間存在」――でもあるということです。「〈間〉存在」とは別の言い方をすれば、「〈互〉(相)存在」(たがいに向きあいながらある)でもあります。そして、生命論の立場としては「生きるということ」

――生命――は個体生命が別々に離れて生きるのではなく、共に、一緒に、そして一所に生きるということ――共生――であるというのが、日本でも、中国でも、それぞれの伝統思想の中にあった考え方であると同時に、欧米から導入されたエコロジーや多文化主義の影響を受けて、その時代的・状況的重要性が改めて再確認されたとも言われているわけです。

わたくしも「共生」という考え方が大事であるということには、異論がありません。ただ「共生」からもう一歩踏みこんだところまで見つめる必要があるということです。「ともに生きる」と言っても、それぞれの存在と生命が存続・成長・繁栄するためには、他のなにものかの存在や生命との存在闘争や生命闘争でかつ（勝・克）とともに、それを制して自分の存在を継続させ、またそれを食物にすることによって自分の生命を維持するということは、どうしても避けられないのです。しかし同時に互いに相扶相助することも、これまた自然と人為の実理ですね。ですから「相克」と「相和」はどちらも排除できない相関力働と言わざるを得ません。相克と相和が両方ともよくきちんと働くところで初めて、互いに生かし合うということ――「相生」――がもう一つの別の働きとして生まれてくるのです。ですから、対立とか衝突の反対側に共生を置いて、それをある種の状態として考えるのではなくて、「相克」―「相和」―「相生」の三次元相関力働として理解するのです。

では、相克と相和と相生は具体的にどう相関するのか。例えば、韓国の伝統思想の中に「解冤相生」というのがあります。「相克」のはたらきは直接・間接いろんな「怨」・「冤」・「恨」を結果としてもたらします。それをそのままにして、何とか解消しておかないと復讐の悪循環が強まるだけになります。解消のプロセスは、一方的ではなく相互的なものになることが重要です。それは、和《やわ》らぐ・和らげるというプロセスの積み重ねに他ならないと思うのです。そこから改めてたがいに生かしあうというはたらきが生まれてくるようになるのです。

ここで何故わたくしが考える公共哲学では「共生」ではなく「相生」を基本にするのか、そして、それが「公共」もしくは「公共性」とどうつながるのかを申し上げる必要があります。わたくしは「公共」を実体として名詞的に捉えません。規範とか理念とか基準とかというよりは、活動・過程・変革として動詞的に捉えるのです。「公共性」というよりは「公共」(する)力働です。それは二極対立にあるもの――第一次的には「公」と「私」――をそのあいだから共にむすび・つなぎ・いかすことによって別の新しい次元(地平)を拓くというはたらきです。ですから、対立・競争・支配(相克)と共存・共生・共助(相和)とのあいだから両方をむすび・つなぎ・いかすことによって、新しい生命・生存・生業の地平を切り開いていく(相生)という三次元相関的なはたらきがまさに「公共」(する)の核心と考えるのです。

市民運動と公共哲学

そして二番目の市民運動との関係という問題ですが、まず考えられることは、国家と個人との間には、なかなか思うとおりに解決できない問題が多く存在しています。例えば、国家がすべてを支配し、個人はひたすら国家のために従属するという役割しか担えないという時代が長かったのです。これをわたくしは「滅私奉公」の時代といいます。第二次世界大戦以前と戦争中の日本はそのような時代の典型であったと言えます。しかし戦後になってこれに対する強い反発が起り、とにかく国家というのはいやだ、という心理や風土がいたるところに浸透し、ひたすら個々人の私的利益を追求することが大事であると考えるようになりました。「滅公奉私」への反転です。このように、国家と個人の間は常に激しい対立関係でありました。どちらか一方が強調されると、他方が否定されるという関係です。しかし両方の共利・共善・共進を可能にするためには国家と個人のあいだから両方を媒介する多重機能が必要です。その担い手が市民社会であるという発想と認識と行動が市民社会論の出発点です。

では市民社会及び市民社会論と公共哲学はどのような関係になるのか。ここで「公」と「私」という問題を改めて考える必要があります。

「公」というものは国家・政府・官庁・体制を含めたものです。そして、個人・家族・仲間・身内といったものは「私」です。従来のように「公」と「私」を二極対立の敵対関係か共生関係かという立場からではなく、相克・相和・相生の三次元相関関係という視点から見直すということが公共哲学的発想の原点であります。そして、そのようなはたらきの始動を、市民社会や非政府団体とか非営利団体、また有志者団体などいろいろな中間媒介活動・連帯・組織等々に期待するということです。

これまでは、とくに日本や中国や韓国は、「公」優先の社会でありました。「公」が強かったのです。「私」も一応存在したのですが、どちらかというと否定的に見られました。しかしこのような社会の大きな矛盾は、強大な「私」が、「公」を簒奪することによって「公私混同」を恥じらいもなく勝手に横行させているということです。現在の日本・中国・韓国では、まだ市民運動に対する認識が整理されていないとしか言えません。健全な市民意識とそれに基づいた市民運動は、善良な市民社会建設への原動力であります。健全な市民意識というのは、「活私開公」と「公私共媒」を通して「幸福共創」の実現を目指す、一人ひとりの生活者市民の思考・判断・行動・責任の根底にはたらくものではないかと思います。

「公共圏」と公共哲学

その次の問題は、ドイツの社会学者ユルゲン・ハーバーマスのいわゆる「公共圏」と公共哲学の関連性のことですね。日本では多数の哲学者たちが、例えばハーバーマスの場合は「公共圏」、そしてハンナ・アレントの場合は「公共空間」もしくは「公共領域」という翻訳語をもとにして思考と議論を展開しているという印象を受けます。ハーバーマスは自律的判断力をもった個々人が理性的対話を通して、重要な問題に対する合意形成をはかり、その過程から健全な輿論が形成される言語・コミュニケーション空間を公共性の根本的なありかたとして提唱しました。ハンナ・アレントは、個々人が自分の物語をみんなの前で、みんなに見られ、みんなに聞かれるところで語ることが可能な表現・活動空間を公共性の核心と考えました。欧米の公共哲学研究者の公共性の捉え方は、大体ハーバーマスやアレント、そしてその他の論者たちの思考脈略との関連が強いです。わたくし自身は出来る限り、中国や日本や韓国の歴史と伝統の中で生成された先人の知恵と、わたくしたちの生活体験に基づいた公共哲学的想像力を重視したいのです。それは要約しますと「公分《こうぶん》」・「公平」・「公正」の原則に基づいた思考・判断・行動・責任ということです。

そこで一言、明白にしておきたいことがあります。一部の欧米哲学研究者たちが、中国や日本や韓国の古典やその他の文献に出てくる「公共」という言葉は、「生活言語」であって「思想言語」ではないので、それをもって哲学的な思考を展開したり議論をつづけるのは、あまり意味がないのではないかという批判についてです。わたくし自身の考え方は、彼ら・彼女らの意見とはちがいます。どこかですでに整理され体系化された「哲学」を輸入・借用・私有化するのであれば、御墨付きの公認言語、もしくは制度言語としての思想言語をもって思考したり、議論するだけでよしと言えます。しかしわたくしたちの生活世界からわたくしたちの生活感覚とそこから生じる問題意識に基づいて、可能な限りわたくしたちの頭と心と魂を込めてわたくしたちの哲学を探ってみようという場合、どうしてもまだ生臭い生活言語という前-哲学的な、そして非-哲学的な生活言語の探索と改読と解釈を通して、それを哲学的思考と議論に練り上げるという方法が必要であると思います。

また公共哲学と市民運動の関係という観点から重要なことは、今日の日本における公共哲学は学問と学界の構造改革を目指す学者・市民の共働であるということです。その根底には、相異なる立場と意見を持つ多数の研究者間の対話・共働・開新こそが、学術世界における活動としての「公共（性）」である、という考え方が作動しているのです。従来の専門分野としての哲学は、専門学者の、専門学者のための、専門学者による専門哲学であります。そのような哲学も必要でしょう。しかしそのような哲学は、専門哲学者以外の大多数の生活者市民にとってはどういう意味があるのかという問いかけが増加するなかで、それにきちんと応答する責任があるにもかかわらず、そのような認識も姿勢もないと言われています。ですから今日の専門哲学というのは専門哲学者たちだけに私事化・私物化・私益化された哲学にすぎないという批判的な見方もあるわけです。しかしわたくしが考えている公共哲学とは、生活世界に足を置いて制度世界の改善・変革・再建をもたらすための、政府や企業や市民社会との対話・共働・開新を積極的にそして多次元的にすすめていく市民運動としての哲学と言えるのです。

「平等」と「寛容」

潘兆雲さんの関心事は、平等と寛容の問題ということですが、これも平等と寛容をそれぞれ別々に考える場合と、その相互関係を考える場合があるでしょう。

今回は平等と寛容はたがいにどのような関係にあるのかという問題を考えてみることにします。従来の政治哲学とか社会哲学の代表的な考え方としては、平等を強調すればするほど非寛容になるし、寛容を強調すればするほど不平等になると言われました。そして平等は政治的・社会的・経済的平等という脈略で議論される傾向が多かったのです。一方の寛容は当初宗教における異端・異教・異説に対する対応という問題として考察されましたので、平等と寛容の関係如何という話題設定はこれまで少なかったのではないでしょうか。ではこの問題をわたくしはどう考えるかということですが、まず一般論として言えば、平等は普遍的同一性を標榜する「公」の原則であり、寛容は特殊的差異性を重視する「私」の原則と「公」の原則との「間」を横断・媒介する「公共」の原則である、というのがわたくしの考え方です。ではもう少し具体的に言えばどういうことになるのか。

普遍的同一性というのは、すべての人間は普遍的概念としての人類という立場から見れば、みんな同じであるということです。そしてそのような考え方の延長線上で国民を捉える場合にも、国民という位相ではすべての人間は同じであると言えるということです。同じであるということは、差違による差別が認められないということです。これは全体から見下す視点であり、特に国家を想定した場合には「公」の原則と言えるということでもあります。

しかし人間とか国民とかというのは、それこそ普遍的規範概念ではありますが、具体的で実存的な一人ひとりの生活者たちはそれぞれちがう名前をもっていて、父であったり、母であったり、息子であったり、娘であったり、また教師であったり、官僚であったり、会社員であったり、そして日本人であったり、中国人であったり、韓国人であったり、そのありかたが千差万別でちがうわけです。一人ひとりが互いにちがう「私」としてあるのです。ちがうということは「同一」ではないし、平等ではないのです。それこそ「私」を主体的・自律的・当事者的個人として成り立たせるために必要な特徴・資質・条件としてのアイデンティティというものが重要であるということです。それは他人と共有できない秘密であり、他人にゆずれない権利であり、他人と妥協不可能な主張でもあります。これは個々の「私」からの視点です。個別性と差別性を前提にして成り立つ「私」の原則と言えます。

「公」と「私」が、そして「私」と「私」が、そして「公」と「公」がいつまでも交わることがまったくなければ別に問題になることはないでしょうが、そうはいかない。必ずいつかどこかで「公」と「私」、「私」と「私」、そして「公」と「公」がぶつかり、絡みあうようになります。対立であったり、協力であったり、融合であったりするわけです。そういうときに、事実としての一人ひとりの個別性・特殊性・差別性を普遍的同一性という「公」の原則の下で抑圧・排除・否定するのか――「滅私奉公の差違不容認」――それとも特殊的差異性という「私」の原則の下に普遍的同一性を拡散・放任・解消するか――「滅公奉私の不介入」――というのが従来の二元論的な問題設定のありかたでありました。

しかし特殊的差異性を重視する「私」の原則と普遍的同一性を標榜する「公」の原則の「間《あいだ》」に、「私」の原則を活かしながら「公」の原則を開き直す「公共」の原則を想定することが必要であり、そこにはたらくいろんなちからの一つとして「寛容」の精神を考えること――「活私開公の差違容認」――が可能ではないかと思うのです。

寛容というのは、基本的に自分の信念・主張・価値とは両立困難な差違に基づく異質の他者の信念・主張・価値の存在とその尊厳を認め、それとの共存・共生・共尊を受容するということです。わたくしの言い方にかえますと自己と異質の他者との相克・相和・相生を積極的に是認するということです。それは「私」の原則を自分の立場から考えるのと同じように他者の立場からも考えることによって、自他両方を横断共媒するための活動・機能・役割を活性化させるということです。このようなはたらきをわたくし自身は「活私《かっし》」と称するのです。「活私」のはたらきを通して、普遍的同一性を前提にして成り立っている「公」の原則を和らげ、揺さ振りをかけ、それとは別の「公」の原則への開きをもたせるように仕掛けるのです。内向きの閉ざされた「公」の世界を外部に開くということです。これをわたくしは「開公《かいこう》」と称するのです。そしてそこから三次元相関的な思考・批判・活動としての寛容を考えることが可能になります。それは、

①「私」と「私」との間における寛容（例えば個人間の相異なる思想・信念・生き方などに対する寛容）

②「公」と「私」との間における寛容（国家や政府の方針に不服をもつ個人の思想や行動に対する寛容）そして

③「公」と「公」との間における寛容（例えば自由民主主義国家と社会主義国家の間のたがいの寛容）です。

自殺について

林之聡さんは、自殺の問題を提出しました。自殺は自分の生命を自分の意志で絶つということですね。何故自殺するのかという問題は、社会学でも心理学でもいろいろ論及されています。しかし林之聡さんの問題提起が日本での自殺に関する公共哲学的観点からの応答を要求するものでありましたので、その方向で考えてみることにします。

わたくし自身は自殺を「私」的な事由によるものと「公」的な事由によるもの、そして「公共」的な事由でするものという三つのありかたに分けて考えるのです。私的事由というのは基本的に他人に知られたくない・自分本意の・主観的な判断・感情・信念・認識・決意などによって行う自殺です。公的事由というのは国家や政府、もしくは公的組織の直接・間接の命令・指示・奨励などによる自殺です。そして公共的事由とは、「公」と「私」をそのあいだから横断・媒介するというところから生じる必要・要請・名分などによる自殺です。

最近日本で毎年発生している自殺事件の主原因は金銭問題と男女問題であると言われていますが、わたくしが考えてみたいのは別の問題です。私的な自殺は一人ひとりの生活者が自分の生命の意味と価値と尊厳をきちんと自覚していないところから発生する問題ではないかと思うのです。家庭であれ、市民社会であれ、また公教育機関であれ、今まで人間の生命の意味と価値と尊厳に関して、心と身と魂で実感・納得するような教育・学習が行われていないということと関係があると思います。自殺と殺人が何故悪いのかということに対して、きちんと説明が出来ないという話も聞いたことがあります。これは一人ひとりの生命観・人間観・世界観の問題でもあるわけです。

わたくしの個人的な考え方の基礎には「生命」という漢字に含まれている深い意味に対する畏敬の念があります。生きるということは自由選択ではなく、至上命令なのです。生きることが命されているということです。命令というのは、具体的には生みの親の切望であり、身内仲間の切願であり、社会倫理の要請であり、天地万物の仁徳であり、神の命令（天命）であります。ですから、わたくし自身は自殺と殺人はそのような至上命令にそむ（背・叛）く行為であるが故に悪であり、罪であると考えるのです。

にも拘らず、場合によっては自殺が要求されることもあります。例えばイスラーム原理主義者たちの所謂聖戦――ジハード――のための自爆テロです。彼ら・彼女らにとっては、公的な大義名分に基づいて組織や指導者の命令・指示・要求に応じて実行する自殺行為です。第二次世界大戦末期の日本でも、多数の若い少年たちが国家――特に軍部――の命令・指示・奨励に従って集団自殺を敢行したのです。もっと時代を遡りますと、武士の潔い死に方として切腹という自殺行為が称賛されたこともあります。日本の伝統文化の中には、どこかに公的な自殺の美学と言うべきものがあるようにも思われます。

そして、公共的な自殺ですが、例えば国境を超え、民族や文化や宗教の壁を越えて人道活動を展開するなかで、多数の人間の生命を救出するためにあえて身の安全を顧みず、献身的な奉仕活動を展開するなかでいのちを落とした無数の人々のことです。自殺というよりは犠牲と言うべきかも知れません。

グローバル化する世界と公共哲学

加治宏基さんの出された問題は、グローバル化時代における東アジア共同体についての公共哲学的認識・対応・評価はどうなのかということですね。この問題も大変重要なので、みなさんとともにきちんとした議論を交わしたいのですが、まず現在の世界のグローバル化という現象から考えてみることにします。よく言われることですが、情報・商品・資本などがどんどん国境を越えて動いています。これをわたくしたちはグローバル化と呼んで、世界はグローバル社会になりつつあると言うわけです。わたくしたちの日常生活の現場――「地方」とか「地域」と呼ばれますが――もグローバル化の波に巻き込まれています。中国語では「全球化」という言葉が使われているようですね。しかしこのような変化とは相反するものとしか言えないような動向もあります。地方化とか地域化、もしくは現場化という傾向です。わたくしたちの生活実感により近く感じられる範囲内で物事を考え、いろんな問題を解決していくのがより現実的ではないかということです。

一時期流行したスローガンですが、「地球規模（グローバル）で考え、地域感覚（ローカル）で行動する」という活動方針が強調されました。それはグローバル化と同時に、ローカル化が並行しているということです。どちらも近代における典型的な政治体制としての国民国家の構造疲労と機能不全を、国家を超える方向と国家の下位単位の方向への調整を通して解決するということでもあると言えます。特に例えば多国籍巨大企業の地球規模の市場戦略には、国家による規制が大きな障害になる場合が多いし、情報や資本の移動も今や国境内に制限するということは、ほとんど不可能になったというのが現実ではないでしょうか。また、いろんな目標と目的をかかげた住民運動は、地域単位で地方の必要と要求の充足をはかるということが強調され、そのような動向が増強しています。わたくしはこの二つの現象を同時併行的に捉えるという意味でグローカリゼーションという視座の重要性に言及してまいりました。

　しかし、もう一方では国民国家の役割と機能と責任の重要性が、従来とはちがう立場と展望から改めて重視されるようになっています。あえて言えば、アメリカ主導の新自由主義を基本にしたグローバリゼーションとローカリゼーションの同時推進——規制緩和と地方分権とも言われます——の行き過ぎからもたらされるマイナス効果を最少限に抑えるために、国家主導による積極的な平等主義的政策調整が必要になっているということです。ですからわたくしは公共哲学的思考の地平認識はグローナカル（グローバル×ナショナル×ローカル）なものになるのがより現実的ではないかと思うのです。グローカル志向からグローナカル志向への転換をはかると同時にグローナカル観点と立場と展望の重要性を強調したいのです。

　そして東アジア共同体の問題に移ります。まず「共同体」という発想は非現実的だと思います。「同」を前提にする東アジアという枠組みは原理的に成立不可能だからです。東アジアの国々は政治的にも社会的にも経済的にも文化的にも決して同一であるとは言えません。相異なるものの多様性と差異性を尊重するということが大前提になるべきです。「同」と「一」を基本にして成立する枠組みを「共同体」というのに対して、「異」と「多」を前提にして構築されるものを「共働体」として区別することから思考を発展させる必要があります。ここで「共働」というのをもっと具体的に言えば、対話・共働・開新の継続によって想定される時空間です。相異なる利害と立場と価値をもった人間や組織や団体が、国境と民族と文化のちがいを超えてたがいに、そして多次元的に対話し、共働し、そこから新しい次元を開いていくための共有時空を共に構築し、共に維持し、共に発展させるということです。これは民間主導の自主的事業であったほうがよいのではないでしょうか。これは国際関係――国家と国家や政府と政府の公的関係――とはちがう民際関係から始動して、その成果の蓄積の上に国家間・政府間の共働体を考えていくのがより現実的ではないかと思われます。加治さんがおっしゃったように東アジアにおける国境横断的・文化通底的な市民社会の共働構築を目指す多様・多重・多層の民間活動・連帯・組織・団体に期待するところが極めて大きいと言わざるを得ません。

公共哲学のどこが新しいのか

胡群英さんの問題提起ですが、厳密な見方を取ればこの世の中にまったく新しいものはありえないでしょう。キリスト教の旧約聖書にも神の創造物としての宇宙には新しいものは無いという言葉があります。ですから、中国でよく言われている言葉を使えば、わたくしたちに出来ることは「継往開来」(過去の継承と未来の開拓)と「温故知新」を目指すことではないかと思います。しかし部分的には新しい試みという側面が全く無いかと言えばそうでもない。わたくしの個人的な意見としては公共哲学には新しい目指しと方法があると思います。

何が新しいか。今ここで一番根本的なことを申します。従来の哲学はいわゆる普遍知、すなわちいつでもどこでも誰にでも妥当するような知識を求めました。しかしそれは近代知の傲慢にすぎないということで、脱近代に相応しい知のありかたはどこまでも多様な領域に限定的に妥当するだけの部分知・専門知・地域知であるという脱近代の哲学が登場しました。ですから哲学の世界における現状の認識地図は普遍知と特殊知の分裂・対立・競合によって描かれていると言えますね。

そこで公共哲学が目指すものは何か。それは「横断媒介知」というものです。何と何を媒介するか。三つの世界——制度世界と生活世界とその間から両方を媒介する公共世界——に分裂・対立・競合しているそれぞれの知を共に境界を超えて・横断・媒介するということです。まず制度世界から生産され、そこで公認され、公教育を通して普及された制度知・形式知・専門知・官知と呼ばれている「公」的な知があります。そして一人ひとりの生活者が日常生活を通して体験・経験・試行錯誤を繰り返す中で蓄積された生活知・実践知・現場知・民知と呼ばれている「私」的な知があります。現在の日本での事情を見ますと、制度知が制度世界——国家・政府・大企業・公的機関など——はもちろん、生活世界の隅々までも支配し、領土化し、その自立と質的向上を抑圧しているとして、それに強く反発している人々がいます。

ここでわたくしたちがよく考えてみる必要がある問題はそのような仕組みがいろんなところで崩れ始めているということです。制度世界の正当性に対する異議申立てが続出し、制度知に対する生活知からの応答責任の要求が増加しています。このような現実状況をふまえて制度世界と生活世界のあいだから両方を、むすび・つなぎ・いかすための知と徳と行のありかたを探求し、そこから産出される知・徳・行の相関体を媒介知もしくは「公共知」と称するのです。それは普遍知でもなければ、特殊・専門知でもありません。普遍知と専門知をそのあいだから共に媒介する知なのです。その媒介知を目指すのが公共哲学であると言えるでしょう。ですから求める知のありかたが今までとはちがうという意味で新しい学問であると言うのです。

また従来の知の生産方法は圧倒的に単独生産でありました。孤独な個人の思索と研究の成果として個人の責任の下で、個人の業績として、個人名儀の論文とか著書というかたちで発表されるというのが、主流でありました。知の生産における個人主義であります。独りで考えて独りで練り上げ、まとめて整理し、体系化し結論を出して外部の他者に向かって一方的に伝達するので、それは独話的——自己論理の一方的展開・拡大で、ある意味では外部からの介入を排除した内向的閉鎖性の程度が高い自己完結した——知になります。今回もそうですがわたくしが講演会というものの従来のあり方を出来るだけ変えてみたいと思っているのも、実は独話的な知を対話的な知に転換させたいからなのです。事前に誰かが作成した内容を一方的に言うのではなく、場と時を共にする関心共有者たちがそれぞれ相異なる観点と立場と見解を持ちながらもきちんと向き合って共通話題を基にして語りあう対話を交わすなかから産みだされる知を大事にしていきたいのです。対話的に生産される知です。自己主張的な知というよりは他者応答的な知と言えるかもしれません。東京大学出版会から出刊されたシリーズ『公共哲学』全二十巻はいわゆる論文集ではなくて対話録なのです。ですから対話的知を目指すという意味でも、近代哲学の主流である大学の専門科目としての哲学とは違うものであり、その意味では新しい哲学のありかたであると言えるでしょう。もちろん、哲学的探究の始原と言われてきたソクラテスも徹底的に対話的知を追求しました。東アジアにおける知のありかたも、例えば孔子の場合は、多数の学者たちが対話を通して産出される知を重視した痕跡が多数の文献に残っています。そのような伝統を現在と将来の要請に相応しい方向で再解釈・再構築するという意味でも、新しい学問的試図であると言えるでしょう。

そして対話的・応答的知とは、従来のような権威依存的・文献引用的な体系知というよりは現場発生的・自他相生的な生命知を重視するということでもあります。要は一人ひとりの人間の生命・生存・生業の自立とその質の向上につながり、それが躍動する喜びの原動力になるような知を求め、その共働探索への当事者になるということです。言い方を換えますと、誰かの権威とか学説を借りて自分の意見や主張を正当化するという姿勢をやめて、どこまでも正直に、そして誠実に、自分の頭で考え、自分の心で感じ、自分の判断で正しいと決めたことを、他者と共に語りあう中で、互いの認識と覚醒と信念を認め、高め、深めていくという、知・徳・行の相関運動なのです。

また、あえて新しい試みと言えば、従来の哲学は基本的に「〈外〉に向かう」もしくは「〈上〉に向かう」哲学か、「〈内〉に向かう」哲学でありました。しかし、公共哲学は「〈間〉から広がる」哲学であると言えます。何か実体的なものが二つまたそれ以上あって、その間というのではなく「間」から広がる・開かれる・見えてくるものごとと世界の力働的関係形成の地平を探究する哲学なのです。それは、その向かう方向・次元・世界が「外」でも「内」でも「上」でもなく「間」という意味で哲学の新しいありかた・はたらき・目指しではないかと思うのです。

ここで改めて明確にしておきたいことは、公共哲学が目指す知のありかたは、一部の論者が主張しているような統合知ではないということです。専門知をその中で解消し、別の新しい統合知に創り変えるのではないのです。どこまでも専門知の専門性を尊重・保存するなかで、複数の専門知の間を必要に応じて横断・媒介する知のありかたを模索するということです。

公共哲学と善良社会

司会　ここでもう一度、会場から問題提起をお願いします。

邵明陽《シャオ・ミンヤン》　私は国際関係学院の学生です。二つの質問があります。一つ目は、いわゆる理想社会に関するものです。私の理解では西洋型の個人主義的な社会と、東洋型の集団主義的な社会が今まで議論されてきました。公共哲学は、どのような理想社会を想定するのかということです。そして二つ目は、個々の人間の存在理由についてです。西洋では個々人が自由になることが人間の存在理由として強調されているという印象を受けます。公共哲学は個々人の存在理由をどのように考えるのかということです。

金泰昌　東京大学の山脇直司教授は、公共哲学の哲学的特徴は理想主義的現実主義であると同時に、現実主義的理想主義であるということを明言しています（佐々木毅・金泰昌編『公共哲学10　21世紀公共哲学の地平』所収の「グローカル公共哲学の構想」を参照）。わたくしも理想が現実を高めると同時に、現実が理想を地に足がついたものにしていくというのが公共哲学の基本的な方法姿勢であると考えています。そしてわたくしの個人的な意見としては、理想社会への熱い夢と現実社会を冷静に見つめる冷めた目をもってバランスのよくとれたありかたを真剣に考え、それを実現しようとするのが、いわゆる善良社会論ではないかと思います。

邵明陽さんの理想社会を善良な社会という意味に置き換えてわたくしの考え方を申し上げることにします。従来の政治哲学とか社会哲学で議論された善良社会は、わたくしの見方からすれば単純系としての社会論（個人の機能が未分化で同質的な小社会）であったと言えます。個人主義的な社会にしても集団主義的な社会にしても社会全体を個人中心、もしくは集団中心の基準・価値・目標をもって対応・調整・管理するということです。その最善のありかたを描くのが理想であり、その詳細な具体策を講ずるのが現実であるというわけです。現在の主流としての考え方は、自由主義的な社会と平等主義的な社会とに二分して議論されることが多いです。もちろんそれぞれのプラスとマイナスがありますし、いろいろ議論されてきました。

しかしわたくしがここで公共哲学が想定する善良社会についてのわたくしの意見を申し上げるとすれば、まず現代社会は複雑系として捉える必要があります。一元的な対応・調整・管理が不可能であるということです。自由であっても平等であっても、またその両方の組み合わせであっても、それですべての問題と境遇に対応するのは無理であるということです。ですから自由社会とか平等社会というのではなく、「公」的次元では新平等主義、「私」的な次元では個人主義的自由主義、そして「公共」的次元では市民主導の連帯主義がそれぞれ相互補完的に媒介・機能する社会を想定するのです。三次元相関関係として善良社会のありかたを想定するということです。

個々人の内面的な生活とか個人と個人の関係は、基本的に個人主義的自由主義の原則に基づいて、可能な限り外部からの介入を抑制するのがよいのではないかと思います。個々人の能力と努力によって、自分の人生を計画し価値を追求し、幸福を実現することが最大限保障されるのが善良な社会の基礎条件であると言えるでしょう。

社会全体の調整と管理は、国家・政府・官僚の仕事になりますが、戦後の日本や韓国の場合、少なくとも建前上は自由民主主義の政治体制を選択するということでしたから、人間の平等よりはその自由を拡大する方向に重点が置かれました。日本の場合は、高度成長期からバブル経済の崩壊にいたるまでは、基本政策の方向から見た限りでは、社会的・経済的平等が個人の自由よりは重視されたと言えますね。そして小泉純一郎政権の下で、アメリカ型の新自由主義経済政策の推進によって、日本社会は平等社会から自由社会への構造改革が意図的・体系的に遂行されました。規制緩和と地方分権と自己責任というのは、グローバル・エコノミーへの市場開放とローカル・イニシアティブへの職務移転と個々人への責任転嫁を通して、国家・政府・官僚組織の調整と管理と責任の極小化を目指す、自由主義市場経済論理の全方位拡大とも言えます。それで日本社会は以前より善良な社会の方向に改善されたのかという問題がいろんなところで議論されるようになりました。その中でも特に目立つのは、日本が希望を持てない格差社会・不平等社会・不公正社会になってしまったのではないかという批判が広がっているということです。

わたくしの個人的な見解としては、国家・政府・官僚組織の抜本的な見直しは必要ですが、その調整と管理と責任を通して、国民・市民・生活者の政治的・社会的・経済的・文化的平等が保障されることが重要であると思います。国家の公権力が、場合によっては人間の社会的平等を確実なものにするためには経済的自由を制限する必要があるということは、剝き出しの利潤拡大だけを目指す企業の不祥事による生活世界への弊害や、民間業者に委付された監査機能の御粗末さがもたらす消費者の損失などを経験するたびに、実感することです。

しかし「私」と「私」、「私」と「公」、そして「公」と「公」の関係を、いつでもどこでも国家の公権力が介入・調整・管理するというのは、過去の全体主義国家の経験からの共通学習から考えて、善良な社会のありかたとは言えません。

ここで「公」と「私」をそのあいだから相克・相和・相生の三次元相関関係として捉え、両方をむすび・つなぎ・いかすという「公共」の活動・過程・構築を重視する必要が出てくるのです。「公」とはちがう「公共」の次元を考えることが重要であるということです。「公共」的次元の基本原則は、市民主導の連帯主義と申しました。官主導ではなく、民主導というのが何よりも大事です。そして自由でも平等でもなく、連帯ということです。連帯とは、わたくしの見解ですが、「同」と「一」を前提とする「共同」(体)ではなく、「異」と「他」を前提とする「共働」(体)の基本原則です。赤の他人たちが、たがいのちがいを承知の上で、共働をはかるということです。それが「共同」とはちがう「公共」の核心です。あえて市民主導と言いましたのも、「国民」は基本的に国籍所持者という法的規定以外にも同一文化・同一伝統・同一言語というような属性的同質性を前提とするので、排他的な傾向が強化される可能性を持った考え方です。ですから、それよりは開かれた人間理解としての「市民」という言葉を使うのです。例えば国籍を所持していないか、別の国籍を持っていても日本に居住し、日本の法律を遵守し、その義務を果たしている人間たちをあえて日本在住の市民と称するのです。日本国民ではないのですから。

人間は何のために生きるのか

では、人間の存在理由は何かという問題提起に移ります。まずわたくしは人間の存在はものの存在とは同一視できないところがありますので、人間の生存——生きるというありかた——と捉え直したいのです。東洋思想の思脈から見ますと——中国でも日本でも韓国でもほとんど一貫していますが——天地万物を「活物」と理解しましたから、本当は人間以外のすべての存在も生存の相から考えるのがよいのではないかとも思うところがあります。

とにかく人間の生存理由ですね。結局何のために生きるのかという問題になります。わたくしは幸福になるために生きるという考え方です。わたくしの個人的な見解としては、生きるということは、よ（善）く生きることを目指すべきであるし、よく生きるということは幸福であるということです。自由も平等もそして他のいろんな理念も結局人間が幸福になるための政治的・社会的・経済的な条件・価値・規範であると思うのです。ただ、人間の本当の幸福は一人ひとりの個人の幸福だけを追求しても実現しないし、仮にそのような幸福が実現したとしても——それは大きな誤解である場合が圧倒的に多いのですが――あまり意味がないし、ほとんどの人間にとってむな（空・虚）しいということが言われます。わたくしが考える幸福というのは自己と他者と世界が共に幸福になることです。それは個々人の幸福――「私福」――と、ある生活空間のなかの住民全体の幸福――「公福」――と、「私福」と「公福」が相互補完的に世代を超えて継承生生するようにはたらく「共福」――「公共」の幸福――を三次元相関的に考えるのです。わたくしの夢は中国と日本と韓国に生きている人間たちが国境を超え、民族と文化と宗教と言語の壁を越えて、共に幸福になれる公共幸福の世界を共働構築することです。そのための知的戦略が「活私開公」と「公私共媒」を通して「幸福共創」を目指す公共哲学であります。

ここでわたくしの話を終える前に一言申し上げたい事があります。それは今何故哲学なのかということです。一般的には哲学はもうその意味が無くなったとか、哲学は無用無力であるとか言われています。若い人々は哲学に関心を持たないという主張もあります。そのような時代の流れの中で、今更哲学を語る意味があるのかという疑問があるでしょう。しかし、世の中の現状として哲学不信が広がり、哲学不在が指摘され、哲学の死亡が宣言されるからこそ、反哲学的風潮・謀略・挑戦に対して、果敢な応戦を宣告する必要があるのです。哲学が無いところには、野蛮と暴力の横暴が跋扈するだけです。二十一世紀の東アジアと世界の未来に対する希望と信頼を持ち、将来世代へより善良社会を手渡すことを可能にするためにはまず、わたくしたちが健全な哲学の共働構築への情熱と勇気と執念を失わないことが何よりも重要だからです。

司会　金先生、ありがとうございました。「公共哲学」はまだ中国では共通認識になっておりませんが、今日のお話を伺って、中国の「公共哲学」は専ら政治に中心が置かれてきたという印象を受けました。しかし実際にはもっと広範囲の生活世界に根ざしたものであるということが分かりました。関連した本などが翻訳されれば、その内容についての理解が広がり、より深く認識されるのではないかと思います。また、この講演会終了後も反応と再応答が継続することを願います。金先生のご講演の中でも、「公共哲学の発展は持続的な対話・共働・開新を通して成就する」ということだったからです。

これで本日の講演会を終わらせていただきます。

講演会終了後の学生たちとの質疑応答

質疑Ⅰ　私たちは哲学院の学生ではないので、哲学というもの自体がよく理解できていないのです。今日の金泰昌先生の応答議論の中で「哲学」という言葉が多々使われていましたが、それはもっと具体的に言えばどういう意味で使われたのでしょうか。

応答Ⅰ　わたくしは哲学という言葉を、特に今日の議論の中では三つの意味を中心にして使いました。まず学問としての哲学です。学問としての哲学は、例えば、社会学とはどうちがうのかを考えてみますと、社会学という学問は、社会現象を第一次的な研究、及び教育の対象とする専門分野でありま す。哲学の場合は、社会学のように研究と教育の対象を特定できないのです。あえて言えば、哲学とは思考の地平を切り拓く学問であります。思考の地平を切り拓くということは、特定の専門分野における定説や定論を改めて問い直すことによって、今まで定説や定論として認められなかったか、当初からまったく存在しなかった学説や理論に関心をもち、その研究的・教育的意味の可能性を探ってみるということです。既存の公認された学説や理解の枠組みの中に研究と教育を閉じ込めるのではなく、新しい次元への知的挑戦を奨励するということです。

二つ目は、生活としての哲学です。生き方としての哲学とも言えます。日常生活をいとなむなかで、多様な場面で必要になる良質の常識と、それに基づいて思考したり、判断したり、行動したり、それらに対して責任を取ったりしますね。普通は、そのような生活というか、生き方が繰り返されるわけです。

しかし、場合によっては、そのような常識的思考・判断・行動・責任を根本的に考え直すことが要請されるということもあります。まったく新しい生活様式というか、生き方というかが要求されるということです。そこで従来のような常識とはちがう思考・判断・行動・責任のありかたを真摯に考えざるをえなくなります。生活のありかたをその原点から見直し、生き方を最初から立て直すところまで行くということも考えられます。すべてを一から新しくやり直すということとも言えます。そのような境遇に直面しますと、生活はそのまま哲学になります。生きるということは、即ち哲学するということになります。普段は、生活と哲学はある意味でその間の距離がかなり遠く離れています。しかし、常識が崩れ、その見直しが必要になるとき、生活と哲学は緊密に相関するようになります。

そして三つ目は運動としての哲学です。今日の日本において学問と生活があまりにも無気力であり、無用無益ではないのかという不満と挫折が広がっています。学問は過剰に専門化され、細分化されて、専門家間のコミュニケーションもうまく行かず、まして市民社会との交流と対話はほとんどありません。生活世界とは完全に分離された密閉世界の中で、専門家・研究者は自足しています。まったく別の世界に居住していると言えます。運動としての哲学は、このような現実状況を何とか変えてみようという知・徳・行の連関変革へのはたらきであります。一人ひとりの気づき・目醒め・立直りであると同時に、相異なる立場と観点と目標をもった生活市民たちの自主的連帯実践でもあります。

質疑Ⅱ　私たちは、もっと基本的な根本的な疑問をもっています。それは、哲学がなければどうなるのかということです。これはあまりにも根本的な問題なので、時間をかけてじっくり話したかったのですが、事情がそのような運びになりませんでしたので、このようなところでお聞きすることになりました。

応答Ⅱ　わたくしの個人的な見解を言わせてもらえば、人間は基本的に哲学する動物であります。同じ動物でも例えば、鹿とか虎が哲学するという話を聞いたことがありません。しかし、人間は哲学するのです。では哲学するとはどういうことか。それは、言語と文字・記号をもって思考を展開するということです。言語と文字の活用は概念化を通して整理されます。概念を作り、概念を使いながら、時には概念を変えながら、思考し、判断し、行動し、責任を負うというのが、人間が哲学するということです。勿論、人間はいつでもどこでも必ず哲学するのかと言えば、そうではないでしょう。しかし、わたくしは、人間は人間で「ある」というよりは、人間に「なりつつある」と考えますし、人間が人間に「なりつつある」ためには「なりつつある」ということの意味を継続的に問い直すことが要求されるのではないかと思うのです。

人間が人間に「なりつつある」ということの意味を問いつづけるということは、別の言い方をすれば、自己と他者と世界との相互関係のありかたの継続と断絶を考えつづけるということです。わたくしたちは好きでも嫌いでも、他者とともに世界の中で生まれて死ぬまで人間に「なりつつある」わけです。動物や植物そして鉱物などはただ存在するだけで自らの「ある」ということの意味を問うということはしない。しかし、人間だけは「ある」だけでも「なる」だけでもなく「なりつづける」し、その意味を問いつづけながら生きるのです。哲学はそこから出てくるのです。

ですから誤解されるかも知れませんが、あえて言えば、この世の中から哲学がなくなれば、少なくとも人間が人間に「なりつつある」ということの最も重要な次元がなくなるということであり、そのような意味で人間の品格が貧弱になるということでもあると思います。

世話役の趣旨と所感

中国人民大学哲学院副教授　林美茂《リン・メイヌオ》

公共哲学の探求は、近年来、世界的にも、そして日本の学界でも注目されている新たな学問領域である。

一九九〇年代の半ば頃から、日本で、一種の公共哲学運動を引き起こそうという勢いが起こり、そのような時代の中で、京都フォーラム・公共哲学共働研究所は、新しい公共哲学の構築に重点を置いた研究を九八年から本格的に開始した。ほぼ毎月一回開催されてきたフォーラムには、多分野に亘る学者が集まり、京都の地で「公共哲学京都フォーラム」という論陣を張り、分野を超えた対話が重ねられ、実りのある議論が展開されてきた。その議論の成果として、東京大学出版会からシリーズ『公共哲学』全二十巻を世に送ることになった（佐々木毅・金泰昌編、東京大学出版会、二〇〇一年十一月第一巻初版発行）。

日本での公共哲学を構築するにあたって、多数の学者が精力的な活動を展開している。このたび、日本からわざわざ我が中国人民大学哲学院にお越しいただいた、公共哲学共働研究所所長の金泰昌教授は、そのような日本で公共哲学を提唱している中心的な学者の一人である。もちろん、他にも例えば、東京大学大学院総合文化研究科の山脇直司教授はじめ素晴らしい公共哲学研究者が数多くいる。しかし、もし金教授の来日がなかったら日本における公共哲学の研究は、今日のような分野を超えた学際的対話が繰り広げられることはなく、学者らは学問の「蛸壺状態」から一歩を踏み出す局面を呈し得なかった、と言っても過言ではないだろう。金教授は世界を一つの国のように思い、心の中に国境線を描かない高邁な見識の持ち主であり、このグローバル時代に最も相応しい公共的知識人として、人類の新たな知性史の扉を開こうとしている。現在、金教授の公共哲学の独特な見識と雄大な構想は、日本で着々と実践され、現実化されつつある。

我々は「公共哲学」を語る際に、まず「公共哲学とは何か」という問題に直面するであろう。一九五五年、アメリカの政治評論家ウォルター・リップマン（一八八九―一九七四）が著した『パブリック・フィロソフィー』が出版されて以来、学者たちは公共哲学を考える際に、誰もがまずこの学問に関連する諸概念や広がる領域を思索し、その目指すところを措定し、如何に定義するかについての問題に遭遇してきた。これまでも学者の間で、公共哲学については幾つかの規定が試みられてきたが、それら諸規定はいまだ定説になってはいない。そのため、この領域に飛び込む誰もに対して、これらの問題を新しい問題として取り組む挑戦が待ちかまえているのである。

リップマンは、西洋の自由民主主義制度の下で生きる公共民の責任問題から出発したが、公共の哲学を必要とするという提案をしただけで、公共の哲学とはどのような哲学なのかの問題は明らかにしていない。その後さらに、宗教社会学者ロバート・ベラーらによって、公共哲学の問題の再提起が試みられ、専門主義的社会科学を統一する哲学として「公共哲学」を提起し、「公共哲学としての社会科学」という理想を掲げて、既存の学問体制を批判する理念として「公共哲学」が提唱された（『心の習慣』島薗進・中村圭志訳、みすず書房、一九九一年）。しかし、具体的に、公共哲学とは何かについては、同じく明確に規定してはいない。このように、アメリカにおける「公共哲学」の発生状況と学問理念には、多くの課題が残されている。金教授が指摘しているように、リップマンが言う「公共哲学」の「公共」は、東洋で言う「公」の意味に似通っている。即ち、「国家」や「政府」という「公認された存在」という意味が、リップマンの「公共」には内包されている。しかし、我々東洋人にとっては、「公」と「公共」は、違った内容を持ちあわせている。さらに、リップマンの公共哲学の理念は伝統的政治学、倫理学と区別し難く、また、ベラーの提唱も、ヘーゲルが目指した哲学をもって諸学問の統合を追求したことと軌を一にしている、という点に気づくであろう。アメリカ発の公共哲学研究がこれらの課題を残しているが故に、日本における公共哲学の研究が、グローバル時代により相応しい、新しい公共哲学の構築となることを大いに期待したい。

金教授は二〇〇五年十月十一日に清華大学で行われた講演〔本書四四頁以下参照〕で、公共哲学について、次に挙げる三つのポイントを提起し、それらは相互に連動するという考えを示している。この三つのポイントとは、一、公共の哲学とは、市民の立場から思考し、判断し、行動し、責任を負う哲学のことである。二、公共性の哲学とは、「公共性」とは何かという問題の学術的究明を目指す専門家志向の哲学のことである。三、公共（する）哲学とは、つまり、「公共」を動詞で捉え、「公」と「私」と「公共」の相克・相和・相生的三次元相関思考を基軸にして、自己、他者、世界を相互連動的に捉える哲学のことである。そして、その目指す所とは、「活私開公」・「公私共媒」・「幸福共創」を促進する哲学である、と金教授は言う。そうして、特にアメリカにおけるパブリック・フィロソフィーとの違いとその独自性を強調した。

しかしながら、日本における公共哲学の研究も、「公共哲学とは何か」という問いにまだ十分に回答しているとは言えない。字数の制限の関係上、その課題をいくつか指摘するに留めるが、今後、更なる研究活動が進められる中での課題として検討していただければ幸いである。

まず、人類思想の歴史を顧みれば、人間社会における公共的問題を思考し、探求する学問は昔から既になされており、別に今の時代に新たに生じた問題ではないという点である。

古代ギリシャのポリス社会の市民からヘレニズム時期における世界市民へと、近代ヨーロッパの市民国家から現代の国民国家へと、歴史の発展に伴って、公共的な諸問題は倫理学、政治学、経済学などの領域で提起され、何らかの論及がなされてきた。そのため、公共哲学を必ずしも新しい学問として認める必要がなく、この概念を使わなくても、問題としては昔から扱われてきているから、古い学問中の一領域、或いは幾つかの領域が重なり合う問題に過ぎないのではないか、という疑問が浮かんでくる。もしそうであれば、今日の「公共哲学」と、昔の人たちが考えていた「公共性問題の哲学」は、その広がる領域は違っていても、その根本的なところはそれほど変わっていないのではないだろうか。そうであるならば、我々は、今「公共哲学」を新たな研究領域と規定する必要性と根拠は何処にあるのだろうか。

しかし、金教授の考えによると、公共哲学は一種の新しい学問形態であり、しかも、まさにグローバル化しつつある、このポスト・イデオロギー時代を経験している人類がはじめて可能にする、新たに開く知の地平であるという。その理由は、西洋における古典的な学問体系は、「普遍知」の追求を理想とし、より単純で、単一で、広く適応性と包容性のある知識体系を求めてきたが、近代以降の学界は、このような統合的な形而上学に潜在する危機を意識し始め、多様性を持つ「特殊知」を重んずるようになり、諸学問は学科によって細分化されていく道を歩き出した。その結果、学問における学科間の分断現象という新たな問題に直面している。公共哲学は、このような学問の学科分断問題を克服し、学科間の横断的な対話が成り立つ「共媒性」の学問を構築するというのである。即ち、伝統的な「普遍知」と「特殊知」をその間からむすび・つなぎ・いかす共媒知が公共哲学の求めるものであるということだ。

確かに、金教授のこのような考えは判りやすく、なるほどと納得できる部分は少なくない。

以上、私なりの問題提起をしたが、その解決の一つの糸口として述べたいことは、グローバル時代の人類生存を背景にして、新たな知の地平を切り拓こうとする公共哲学の問題提起と、その学問体系の構築において、最初にして最後に目指すべきことは、むしろヨーロッパ中心主義に君臨し続けてきた知の捉え方、及びこれによって形成されてきた、既成の学問体系を打破して、新たな知の理解と捉え方を未来の歴史に提出するところにあるのではなかろうか。

金教授は正に高邁な理想に燃える、「夢旅人」の人生を歩んでいる。この問題について、我々は日本の学界における公共哲学の研究に大いに期待したい。

［講演への反応その1］共生哲学から公共哲学へ？

中国人民大学哲学院副教授　李《リ》　萍《ピン》

一、公共哲学と九〇年代に日本で盛んになった共生哲学とはどんな関係があるかという問題提起にたいする金泰昌先生の応答への反応

金先生の見方によると、両者の間には共生関係があり、両者にはかなりの共通点があることを認めている。しかし、共生哲学は雑然とした体系をなしており、人々の「共生」という概念についての理解も統一されておらず、たとえば「共存」・「共栄」・「共尊」という概念が使われたりしている。さらに、「共生」が人間と自然及び人間と人間の和合、ともに生きることを強調している点は、公共哲学も継承しているように見える。そして公共哲学は「相克」を肯定するとともに、「相和」との相互関係を通して「相生」を可能にしていくための存在論と生命論を展開する。共生哲学は主に存在論の範囲に限られているのに対し、公共哲学は「公共知」の創造を強調することによって認識論にも及んでいる。

私の感想としては、金先生の応答は共生哲学と公共哲学の違いを大変うまく説明している。私の理解では、共生哲学の提起者は経済摩擦、民族紛争、社会の不公平、世代間無責任等の社会現象に非常に強い関心を示しており、いかにしてこれらの問題を改善するかについて多くの有益な提言を行った

ということである。共生哲学は調和を強調し、衝突を否定的に捉えた。しかし、彼らは対話を重視した。そして医療介護、社会問題、アジア問題などに重点を置いて詳しい研究を行っている。私の観点からすれば、共生哲学は、公共哲学の土台となっているのではないかという感じがする。

あくまでも私個人の非常に浅薄な理解による見方だが、共生哲学は一種の社会思潮であり、広い分野と多くの人々に関わっているため、いろんなところでその影響が感じられる。ある意味ではすべての問題に対して一種の正答が与えられているので、知らず知らずのうちに知識人たちから自分で考えて話す力を奪ってしまったように思われる。公共哲学は、新しい知識創造への取り組みであり、大学の研究者たちが努めてゼウス神*の後にもたらされた役割を演じようとして推し進めてきた理論探求である。共生哲学と公共哲学は趣旨こそ異なるものの、互いに補完しあい、ともに現代日本における学術思想と社会思想の新しい展望を見せてくれるものではないかと思われる。

二、「公共哲学」と西洋の公共領域論と市民社会論はどのような関係があるかという問題提起に対する金泰昌先生の応答への反応

金先生は「公共領域」の概念についてしっかりした分析を提示した。金先生によると、もともとハ

---

* 天地人間をのすべてを説明・操作・支配できる知の体系を獲得しようとする意志の権化とわたくし（金泰昌）は理解する。

ーバーマスが使用した表現は「公共性」という抽象名詞であったが、英語に翻訳される過程で「公共領域」という空間概念に改められたという。日本では、「公共圏」とか「公共空間」とも訳されているとのことだ。「公共性」と訳されたドイツ語の本来の意味は「公開性」であり、外部に開かれるということだ。これに対して「公共領域」は理性的な議論が公開裡に行われる場所という意味を持ち、日常生活に関わるものである。

また、金先生は、中国・日本・韓国では「公共性」が公分性、公平性、公正性という意味で言及されたという指摘を行っている。金先生の公共哲学の主研究課題は公共性の中でも公共活動であり、公共知と公共徳の共働構築を目指している。現代社会において、完全な専制国家は存在せず、完全に孤立した個人もまた現実的なものではない。市民社会は国家と個人との中間的存在としての役割を担い、「公」(国家、政府、官公庁)と「私」(個人、家庭、仲間)の中間の公共領域となっている。一人ひとりの市民の参加を通して、市民社会の多元化が促進される。公共哲学は、市民社会の哲学である、という金先生のお話が印象的だ。

私が思うには、公共哲学は西洋の公共領域論や、市民社会論の影響が大きい。その挑戦に対して積極的な応答を行うなかで出て来たのではないか。

日本では、公共という言葉が使われたのは明治維新による近代化の過程に端を発したものの、国家主義による干渉を受け、健全な公共領域は一貫して形成されることがなかったが、戦後の思想改革と歴史批判を通して公共論が多少は明確なものとなった。しかし経済発展が圧倒的に国家の政策によって推進されたので、政府による企業活動の過剰保護が合理的で中立的な公共領域の成熟を妨げてきたと言える。一九九〇年代の経済不況により日本人は百年余りの間に実施されてきた社会政策を反省するようになり、その中で公共領域は注目を集めている。これもまさに共生哲学が人々に受け入れられている原因の一つである。共生哲学の洗礼を受けてはじめて、哲学的総括と反省が行われたのであり、その土壌の上に公共哲学に対する要請が発達したと言えるのではないか。公共哲学は共生哲学に助けられたと思われる。

私の個人的な見解だが、西洋と比べて、日本の公共論は次に挙げる重大な問題に直面しなければならないだろう。第一に、対話の形式と場（プラットホーム）の問題である。日本人は一般的に公の場ではっきりと自分の個人的な考え方を表明するのを好まない。そのような風土の中で対話をどう進めていけるかという問題がある。外向的で話好きな一部の人だけが発言権を独占している可能性が高い。第二に、「公共知」のありかたについての問題である。一般市民の常識のようなものであれば知的刺激のないものになってしまう。そのようなものでは、人々の関心を引けない。第三に、市民社会と公共領域には互いに引き合う力が存在する。市民社会は商工業活動の場であり、個人の利益を第一とするが、公共領域は普遍的な規範に基づいて、公共の利益を優先する。両者がいかに調和するかもまた難しい問題である。

［講演への反応その2］公共哲学と「和して同ぜず」の原則

中国人民大学哲学院修士課程研究生　潘《パン》・兆雲《ツァオユン》

二〇〇六年四月十八日、金泰昌教授が中国人民大学において大勢の教師と学生に向けて、「公共哲学と二十一世紀の東アジアと世界——新たな生存に直面した人類新知識の視野」と題した素晴らしい講演を行った。公共哲学は我々に対し、二十一世紀において、国家間、集団間、市民間、国家と市民の間の関係を理解し、その調和をはかる新しい見方を提供してくれた。筆者は講演を聞いて得るところが大変多かった。

公共哲学は中国においては、目下、より多くの場合、政治哲学の視点から理解し解読されている。ひょっとすると、中国国内の公共哲学と金教授が論じた公共哲学との間には一定の距離が存在するかもしれない。しかし、金教授の解説を通して、我々は日本の多くの学者が研究に力を注いでいる公共哲学についてある程度の理解をえることができたと思う。しかし、より深く理解するためには、より多くの翻訳書が紹介される必要がある。幸いに、シリーズ『公共哲学』の第一期全十巻の翻訳が中国で進行中である。私の反応の内容はあくまで金教授の講演の範囲内に限るものである。但し、この講演も、通訳を通して行われたものなので、中には多くの読み違いがあるかもしれないが、私にとっては、斬新な視界を開いてくれたことには間違いない。

一、金教授の講演方法は、独特な対面による「問答」方式であった。この方式は、古代ギリシャの哲人ソクラテスによる探問哲学の方式に立ち戻っている。その重要な利点は、講演者と聴衆との間で講演のテーマをめぐっての共働が形成されうるということ、そして「問い」と「答え」の間に思想の現場発生的な状況が生生されるということだ。このような過程の中で、全ての参加者が問題の進展変化を共有し、思想そのものが発生し衝突しあう状況を実感することができる。そして講演は講演者一個人だけのものではなく、対話参加者全員の共有物になる。即ち、ともに考え、ともに共通問題に対する答えを出していくという過程になる。

しかし、この方式に隠されている問題のひとつは、人々が事前に持っている興味や関心がそれぞれ異なるため、講演がまとまりのない内容になって拡散してしまう可能性が大きいということである。しかし、今回の金教授の講演では心配したような状況にはならなかった。

二、金教授が詳述した公共哲学の目標は、簡単に言えば、伝統的な「公」即ち国家や政府と、伝統的な「私」即ち個人や家族との間に公共空間を作ろうとすることであり、それによって既に断ち切られた現代社会の「公」と「私」をつなげようとする。こうした公共哲学は、ある国民国家の内部だけでなく、世界と国家と地方をつなぐ公共空間を作り、そこからグローナカル公共哲学の構築を目指すということである。

それは、かつて国家と個人との関係が「滅私奉公」か「滅公奉私」かという相反する二つの見方をめぐって起こった論争を直視し、その解決を目指そうとしている。国家と個人の間に、両者の意思疎通を可能とする公共空間を構築する。それは、市民社会でもある。それは、両者間の矛盾の調和を図ると同時に両者の共生・共存・共尊を促進する。

異なる国家間の関係を処理する場合にも、このような公共空間の存在と機能は重要である。そしてこの「公共空間」を可能とする前提条件もしくは基本的な信条こそが「和して同ぜず」の原則であると思う。

「和して同ぜず」とは、中国古代の孔子の思想を出典とするものである（『論語』巻七・子路第十三「君子、和而不同、同而不和」）。その基本的な意味は、充分に和を保ちながらも違いを認め、同じものの中にも相違点を探る。そして、違うものの中にも共通点を求めるというものだ。この違うものの中にも共通点を求めるというのは、決して機械的に強い力によって他者を一つにまとめるということではない。一種の調和の取れた、有機的な統一であることを指す。この原則を基本方針及び基本原則として、それぞれ異なる国家間の関係を処理しかつ協調を図るということが「和而不同」の原則に基づいた「公共空間」に期待するものである。

三、二十一世紀において、グローバル化の潮流は日増しに強まり、各国家間の関係も日々緊密さを増してきている。このような関係は既に政治、経済の領域から一歩進んでより深い文化的な次元へと徐々に拡大している。その中に混ざり合っているのは、異なる国家間の経済利益と政治的立場のちがいによる国家間衝突と協調の問題だけにとどまらず、異なる文化・宗教・伝統間の対立と生活方式間の葛藤にまで及ぶのである。だから、こうした条件の下で、異なる国家、異なる伝統の中に生きる人々のふれあいを持続的に増加していくことで国家間・国民間関係の改善の機会をふやすことができる。そこから伝統と意識形態を超越した公共空間の構想が可能となってくる。公共空間が提供する共有の「場」（プラットホーム）においては、異質の他者との「共生・共存・共尊」への地平が開かれる。そのような場のありかたを、私は「生生不息（絶え間なく成長し続ける）」といっているのである。

金泰昌教授の公共哲学の根底には「和而不同」の原則がある。それを基本にしながら国民国家の枠を超越した公共空間を作り上げ、それを通してかつての「滅私奉公」と「滅公奉私」という二極分断的な観点を乗り越える、ということである。

四、現実を説明し、その改善を目指す哲学は、素晴らしい願望と憧れだけでは足りないのである。金教授が講義されたように強烈な現実への関心と理想主義を兼ね備えた公共哲学が重要なのである。そのような観点から東アジアの問題を考えてみる。

歴史的にも、現実的にも、そして地理的にも密接な関係を持つ中国と日本と韓国を、国家間・政府間ではなく、民間間の関係として考えるという金教授の考え方は問題が生じやすい。何故か。

まず、中国や日本や韓国の政府がいつも敵対関係にあるわけではないし、政府間関係と民間間関係を分けることが可能かという問題もあるからである。事実上、恐らく個人と政治との係わりは、我々が想像しているよりもはるかに強いであろうし、政治絡みでない経済交流や文化交流はほとんど不可能なのだ。また、たとえ政府や政治を避けて通ることができたとしても、一旦歴史及び歴史の残した問題にぶつかってしまうと、恐らく、金教授が打ち出した公共空間という意味での「新しい東アジア共働体」も実現することはできないだろう。実際に、我々が少なくとも上述の二つの問題を解決できて初めて、新しい東アジアの公共空間を「実現可能」な段階に移行させることができるのである。

このほか、以下のいくつかの問題も考えるに値する。

まず、一つ目の問題は、金教授の講義された公共空間（ある意味では市民社会と見なすことができる）は「公」と「私」の二極分裂状態をその前提とする。即ち「国家」と「個人」の分裂と対立を前提としており、これがあってはじめて、いわゆる「公共空間」つまり「市民社会」で両者の疎通を図るという思考が成り立つことになる。しかしながら、このような分裂と対立という考え方には正当な根拠が備わっているのか？　このような分裂は単なる理論上の設定に過ぎないのではないか。それとも現実的に実在するのか？

二つ目の問題は、もしもこのような「公共空間」の設定が「国家」と「個人」の橋渡しをすることを目標とするものであるならば、政治はこの哲学の中ではどのくらいの重要性を占めるのか？　もしも政治及び政治性があるのならば、金教授の新たな東アジア共働体を国家と政府の枠の外に構築するという目標との関係において、政治はどのような位置を占めるのか？　そしてもし、政治との関係が無いとしたら何が国家と個人の間の調整をはかるのか？

三つ目の問題は、「和而不同」は「平等」と「寛容」を前提としていなければならないと思うが、どうか？　金教授は「和而不同」をどのように理解するのか？　公共哲学的にはどう解釈するのか？　要するに、金教授の述べた公共哲学とは、可能性と理想性に満ち溢れた哲学である。もしもそれが実現可能性を兼ね備えているとしたら、二十一世紀における、新しい世界の様相を呈してくれるであろう。それはきっと「和而不同」を原則や基礎とする「生生不息（絶えず成長し続ける）」という情景と状況になるであろう。

最後に、馮友蘭《フェン・ヨウラン》先生の言葉を引用して、私の反応を終わらせたい。

「高い山を仰ぎ見て、正しい道を行けば、たとえ至らなくても、心の中では常に希望を持てる。」

［講演への反応その3］公共哲学と二十一世紀の人類の生存

中国人民大学哲学院修士課程研究生　林之聡《リン・ツウツォン》

四月十八日、中国人民大学逸夫会議センターで、金泰昌教授は通常とはちがった講演を行った。通常とはちがったといったのは、まず「講演」の形式のことを指す。より適切な言い方をすると、金教授の「講演」は、実は最初から最後まで一人でしゃべるような演説ではなく、また通常の講座や講演のように、結び部分でちょっと飾るという形式の「対話」でもなかった。そういうおざなりの形式ではなく、金教授の「講演」は、最初から「対話」の形式をもって登場したのである。

まず、来場者の関心と疑問を聞き出し、それに対して一つひとつ答えていく。もちろん、その応答は主に公共哲学の立場と視野からなされ、最後に、もう一度、同様の問答を繰り返すというものであった。このような対話は、よく行われる「講演後の答弁」とは明らかに異なっていた。根本的な違いは、その対話の内容主題が、現に来場している人たちの中から出て来たものであって、金教授個人が予め提起してこられたものではなかったというところにある。それゆえ、このような対話は、正真正銘の「対話」(一方的に論題を投げかけるものではない)の性質をあらわしたものだった。

金泰昌教授の採用したこのような対話の「形式」は、恐らく、ふとした思い付きではなかったと思われる。と言うのも、金教授は「対話」の始まりのところで、このような対話の「形式」は、彼が何度も主張してきたものであることを明言したからだ。そして対話の過程において、教授は何度も、公共哲学がこのような基本的な立場に立っていること、即ち、対話と共働と開新の相関発展の重要性を繰り返し強調した。このことからもわかるように、このような「対話」は、恐らく金教授が提唱している「公共哲学」の「公共性」の具体的な実践ではないかと思われる。

公共哲学が持っている「公共性」という基本的立場に関して、金教授は西洋の著名な思想家であるユルゲン・ハーバーマスとハンナ・アレントらの観点にも言及しながら、主に中国や日本や韓国の古典に関する知識とそこでの生活体験をもとにして、新しい公共性の捉え方を説明した。そして、具体的な金教授本人の身分や従事している活動にもふれられ、それは彼が推賞したこのような理念と立場をはっきりと表明しているものなのかもしれないと思った。

金教授は韓国人でありながら、長年にわたって日本で研究と実践活動に携わっている。教授は日本における永住権を得たが、自分の韓国国籍を放棄する気はないようだ。教授が携わった活動は、日本と韓国だけにとどまらず、世界中の五〇カ国あまりの都市とそこにある大学に関連したと言われる。

とりわけ講演中、教授は何度も東アジア、特に中、日、韓間の交流と対話について言及した。彼は実際に、周囲の人（例えば彼の娘）に対して対話を通して、異民族に対する誤解や偏見を取り除くよう努力したということにもふれられた。このように金教授は自分自身の生活と仕事における実践を通して、対話・共働・開新の理念を広く提示し、具体的に表している。それは、かつてソクラテスによって実践された。また、孔子とその弟子たちも実行したことでもある。そのような意味で、それは古くて新しい伝統とも言える。

しかし対話・共働・開新というのは、決して最終的で、最も根本的な理念（理想）ではない（そうであるべきでもない）。これは、より良い理念、より根本的な理想に到達するための手段である。このような、より良く、より根本的で理想的なものというのは、ごく簡単に言えば、つまり、我々が日常、いつも話している、誰もがみな憧れている良い生活、幸せな人生のことなのである。

人類の生存の問題とは、このような根本的な関心を具体的に表したものである。我々は「新しい生存」の境遇（「二十一世紀」の生存）に直面しており、それゆえ「人類新知識」を追い求める必要がある。これは思想が本来備えもっているべきものであると同時に、実際に生存するための配慮でもある。まさに今回の「対話」で最も喜ばしかったのは、この点が解明されたことだ。ただ対話・共働・開新は自己目的化するべきではない。また唯一絶対の途になってもよくないということは、私の意見として明らかにしておきたい。

金教授の「対話」とは、「生存」(「対話」の過程で、「公共哲学」と一九九〇年代の日本における共生哲学との関連について詳しく述べられた)に直面しようとすることであり、とりわけ「二十一世紀」の「新たな生存」のことである。しかし、我々の「二十一世紀」の「新たな生存」はまだ始まったばかりであり、それに適した状況はいまだ現実として展開しておらず、二十一世紀を論じるためには、我々はその前身である二十世紀、ひいてはそれよりもっと前の近代史の状況から推測していくことしかできない。

我々のうちほとんどの人が経験したのは「二十世紀」であり、我々が目下生存している境遇も基本的にはやはり「二十世紀」の延長線上なのである。だから、今ゆっくりとやって来ている「二十一世紀」の人類の生存について論じようとするのであれば、過ぎ去ったばかりでまだそれほど遠くに行っておらず、また実際に「二十一世紀」の人類の生存が複雑に絡みあっている「二十世紀」の人類の生存は、どうしても避けて通ることはできないだろう。

それゆえ、二十一世紀を考える前に、我々はまず二十世紀とはどんな世紀だったかを考えてみる必要があるのではないか。我々は、「現代化」、「科学」、「技術」、「経済発展」、「民主主義」、「自由と平等」などなどの数多くの理想、或いは理念をよく耳にするが、これらの発展は確かに我々にとってさまざまな面で利便性を向上させてくれた。しかし同時に、我々は、ひっきりなしに起こる衝突や戦争、及びその中で命を落としていった罪深い人々あるいは罪なき人々の存在を見て見ぬふりをすることはできないという状況も現実としてあるのである。我々はまた、社会秩序の危険極まりないさまや、道徳論理の相対化、及び人生虚無主義の蔓延するさまを、見かけたり感じ取ることに対しても知らぬふりできない状況にある。物質経済の富は非常に大きくなったが、我々はこれとは反対にだんだん退屈や鬱積、苛立ちを感じるようになっている（これらは全て二十世紀の大賢人たちが我々に指摘してくれた、偽りなき「存在すること」の真相なのである）。

生きることについて、我々は次第によりどころがないと感じるようになり、どうしたらよいかわからず慌てふためいている。我々は何もしなくなり、或いは勝手気ままに振舞うようになっている。だから、我々の中でヒットラーのような考えを持つ者が生まれたり、次々と「虚しく」全てを捨て去ってしまったり、「虚しく」自分自身の命を捨ててしまう自殺青少年も現れてきている（近年、日を追うごとに際立ってきた日本の青少年の「ネット上の道連れ」自殺事件は、典型的で特に目立つ事例だといえる）。

これらは二十世紀という過去に起こった事件であるだけでなく、我々が暮らす二十一世紀の世界にも引き続き、我々の生存感覚を圧迫している現実みのある生存の境地なのである。これらの問題は、ある種の具体的で特殊な事案（個別的な心理教育で解決できるようなものではない）であるだけでなく、我々が生きる時代の生存状況の際立った典型的な反映であり、我々の「時代精神」の重大な結果である。

近現代のさまざまな思想流派（とりわけ実存主義）の大家（ニーチェ、ハイデガー、シュトラウスなどのような）はずっと、我々の時代のこのような基本的生存という難問に直面し、解決しようとしてきた。そして我々に多くの示唆に富んだ貴重な思想資源を残してくれた。しかし、二十世紀の人々の生存の苦しみと難しさは、なおもこの二十一世紀にまでも引きつがれており、我々が望むと望まざるとにかかわらず、我々を押しつぶし、圧迫したり追い立てたりしている——つまり、権威がなくなってからの相対主義、虚無主義、超人主義などは、我々の時代の基本的な生存の境地であり（人によって体験の深度は異なるが）、我々が逃れることができない生存の難題である。「公共哲学」は人類の「新たな生存」を真摯に受けとめてそれに対応すると思う。願わくば、そこから期待される「人類新知識」が、我々一人ひとりがかかえている生存の難題の解決に何らかの新しいヒントや希望をもたらすことを期待するものである。

［講演への反応その4］公共哲学と東アジア共同体

中国人民大学国際関係学院博士課程研究生　加治宏基

二〇〇六年四月十八日に留学先である中国人民大学で、公共哲学共働研究所の金泰昌教授の講演会を拝聴する機会を得た。タイトルに掲げられた「公共哲学」という概念を中国社会においていかに定着させるか。この点は、国際関係論を専門とする私としても、関心のあるテーマである。

通常のいわゆる講義方式ではなく、最初に聴講者からの質問を受付けた上で、それに対応するように講演された。こうした方式も中国人の関心の中心を把握するため、工夫されてのことであろう。この姿勢は、非常に示唆に富むものであった。

その機会に乗じ、私もひとつ質問させていただいた。

グローバル化が進展する今日、必ずしも主権国家だけに限定されないアクターが、いわゆる（国際的）市民社会において機能し、国連など国際機構のほか、地域的枠組みの構築と熟成が模索されている。こうした文脈を考慮すれば、国家・文化圏・宗教など諸範囲に限定されぬ、まさにグローバルな公共哲学が期待されるが、その構築および機能はいかなるものであるべきか。

この質問への回答として、「地球（グローバル）・国家（ナショナル）・生活現場（ローカル）」という三つのレベルの融合（グローナカル）という、相関的三元論に基づく概念が提起された。つまり、公共幸福を目指した「共働」を基盤とする「東アジアグローナカル共働体」構想である。

日・中・韓各思想に関する膨大な知識の蓄積に裏付けられたこの構想を具現化する上で、前提となるのが相和論であるとも指摘された。また、理性的対話を積み重ねることで、熟成した市民社会が形成されることも示唆された。このように日中韓に共通する観念を丹念に織り込んだ公共哲学の概念提示は、中国の教員のみならず学生にもしっかりと伝わったようである。

さらに、日本社会における公共性の変遷をも紹介され、私にとっても、日本社会における協調力学を問い直すきっかけとなったと同時に、国際的地域協力の枠組みの形成をめぐる思考に示唆を得たことは言うまでもない。思想・哲学の分野からの提言を、いかに現実社会に落とし込むか。確かに、この回答は容易に得られるものではない。しかし、現実だけを見ていてもなかなか方向性、打開策が見出せぬことも多々ある。

殊に、政治レベルでの閉塞感が経済、民間レベルにも影響を及ぼし、「ポスト小泉」への様子見という段階にきた日中・日韓関係にあっては、こうした「知の試み」は自身の観点の問い直しにも有益なものであった。

講演への反応に対するわたくしの再応答

金泰昌

二〇〇六年四月十八日午後、中国人民大学哲学院創立五十周年記念講演会における対話・共働・開新はわたくしにとって楽しくて刺激的で意味深い体験でありました。張立文先生はじめ張志偉教授、彭永捷教授、林美茂教授、李萍教授、そして学生のみなさまに改めて感謝の心を込めてお礼の言葉を申し上げます。本当にありがとうございました。

特にわたくしが日本に帰ってきた後、文章で反応してくださった方々には公共哲学への関心と熱意に感謝します。そして、わたくしの再応答を文章を通して伝達することにします。

では、まず李萍教授の反応への再応答です。

① わたくし自身は、共生哲学に対しても敬意を持っています。特に日本における共生哲学は環境問題をはじめ、民族問題や異文化・社会問題などを改めて考え直すための新しい概念と視座と問題意識を提示したと思います。

② わたくしが李萍先生の問題提起に対する応答の中で申し上げたことは、どこまでもわたくしが考えている公共哲学からのわたくしの見解表明でしたので、「共生」と「相生」の違いに重点がおかれた議論になりましたし、その思脈の中で韓国思想に関連するお話が出てきましたが、日本人学者の意見はわたくしとは違うところが多いのではないかと思われます。わたくしの公共哲学的思考は中国と日本と韓国の知的遺産を発掘・改読・活用するということを重視しますので、主に西洋思想の研究成果に基づいたものとも相異なるところが多々あるかもしれません。

③ 特に李萍先生がご指摘なさった日本人の一般的な傾向としての議論忌避と、それゆえ対話と言っても一部の人間に独占されたものになってしまうのではないかという憂慮は、一般論としては理解できますが、時と場によっては必ずしも悲観的になる必要はないと申し上げたいのです。ただ、わたくし自身の実体験から見ても、中国や韓国の学者たちと比較して議論や対話が少ないと言えます。激論を交わしてもその後は感情整理が早くできるという意味では、日本ではうまく行かない場合が相対的に多いのではないかと思われます。

④ 公共知というのが専門知と生活知を媒介するのであれば、知の水準低下をもたらす危険はないのかというご指摘（とわたくしが理解したこと）に関しましては、決してそうではないと申し上げま

す。現在の日本の状況で考える限り、逆に一つの専門分野では高度な専門知をもった専門家が、それ以外の分野とか日常生活に関わる実際問題などに関してはびっくりするほど無知無能である場合が多すぎるので、外部との対話が不可能であると同時に、外部からの呼びかけに応答する意志も能力もないというのが問題なのです。ここでもしかしたら誤解されるかも知れないのであえてはっきりさせておきたいことは、公共知とは専門知を誰でも分かりやすいようにしたものではないということです。やや極端な言い方になるかも知れませんが、分かりやすさイコール公共知とは断言できません。また、分野別に断片化された部分知を、ある種の統合知、もしくは全体知に一体化するということでもないということです。専門知の特徴と水準と品質を維持・保存しながら生活知の現場性・実践性・生活関連性との有機的な相互関係を高めていくということであります。

⑤　市民社会は商工業活動の場であり、個人の利益を第一とするという市民社会観はヘーゲル・マルクス的な見方です。それは基本的に市民を商人と見る立場です。ですから市民は私民であり、私利私欲のかたまりであるという市民観があります。金儲けばかりを考える悪徳商人というか、商売性悪説に基づいた商人・私民観です。ですから市民社会の私益対立とその矛盾を克服・解消するためにも国民国家による公益増進が要請されるし、そこでこそ公徳を備えた公民が形成されるとも言われます。しかし、わたくしはそのような市民観や市民社会観には賛同できません。もしも今日の商人が専ら私利私欲を追求する人間であるから公共の利益を優先させる公共領域とは調和が困難であるというのであれば、国家の中核を担うと言われてきた国家官僚の組織ぐるみの不祥事や公務員による公金・税金

の私的目的のための無駄遣いは商人の私利私欲とどこが違うのかという疑問にどう答えるかという問題が提起されます。公務員の名誉のためにはっきりと申し上げますが、大多数の公務員は決してそうではないのです。同じように商人も全部がおしなべて私利私欲だけを求めるとは言えないのです。昨今の事情は、国家や官僚（制度）に対する不信感が強くて広範囲に波及しています。むしろ市場の公共性により大きい信頼を置いている人々が多いのです。しかしわたくしは国家と市場と市民社会がそれぞれの良質の機能・役割・責任を十分発揮し相互補完をはかるところから真の新しい公共空間が生するると思うのです。

次に潘兆雲さんの反応に対するわたくしの再応答です。潘さんが改めて提起された問題は、①公共哲学の想定する公共性が国家と個人の分裂と対立を前提にしているが、その分裂と対立は、本当なのか、②公共哲学における政治の位置付けと意味付けはどういうものなのか、そして③「和して同ぜず」という考え方を公共哲学はどう理解するのか、という三つに要約できると思います。そしてそれぞれに対するわたくしの再応答は次のようになります。

① 国家と個人の関係をどう捉えるかというのは、わたくしの個人的な意見を申し上げますと、相克・相和・相生の三次元相関関係であるということです。それは国家と個人の関係を分裂と対立か、それとも融合と一体かという一元的・平面的・静態的に捉えるのではなく、重層的・立体的・連動的に理解するという立場に立っているとも言えます。わたくしは時々、漢字共有圏では漢字の解字活意――漢字解釈学的想像力を通して、国家観というか国家と個人の関係のありかたを説明します。まず

「國」ですが、これは囗と戈（武器）の合成ですが、要は武器・武力・軍事力による制圧・征服を基軸とする国家観を表現しています。それは国家と個人のあいだを基本的に分裂と対立の相で捉え、圧倒的な権力をもって統合・支配する統治体として捉える立場です。その次は「圀」ですが、中国唐時代の則天武后（在位六九〇―七〇五）がより確固たる統治範囲の拡大と安定を強調するという意向を明確にするために作った字だと言われています。しかしわたくしがもっとも関心を持っているのは、日本の鎌倉時代の仏僧である日蓮（一二二二―一二八二）が『立正安国論』（一二六〇）の直筆本の中で三つの「くに」をあらわす漢字を使ったということです。即ち「國」と「国」と「囻」です。その中でも国は囗と玉（皇帝や国王の尊称）との合成で国王・天皇中心の国家観をあらわす。そして囻は民衆中心の国家観を表現しているものと理解できます。国家をあらわす漢字が全部で七一カ所使われている中で五六カ所に囻という字形があてられているのです。そこから読み取れる考え方は天皇を中心とする国土――即ち「国」――ではなく、庶民・民衆を中心とする共生空間という日蓮の国家と個人の関係についての発想です。それこそ時には「相克」――分裂と対立――関係になり、時には「相和」――融合と一体――関係になりながらも、その力動的相関関係によって「相生」――王と臣と民がたがいにいかされ・いかしあう――関係であり、「安国」とは、他ならぬ民衆の安穏・幸福をその第一次的目標とするということではないでしょうか。国家と個人の関係を立体的・重層的に理解するということの日本史における一つの事例であります。

現在の中国と日本と韓国における国家と個人の関係についての基本的な認識の比較・分析はいろい

ろありますが、例えば一橋大学大学院教授王雲海《ワン・ウンハイ》さん――代表的な在日中国人学者の一人ですが――は最近の著書、『〈権力社会〉中国と〈文化社会〉日本』(集英社新書、二〇〇六)の中で、中国は基本的に国家権力もしくは、政治権力中心社会であると捉えています。政治権力中心的というのは、政治的権力者――国家高位官僚とか共産党高位幹部と言われますが――がすべての事柄に関する最終決定を下し、国民はただそれに従うだけで如何なる異質も差違も認められないという意味で、国家・国民合一体であるとすれば、国家と個人が分裂し対立するというのは、原理的に成立困難であると考えられます。もし、そのような考え方が基本前提であれば、国家と個人のあいだの分裂と対立というのは人為的・理論的非事実にすぎないのではないかという疑問が生じるのも当然です。

しかし、権力・権力者・権力体制の専行横暴を警戒する立場から考える場合は、権力の是々非々を現実と理想のバランスに基づいて判断するという傾向が強化されます。ですから、状況によっては分裂と対立の局面が顕著になる。また融合と一体が時代の主流になる時勢もあるでしょう。そして、国家と個人が良質の相生関係を確立・維持・発展させるようにもなります。要は、国家と個人のあいだは多重的・立体的・連動的な相互関係であると考えれば、そこに中間媒介活動・連帯・組織の存在と役割と機能の時空を想定する必要があると思うのです。

② 公共哲学における政治の位置付けと意味付けですが、中国でも日本でも当初、公共哲学はアメリカのパブリック・フィロソフィーを導入したものであるという認識がありましたし、それは、ほとんど政治哲学と同じなので、政治学的な問題意識が中核的な位置に置かれ、もっとも重要な意味を持

つものでありました。しかし日本での公共哲学は、政治哲学を中心とするアメリカのパブリック・フィロソフィーを、ほとんどそのまま日本の状況にあてはめて議論と研究を進めていくものと、アメリカのパブリック・フィロソフィーとはちがう独自の公共哲学の構築を目指すものとの両方があります。わたくしは後者の立場に立っております。ですから、政治の位置付けと意味付けと言えば、相対的に制限されたものにならざるをえません。

そして東アジア共働体は国家とか政治とは別次元で構築するということは非現実的ではないかというご意見に関しては、わたくしの基本的な発想がどこまでも学者としての立場から考える脱政治的・国境横断的枠組の共働構築こそ、より実現の可能性が高いという状況判断に基づいているということを申し上げておきたいのです。

③「和して同ぜず」という『論語』に出てくる孔子の言葉は、わたくし自身が考える公共哲学的思考の原点の一つであります。わたくしは「同」と「一」ではなく、「異」と「多」を前提とする「共」と「互」を考えるところから、まず「私共《しきょう》」と「公共」を区別する必要性を感じました。「私共」は共同体的共存・共生・共栄の仕組みです。それは家族とか身内とか仲間のように、何らかの同質性を基本条件として成立する関係のありかたです。「公共」は多様・多重・多層の「異」と「他」と「差」を現実的・実存的条件として認定・受容・尊重するという前提に基づいて成立する相克・相和・相生の過程・連動・力学です。特に重要なのは「私共」は「同」を、そして「公共」は「和」をその基本的なはたらきとしているということを、きちんと認識することです。わたくしは『論語』の

「和而不同、同而不和」と『国語』の「和実生物、同即不継」と『礼記』の「礼之用、以和為貴」の相関的読み直しと再解釈を通して「和」と「同」のちがいと、たがいの関係を、中国思想を勉強するなかで学びました。

もう一つの原点は、日本思想から学んだことです。それは聖徳太子（五七四―六二二）によって制定されたと伝えられるいわゆる「十七条憲法」（六〇四）の一条にある「和をもって貴とする」という規定以来、「和」が日本の国家的・国民的基本精神として何よりも強調されてきたということです。ただ是非ともここで留意すべきことは、日本では「和」と「同」がほとんど同じ意味で使われるのが従来の慣例であったということです。ですから「和」の賛美論もそれに対する批判論も「同」と「一」としての「和」に基づいているということです。そのような実状を知らないと日本における「和」の認識と議論を理解することが難しいかも知れません。

そして、第三の原点としての韓国思想の思脈から考えますと、新羅時代の高僧、元暁《ウォンヒョ》（六一七―六八六）の「和諍《ファジェン》と会通《フェトン》の論理」が時代を超えて重視されてきたということも、ちゃんと認識しておく必要があります。和諍というのは、「同」と「異」をその間からむすび・やわらぎ・いかすということです。そして、会通というのは、自己完結性の壁を壊して、内部と外部・自己と他者がたがいに交流・疎通するということです。

加治宏基さんと林之聡さんと林美茂教授はわたくしの応答に対する基本的な共感を明確にして下さいました。加治さんの国際関係論からのご意見と林さんの二十一世紀人類の生存哲学を考える観点からのご提言は、わたくしにとっても意味深いものでありました。

そして特に林美茂教授には講演会が開催されるまでのご苦労とその後のいろんなことで大変お世話になりました。

今後もみなさまと共に公共哲学を探究していけることを祈願します。本当にありがとうございました。

二〇〇六年十月一日

（初出 『公共的良識人』二〇〇六年十月一日号）

【語りあい その1】

6 東アジア発の公共哲学に向けて 武漢大学

日付 二〇〇七年三月七日
場所 武漢大学哲学学院
通訳・記録・整理 蔡龍日

二〇〇七年三月五日、上海の復旦大学哲学院で「二十一世紀の東アジアと公共哲学」という題の対話集会を終え、三月七日湖北省武漢市の武漢大学哲学学院で「東アジア発の公共哲学に向けて」を主題にした講演会を持ち、三月八日同市所在の中国地質大学で日中韓の学術交流に関する懇談会に臨んだ。上海では、一九九六年京都大学大学院で「陽明後学研究」という博士論文に基づいて学位を取得した呉震《ウウ・ツェン》教授、そして武漢大学では今日の中国の哲学界を代表する重鎮学者の一人で現代中国哲学及び中国哲学史の大家でもある郭斉勇《ク・オチョン》教授のお世話になった。ここに紹介するのは両大学での講演の中から、録音の文章化とその後の整理の状態や量の問題などを考慮して、武漢大学でのものとした。

自己紹介、公共哲学の考え方

金泰昌　武漢大学哲学学院の皆さん、お元気ですか、幸せですか。みなさんが元気で幸せであればわたくしも元気で幸せになれます。そこから今日の哲学対話も元気で幸せなものになります。

　ではまず最初に誰かに紹介してもらうかわりに、わたくしの自己紹介と公共哲学についてのわたくしなりの考え方を要約・整理・説明するところから今日の対話を始めさせていただきます。

　わたくしの名前は金泰昌。韓国籍の大阪人七三歳の若造＝未だにさまよいつづける未熟者。旅好き。唄好き。恋好き。夢狩り人・夢追い人・夢旅人という渾名をそれぞれ東京大学大学院生たち・北九州大学大学院生たち・九州女子大学の学部学生たちから送別のプレゼントとしてもらいました。わたくしの貴重な宝物です。

　わたくしの旅心・唄心・恋心をこよなくあらわ（表・現・顕・著）している日本の庶民の歌「夢の涯て——子午線の夢——」という演歌の歌詞を紹介します。

一、熱き心の　命ずるままに
　大地を踏みしめ　風に吹かれて

いのちの翼で　山河を越える
自由に大空　羽ばたくように
夢を訪ねて　歩き続けよう
見果てぬ荒野を　道なき道を
人生は地図のない　さすらいの旅
ときめく想い　道連れにして

二、歩き疲れて　道に迷えば
星空見上げて　おまえを想う
足踏みしてたら　明日は来ないと
変わらぬ笑顔が　勇気をくれる
愛を両手に　歩き続けよう
雨にも負けずに　風にも負けず
運命のいたずらに　試されながら
いつかはおまえの　星になりたい
夢を訪ねて　歩き続けよう
見果てぬ荒野を　道なき道を
人生は地図のない　さすらいの旅

ときめく想い　道連れにして

（JASRAC 出1004045-001）

津城ひかるの作詞、鈴木淳の作曲、そして美人歌手小林幸子の何とも言えない情感のあふれる歌声、その絶妙な響和がわたくしのいのちの若さを保ち、また、潤してくれます。ときにはわたくしの鼻唄にもなります。

「熱き心」とは、とりあえず、中国と日本と韓国を国境横断的に相互媒介できる古くて新しい思想・哲学を共働探究し、そのための学術的な民間主導の有志連合の形成・拡大・深化を目指す実践・活動・運動をつづけて行きたいという願望です。東アジア三国の歴史的・伝統的思想資源を再発掘・再活用することによって二十一世紀の人類と地球の質的向上に貢献する、より民主化された思想・哲学の共働構築を目指すという思いです。その思いに促されて中国・日本・韓国のあちらこちらをかけまわりながら若き学友たち＝朋友たちとの哲学対話を求めつづけているのです。今日はじめてお会いした皆様お一人おひとりも「ときめく想いの道連れ」＝旅の伴侶になってほしいというのがわたくしの切実な願いです。

では、熱き心のこもった思想・哲学とは何か。それは、中国と日本と韓国の「間《あいだ》」をむすび・つなぎ・いかす哲学です。また、中国と日本と韓国の人々がたがいに「和」する哲学です。それを公共哲学と称するのです。公共哲学はわたくしの、そして誰かの独考・独思・独論・独話の哲学ではなく、自己と他者が共に考え、共に思索し、共に語りあう哲学です。それは書斎の中で居敬・窮理する哲学というよりは、朋友・講学を重視する哲学であるということであります。

まず申し上げたいことは、公共哲学というのは従来の哲学とどのような違いがあるのかということです。これまでの哲学はある一人の人間が一人で考え、整理したことを話したり、書いたりして他人に聞いてもらったり、読んでもらったりすることを目的としたものでした。一方、公共哲学は語りあう哲学です。互いに相異なる意見を持ち、違う立場に立ち、別の観点からものごとを見る人々が向きあって、実存的真実を誠実に語りあう実学――仮の・偽の・名だけの哲学ではなく実事求是《じつじぐぜ》（事実に即した真理・真実・探求）の学としての哲学です。考えるだけでは一人のものになりやすいのですが、語りあうことによって自己と他者とのあいだから新しい気づき・問いかけ・考え・行動が生まれてきます。ですから、一人の人間の内面の世界を深く切り込む哲学というよりは自他間の相互理解の地平を切り拓くための哲学です。

次に申し上げたいのは、公共哲学は「同」の哲学ではなく、「和」の哲学であるということです。公共哲学の基本的な考え方の一つは「同」と「和」とのちがいをきちんと弁《わきま》えると同時に、「和」の深い意味を改めて見極めるということです。わたくしの個人的な見解を申せば、「和」を「相克」・「相和」・「相生」という三次元相関的に理解することが重要であります。

三番目に申し上げたいのは、これまでの哲学はある意味では「内」（在・面・発・重視）と「外」（在・面・発・重視）との分裂・対立・葛藤の連続・展開・変態であったと言えますね。その点から申しますと、公共哲学はどこまでも「間」（在・面・発・重視）の哲学であるということです。この

「間」というのはこれまであまり注目されなかったのですが、今後は「間」こそが最も重要な問題になるということを強調したいのです。例えば個人と個人の間、民族と民族の間、文化と文化の間、国家と国家の間、文明と文明の間、宗教と宗教の間、人間と環境の間、そして生命と機械との間などなどあらゆる意味の「間」です。それは既存の実体間の空間・差異・ずれであると同時に／とは別次元のはたらきとして〝あいだ〟から・を通して・によって新しい次元が開かれ、新しい相互関係が生生するというのが重要なのです。

今までは内在論理とか外在論理で説明がついた問題も、今からは間在《かんざい》論理に基づいた発想と説明が要請される事態が多くなると思われます。自己と他者の問題は基本的に「間」の問題です。自己の内在論理でもなく、他者の外在論理でもない、自己と他者のあいだから両方を見つめる論理が必要であると思いませんか。このような考え方は文献的な知識からではなく、それこそ「人情・事勢・物理の上に工夫をなす」〔陸象山（南宋の大儒、一一三九―九二）の方法姿勢〕ところから形成されるとしか言えません。

わたくしは韓国で大学を卒業（一九五七年）し、高校で英語、ドイツ語、フランス語などを教えながら大学院課程を終えてから、就職したのが駐韓アメリカ経済協力センターというところでした。そこでの仕事というのは、アメリカの連邦政府と韓国政府の間で、韓国の地域開発及び経済発展という共通課題を効果的に遂行するために両政府の責任者を多次元的に媒介・仲介・交渉させることです。時には通訳であり、時には韓国とアメリカとの文化・社会通念・法制度などの基本的差異とそれに関係する問題点を説明することによって相互理解を促し、相互協力を順調にするということです。なによりもアメリカ政府の思惑と韓国政府の要望をうまく調整しないと、どちらもうまくいかなくなってしまいます。「間」の仕事がいかに難しくて重要かということを身をもって体験したわけです。媒介というのはすべてうまくいけば忘却されますし、何かがうまくいかなくて問題が生じれば両方から責められます。

一九六〇年代の韓国はわたくしにとってまさに「見果てぬ荒野」そのものでした。何とかそこから脱出して「自由に大空を羽ばたき」たかったのです。そこで青春の碧き「夢を訪ねて道なき道を」一人で旅立ちました。それは多様な人間と社会と国家のありかたを体験学習する現場実査でした。アメリカ、ヨーロッパ、そして東南アジアと南アメリカの国々をまわりながら、自己と他者と世界との相互関係を立体的に理解するための実地検証と格物窮理に専念しました。五年間の海外生活を終えて帰国し、韓国の地方の国立大学の教壇に立って、国際関係論・比較思想論・韓米関係論など、主に「間」の問題を学生たちと共に考えました。当時——一九七〇年代から八〇年代——の韓国の大学は、イデオロギー闘争と同時に軍事政権と反軍部民主化運動の民間主導者とのあいだの死闘の真最中でありました。まさに「間」の問題が知的にも実存的にもわたくしの日常生活に伸し掛かってきたのです。

わたくしが体験した「間」の問題は政治的・イデオロギー的なものばかりではありません。わたくしの家庭においても、反日的な中国古典学者の祖父と、脱政治的なキリスト教信者でヨーロッパの文学にあこがれた母親、そして日本で事業を興して、ある程度の経済的自立を確保した親日的な父親のあいだで大変な苦労をしました。特に反日と親日の間の問題が家族間・親族間・対人関係上の深刻な不和の原因にもなりました。過去の一時期の問題で終ったのではなく、現在進行中の問題でもあるわけです。

一九九〇年に渡日してもう一七年になりますが、今もなお、わたくしは「間」の問題をかかえています。例えば経営者と学者の「間」で、それぞれの公共哲学的思考と実践のちがいを媒介し、両方を共に立てるということが時には、ものすごくむずかしいのです。考え方がちがうし、目標も食い違うところがあるからです。しかし「間」の問題はどちらからも軽視されるというのが、現実です。そしてこれが、挫折感のもとになるのです。

「間」の問題は、基本的に三つの次元に分けて考えられます。まず、対立・葛藤・闘争の関係です。それは相克の次元と言えます。それから、対話・共働・開新の関係です。それは相和の次元です。そして共存・共生・共福の関係です。それは相生の次元です。それらが相関連動しているわけです。相克が相生に転換する過程における決定的な作動因が相和のはたらきです。それは「互和」とも「間和」とも言えますね。そしてその相和のはたらきの核心にあたるのが「和心」(やわらぎのこころ)であります。そして「和心」の実果は「間和」を通して「和幸」・「和楽」・「和福」——「公共幸福」——を生生するというのが「間」と「和」の実心実学としての公共哲学であるということです。

とりあえずここで一旦、わたくしの自己紹介と公共哲学についての簡単な発題を終らせていただきます。ではどうぞ問題提起をお願いします。

公、私、公共の意味

涂雲新《トウ・シンシュエ》　武漢大学法学院の研究生です。法学院で法哲学を勉強している者です。清華大学でのご講演の原稿を拝見させていただきました（本書四四頁以下参照）。その中で公共哲学における「公」と「私」との媒介、また制度世界と生活世界との連動変革というのは、市民主導で推進されるのが望ましいとおっしゃいましたね。何らかの制度的な保障がなければうまくいかないのではないかと思われますが金先生のご意見はどうですか、というのが一つ目の質問です。

二つ目の質問は、「公共」という言葉についてお伺いしたい。論文を拝見している限り、この「公共」という言葉は多様な使われ方があるようです。動詞でもあり、名詞でもあり、形容詞でもあり、非常に混乱しているという感じがします。金先生ご自身は「公共」を主に動詞として見做しているとおっしゃっていらっしゃいますが、「公共」の意味について、もう少し詳しい説明をお願いできますか。

金泰昌　涂雲新さん、ありがとう。法学院からも来られているとは知りませんでした。わたくしも法学と政治学の畑で育った者です。基本的な問題意識の立て方が似ているかも知れません。とにかく一つ目の質問から一緒に考えてみましょう。

市民が主導する立場から考えると言っても、何らかの制度的な保障が必要ではないかというお話であったと理解します。ではなぜ市民主導なのかという話から始めたいと思います。

ここで最初に考えなければならないのは、わたくしたち一人ひとりの人間が今までどのように位置づけられてきたかという問題です。過去の長い期間わたくしたちは臣民でありました。絶対権力の支配に従属した統治の対象としての存在が臣民です。その後、近代国家の成立とともに国民となりますが、それは近代国家の構成員として法的な身分が、国家によって公認された人間であるということですね。そしてわたくしは市民という位相を重視するのですが、それは、一応国家との間にある程度距離を保つ人間のありかたです。例えばわたくしは日本国籍所有者ではありませんから日本国民ではないわけですよね。しかし日本の永住権を持って日本の大阪で居住し、主に日本・中国・韓国を横断媒介する哲学対話活動を続けてきています。わたくしは自分自身をグローナカル市民と位置づけています。グローナカルとは、グローバル（地球市民）×ナショナル（韓国国民）×ローカル（大阪住民）という三つの次元が重複重層的にわたくしの人格生命体を構成していると考えています。それはマルチプル・アイデンティティ――社会的自己同一性と訳しましょう――であると同時に、トランスヴァーサル・アイデンティティ――横断媒介的自己同一性と訳しましょう――でもあります。

韓国と日本の場合だけに限って考えますと、国民と臣民とは別に人民というものがありました。これは既存の国家の構成員としての国民の位相ではなく、旧い国家体制を転覆し改めて新しい国家体制を創出するための革命主体としての位相を強調するという意味あいが含まれていました。しかし日本でも韓国でも人民ということばは、その使用が一部に制限されました。現在は国民もしくは市民ということばが圧倒的に広い範囲で使われています。現在の中国では人民という文字よりは公民という文字が出入国管理所なんかでよく見られますね。それは結局中華人民共和国政府によってその身分が公認された人間という意味でしょう。

では市民が主導するということにはどういう意味があるのでしょうか。国家的「公」が官によって担われ、国民は主にその枠組の外か周辺に置かれた「私」としての位相が認められるだけであると同時に、「私」は基本的に「滅私奉公・破私立公」の「私」と位置付けされたわけですが、それとは別次元の市民的公共性は新たに「活私開公・公私共媒」として再構築される必要がありますし、新しい公共性の主体・当事者・主人公はある程度国家から自立した市民であるということとともに、そのような市民の主導的役割・機能・活動を強調するということであります。

では何らかの制度的な保障が必要ではないかということですが、お上によって創られた制度に従うというよりは、一人ひとりの市民が生活世界の自立と質の向上を目指して制度世界をよりよい方向に変えていくという、市民の自立性・能動性・実行性を明確にするところに公共哲学的発想の原点があるわけです。

二つ目の質問は、公共性とは何か、曖昧なところがあるのでもう少しはっきり説明してほしいということであったと理解しております。それでよろしいでしょうか。

実はですね、公共性とは何かというのはかなり複雑な問題です。それはまず、漢字語としての「公共」と例えば英語の public との関係がきちんと区別・把握されていないということと同時に、漢字語としての「公共」と「公」とのちがいもよく理解されていないからです。現在の状況を申せば、それこそ「ごちゃごちゃ」になっているとしか言い様がありません。勿論、公認された定説というのがあるわけでもありません。ですから、まずわたくしの個人的な見解を一つの問題提起というか議論始動のたたき台として理解して欲しいのです。

それでは英語の public は漢字語の「公」なのかそれとも「公共」なのかという問題から考えてみることにします。一言で申せば英語の public とは「公共」よりは「公」に近い意味をもったことばであると理解できます。「public」も「公」も、①国家・政府に関係する（こと・もの）、②偏りなく公平に共通する（こと・もの）、③みんなに公開された（こと・もの）という意味ではほとんど同じであります。ただちがいと言えばその担い手が public の場合は一般民衆であるのに対して、「公」の場合は天皇・帝王・主君・貴族などであるということです。ですから public と「公」の共通点を強調する考え方とその差異点を重視する考え方とがあるということに注意してほしいのです。

そして漢字語としての「公」と「公共」の関係ですが、最近までの主な傾向は両者を明確に区別せずに適当に混用してきたと言えます。しかしわたくしは中国古典と日本古典におけるそれぞれの使用事例を調べてみてある程度区別して理解し、それぞれをたがいにちがう意味で使う必要があるという立場をとりたいのです。わたくしが調べた限りでは、「公」というのが皇帝・諸侯・王族・権力者もしくはそれらが支配する天下・領域・位相・称号とそれらが表象する権威・価値・威厳という意味をその特徴とするのに対して、「公共」というのは、例えば「天下公共の法・理・道・学など」という使用事例から推測できるように、身分の高低とか支配空間における主従とか権威の有無とかとは別次元のこと・ものとして、どちらかと言いますと、その共有・共感・共認可能性及び妥当性を重視しているように思われるのです。

そこから特に日本の近世近代になりますと、例えば、横井小楠の「天地公共の実理」——朱子学的な「実理」としての公共（性）という理解——から、田中正造の「公共・協力・相愛」——陽明学的「実心」（良知）としての公共（性）という理解——への転換が見られるようになるわけです。

中国でも日本でも「公」の強調に対して「私」の軽視が徹底的でありましたから、成熟した「私」の存在と意味と役割があまりはっきりしないのですが、「公」と「私」の両立と両方の連動進化が民主主義の国家と社会の必要・十分条件であるとすれば、どうしても「公私共媒」・「公私共進」・「公私共熟」をはかる活動・過程・組織・連帯としての「公共」を想定する必要があると思われます。それは基本的に一人ひとりの市民たち＝私人たちが、それぞれの意志・力量・資源を出しあって制度世界と生活世界のあいだから両方の連動変革を目指し、それを可能な限り生活世界の自立とその質の高揚する方向にすすめて行くというのが「公」とはちがう「公共」の内実であるということであります。ですから、「公共」は「公」とは違う独自の作業概念であるということです。

また例えば英語の public は形容詞として使われる場合は、国家・政府関連性という意味も含まれますが、名詞としては圧倒的に一般民衆、もしくは公衆という意味に収斂して使われます。しかし漢字語の「公」及び「公共」は名詞・形容詞・動詞として使われます。しかし特に「公共」は動詞として使われる場合が多いように思われます。わたくし自身はいろんな境遇を考えたうえで公共＝媒介＝

対話・共働・開新であると理解しています。何と何を媒介するのか。まず公と私をそのあいだから共に媒介＝共媒するというのが初期設定になります。そこから多様・多重・多層の共媒が想定できるわけです。

「間」について

黄鸝《アン・リン》　武漢大学哲学学院の研究生です。中国哲学を専攻しております。金泰昌先生はご自身の体験と研究に基づいて「間」の問題を重視していらっしゃるようです。互いに相異なる考え方を持つ人間と人間との「間」に立って両方の媒介をはかる活動を実行していく場合、どのような心構えが必要なのでしょうか。例えば、冷静さとか誠実さとか、より日常的具体性を持ったご説明をお願いします。

金泰昌　黄鸝さん、ありがとう。ちょっと理論的すぎたのかな。もっと現実に根付いた哲学にせよというご指摘ですね。実を言いますと、わたくしの公共哲学的発想の源泉の一つは、韓国近世の大儒学者、霞谷鄭斉斗《ハゴク・チョン・ジェドゥ》（一六四九―一七三六）の「実心」による・に基づいた・を明らかにする「実学」という「実心実学」と、韓国実学の集大成者と言われる茶山丁若鏞《タサン・チョン・ヤクヨン》（一七六二―一八三六）の「民の日用に貢献しない学問は学問ではない」という「実用実学」の基本的な学問観です。ですから、黄さんの「日常的具体性に基づいた説明」という攻め方に感心します。この「間」の問題というのは結局、自己と他者とのあいだの問題です。わたくしは今まで七三年間、世界のいろんなところに行き、そこで研究したり住んだりしながら、多様な自他間の問題状況を生き抜いてきました。今から振り返って考えてみますと、失敗・失望・落胆・挫折が圧倒的に多かったとしか言い様がありませんが、失敗から学んだことが逆に今日の公共哲学的思考と実践の原点であるとも言えます。

まず何よりも出会いを大事に考えることですね。すべての出会いは、内向的に閉鎖された世界のなかから外の世界に実在する他者との共在という現実に目覚めるきっかけになります。わたくし自身は、十八世紀から十九世紀にかけて東アジアに波及してきた世界史的大激変と、それが要請する他者認識を頑なに拒否し、反時代的自己認識にだけ固執し続けた指導者たちと民衆の対外無知が近代韓国の悲劇をもたらしたと思うのです。まさに荀子が「天下之公患」であり「人之大殃大害」であると糾弾した「固陋」の弊害ですね。

出会いは対話の出発点です。対話とは一方的な話しかけではなく、相互の語りあいです。自分の考え方に相手を同化させるのではなく、だからと言って相手の考え方に同調するのでもなく、それぞれの「私」（性→心・欲・益・利など）をたがいに認め・尊重し・改善・向上できるようにするために真心を込めたことばを交わすことであります。真心とは即ち実心です。仮の心・偽りの心・名だけの心ではない誠実の心です。ですからあえて実心対話とも言えるでしょう。

実心対話はたがいのこころの深層で共振・共鳴・共感のはたらきを始動させます。そしてそのはたらきがおもてにあらわれ自己と他者との間をつなぐようになりますと、いろんなかたちの共働をもたらします。わたくしは「協動」という漢字語があまり好きではありません。「協」という字像から何かむきだしの暴力・武力・権力を連想し、それを一つにまとめるということがとても不気味な感じをもたせるのです。「動」には人間味がない。ですから「人」という字を加えて「働」にしたいのです。「共」という漢字は本来神への供え物を両手で支えるという意味です。何事かを自己と他者がともに手をつないでたがいのために誠意を込めて実現するというのが「共働」の実相なのです。ですから実心共働とも言えるでしょう。

ここで誠意を込めた共働の中核になるのは何か。それは「和心」＝やわらぎのこころです。中国古典の『国語』に出てくる「和実生物、同即不継」の「和」の心のはたらきです。やわらぎのちからが間の緊張をほどくのです。適切な緊張緩和は万物生生の善循環を始動させる基点として間を活性化させます。たがいに「強心」・「勝心」・「戦心」だけを固持すれば、「間」が両側の退化・変態・共滅をもたらすだけです。「間」を「同」で一元化するのではなく、「和」をもって「間」から共生・互生・相生の新しい力働が始発するようにするのです。それこそ「和心」という実心の共働であるわけです。実心対話が実心共働につながり、それが実心開新に発展するということです。開新というのは新しい次元・地平・世界が開かれるということです。新しい次元・地平・世界を開くという意味でもあります。「開」が自動詞としても他動詞としても使われるわけです。ですから大事なことは、自己と他者とのあいだに交わされる対話と共働とそこから生じる開新は、どちらか一方による命令・指示・説得による他方の服従・受容・納得ではなく、相互学習・相互理解・相互実践であるということです。

李慧敏《リ・ホイミン》　武漢大学哲学学院博士課程の研究生です。金先生のお話の中でまだわたくし自身がはっきり理解できないことがあります。公共哲学が「間」の哲学であり、「間」を重視するという場合、その

「間」に矛盾・対立・紛争が必ず生じると思うのですが、それにどう対応するのかというのが気になります。黄さんの質問に対する金先生の応答は自他間の関係における肯定的な側面の対応はどうですか。

金泰昌 李慧敏さん、ありがとう。鋭い切り込みですね。隠さずに言ってしまえば、わたくしは、基本的に性善説的楽観主義者です。否定の思想・哲学よりは肯定の思想・哲学のほうに気質が向いているのです。どこまでも相対的な話ですが。かつて日本江戸前期の儒学者、伊藤仁斎（一六二七―一七〇五）が『仁斎日記』に書き残した「程明道と范仲淹は仁を好み、程伊川と朱子は不仁を悪《にく》む」ということばを借りれば、どちらかと言うと程明道と范仲淹の立場に近いのです。

しかし性悪説的悲観主義者の問題意識もきちんと念頭に入れて、現実問題に対応しないと、日常的具体性が欠如した空疎な観念の遊戯になってしまう可能性があります。特に現在の日本では戦争の実体験がない人々が絶対多数を占める中で、例えば対立と葛藤を解消する理論として現象学とゲーム理論の細密な議論が一部の注目を集めています。どちらも純学術的な研究課題としては意味がありますが、どこまでも事後的な事例研究か、それとも意図的に統制された条件に基づいて設定される実験状況のデータ分析とそこから推計された予備的一般化ですから、生きた現実世界における実践促進的で現状変革的なレレバンシーがどれほど高いものなのかというのはよく分りません。ですから理論的で学説引用的な話ではなく、これもまたわたくしの今までの体験学習に基づいて言わざるを得ないのですが、自他間の矛盾・対立・紛争を可能な限り最後の最後まで対話・共働・開新の相互補完的な力働を通して解消・緩和・調整するための最善の工夫をし、資源と知恵を動員し、希望と勇気を持ちつづけることが重要ではないかと思います。しかしそれがうまくいかなくて、結局戦争になって、とてつもない悲劇を繰り返しているのが、今までの人間のどうしようもない運命・業報・罪過なのかなという根源的悲観論も出てくるわけです。

ただわたくしがここで言っておきたいことは、人間的・社会的矛盾・対立・紛争を戦争とか革命を通して解決できたという成功事例はほとんどなかったということです。見方はいろいろあるでしょうが、わたくしはそう思います。

「知」の捉え方

趙立《ヅァオ・リ》　武漢大学哲学学院修士課程の研究生です。公共哲学が「間」と「和」の哲学であるという金先生のお話はある程度理解できました。しかし「間」と「和」を重視するというのであれば、東西両洋の文明・文化的差異・矛盾・対立の内実をしっかり見つめることが東アジアで公共哲学を共に考える対話の出発点になると思うのです。そのような意味で例えば西洋思想と東洋思想——哲学と言ってもいいでしょうが——の根本的なちがいは何であれ、それをどのように理解すればよろしいでしょうか。

金泰昌　趙立さん、ありがとう。趙立さんの問題提起は、それだけでもきちんと議論しようとすれば、何日もかかりますね。いろんな問題が複雑に絡んでいますから。しかし今ここで、わたくしの考えるちがいの一つは「知」の捉え方ではないかと思います。西洋における「知」の捉え方の主流は「主客対立」という前提から（知の）主体が（知の）客体（対象）を認知（把握・回収・同化）するというところにあると考えられます。そして東洋と言っても、例えば中国と日本とはちがいますね。日本では「主客一体」という前提から、（知の）主体と（知の）客体が「合一未分」・「不二即一」・「不離融合」の状態に到達するところに知が成立すると考えているようです。中国の場合は「主客一体」と「主客相関」という両方の捉え方が並存しているようです。例えば、陽明学は基本的に前者であり、朱子学は後者ではないかと考えられます。「主客相関」というのは主客が対立していると同時に、その対立を何とか関係付ける多様・多元・多層のはたらきを重視するということです。そして、そのようなはたらきを学得・修得・体得するのが知であるという考え方です。「主客一体」は基本的に「間」という問題意識をできるだけ排除しますね。「主客対立」は「間」という問題を制圧・除去・否定します。「主客相関」はまさに「間」からの発想です。韓国における「知」の捉え方にも両方があるわけですが、少なくともわたくしの場合は「主客相関」的な知の捉え方を基本にしています。

わたくしは若い時、長期間多様な西洋学習と西洋体験を繰り返しました。そしてある程度主客対立的な知による教育も受けましたので、部分的にはそれが身体化されているのではないかと思われます。しかし五〇歳をすぎてから、日本に住みながら日本人とともに哲学対話を続けるなかで実感したのは、大多数の日本人の知の特徴が「内向思考」「未分一体」「他者不在」「公尊私卑」の方向に傾斜しているということです。すべてを内面化するという思考と実践の傾向が目立ちますね。

「知」の捉え方がちがうということと、基本的な考え方や行動様式のちがいが相互関連しているように思われます。例えば西洋人の基本的な考え方や行動様式は基本的に他者征服的ですね。征服して同化するか、抹殺あるいは排除します。一応、他者の存在自体は認識します。ですから自他対立という状況確認が成立するわけです。主客対立という知のありかたが出てくると同時に、主体による客体の支配・制圧・差別という考え方と行動様式に発展するのではないのかというのがわたくしの推論です。しかし、「主客一体」的な知を前提にした日本人の基本的な考え方や行動様式には、その一体未分のなかに回収・同化されない存在としての他者の居場所がないのです。その存在自体を認めようとしないのです。日本では違うというのはよくないことです。それぞれが相異なるということは「ねじれ」であり、「好ましくないこと」であり、「やばいこと」であります。みんなが同じで一つになることがよいことであり、望ましいことですね。

ですから、例えば「和」というのを考える場合、日本ではほとんど「同」と同じ意味で理解されています。異を唱えると、「和を壊す」と言って嫌われるわけです。「和」を「自他一体」・「自他合一」・「自他未分」を前提にして唱える限り「和而不同、同而不和」の実相（本当のかたちすがた）は分らないのではないかと思われます。「和」は基本的に「自他相関」という前提から、その相関の実相としての相克・相生を、その間から媒介するはたらき――それをわたくしは「相和」・「間和」・「互和」と称します――として捉えることによってはじめてその力働《はたらき》が理解できるというのが、わたくしの考え方です。西洋人の「自他対立」という知の捉え方に基づいた他者制圧的な考え方や行動様式からは、「和」は実力をもって対立を除去するという意味の平和でしか把握できないのです。「和」は圧倒的な物力（勢力や金力）をもって、対立を抑えるのではなく、たがいに張り合っている「自他相関」の凝《こ》りをやわらぎのはたらきによって解くのであります。押さえ込むのではなく、宥《なだ》めるのであります。相手に勝つために自分を強めるのではなく、たがいの強気・勝気・殺気への執着から解放させ、自由にさせることなのです。「間和」とか「和間」は「強気」・「勝気」・「戦気」による征服・同化ではなく、好い加減な同調でもなく「和気」・「柔気」・「軟気」による精神的肉体的束縛からの解除なのです。

張睿明《チャン・ルイミン》　武漢大学哲学学院修士課程の研究生です。「公」と「公共」をそれぞれ区別して理解する必要性はある程度分りましたが、例えば外国人に説明する場合、英語であればどう表現すればよろしいでしょうか。

金泰昌　張睿明さん、ありがとう。張睿明さんの質問には、国際感覚が感じられますね。これも重要な問題です。今までは専ら西洋から一方的に輸入・模倣した学問でしたから、西洋の概念語を中国語・日本語・韓国語などに翻訳してきましたし、西洋化・近代化が一番早かった日本で主に漢字を使って訳語を当てて対応したので、その大部分は中国でも日本でも韓国でもそのままもしくは若干修正して使っています。「哲学」という用語も日本の幕末維新期の啓蒙思想家、西周《にしあまね》（一八二九―九七）によって創られたものですが、現在漢字共用圏では、ほとんどそのまま使われています。

しかし東アジアの思想資源を開新的に活用することによって新しい時代に相応しい新しい哲学とし

ての公共哲学を共働構築するという研究活動の立場から考えてみますと、その主要概念語は今までの傾向とはちがって、例えば英語でどう表現するかという新たな問題が発生するのが当然の成り行きであります。publicをどう翻訳するかではなく、「公」と「公共」のちがいを英語でどう表すかという問題です。

わたくしの個人的な意見を申せば、「公」はstate-centric publicnessとかgovernmental publicnessもしくはofficial-bureaucratic publicness、そして「公共」はcitizen-centric publicnessとかcommon-mediating publicness、もしくはたがいに和するという意味を強調してmutually softening publicnessと表現すればどうかなと思います。政治体制としての共和制の「共和」は、そのはたらきとして捉え直しますと「相和」・「間和」・「互和」に他ならないのです。また英語圏の一部では最近public-commonということばを使っています。従来のpublicとかcommonだけでは何だか足りないところが感じられたのかも知れません。

普遍性、多元指向性、横断媒介性

劉《リュウ》 超群《チャオチュイン》　武漢大学都市設計学院二〇〇三年度入学年企画専修本科生です。「同」と「和」の関係についての質問です。従来の哲学は「同」の哲学であり、公共哲学は「和」の哲学であり、その基本は「和而不同」という考え方であると伺いました。しかし現今の世界と中国の現実を見ますとまさに不和の状態です。一元同質化という意味合いが強い「普遍性」を強調した近代思想・哲学と公共哲学はこの問題状況に対する考え方というう側面でどのようにちがうのでしょうか。

金泰昌　劉超群さん、ありがとう。劉超群さんのご質問は根本にかかわる問題です。すごい問題提起です。わたくしの考えていることを次のように要約しておきます。

簡単に言えば『論語』の「和而不同、同而不和」の後半部が現今の状況を明示しているわけです。「同」を強調しすぎると逆に不和をもたらすということです。

従来の哲学、哲学だけでなく学問は、一言で言うならば普遍性を求めました。普遍性ということばは本来universalityの翻訳語です。そしてuniversalityということばは、uni（単一）＋vers（向かう）＋ality（抽象名詞を作る語尾）の合成語ですから、本来の意味からすれば「向一性」「すべてを一つの原理で説明できる」もしくは「すべては結局一つに帰着する」という考え方です。唯一神論的な思考様式です。そこから他者征服的な行動様式が出てくる素地があります。西洋の近代哲学が普遍性を過剰に強調したというのが、現在の反省もしくは批判の基本になっているわけです。

そのような普遍性の思想・哲学に反発する動向のなかから、多様性・多元性・差異性・独自性などを重視する思想・哲学が登場しました。それぞれの特徴をあらわすキーワードをわたくしは一応“multiversality”ということばでくくればどうかと思うのです。multi（多）＋vers（向かう）＋alityの合成語です。「多元指向性」と言いますか、「すべては多様で多元で相異なり、それぞれの独自性や個別性が尊重されるべきである」という考え方です。一般的に「反近代」・「脱近代」・「近代後期」＝ポストモダンの思想・哲学と言われているわけです。

このような思想・哲学における分裂・対立は、主に西洋における近代思想・哲学と脱近代思想・哲学との間の問題です。まさに典型的に西洋的自他対立の知的状況です。「単一」とは「多」と「異」を「同」のなかに回収しようとするはたらきを内包しています。ですから西洋では「同」(内向的同質化)と「他」(不同・離脱・差異化)の問題が最大の問題になっています。征服か従属かの二者択一の選択が要請されています。同一律と矛盾律論理*しかありませんから。

しかし、東アジアの伝統思想――特に中国思想と韓国思想――の脈略のなかでは、長期間「同」と「和」との「間」の問題として思考・探索・議論されました。「同」は基本的に同一律もしくは矛盾律的な考え方です。しかし「和」は同一律と矛盾律の間――対立・葛藤・紛争――をやわらげ・なごませ・しずめることによって、むすび・つなぎ・いかすという発想・作動・過程なのです。共活・共立・共福を目指すはたらきです。ですから「和」――特に「相和」と捉え直す――というのは二者共立を可能にする共媒律という新しい論理にもなるわけです。同一律と矛盾律の中間を排除せず、それを包容する論理という意味で包中律という用語を提案する人もいらっしゃいます。しかし、わたくしの個人的な意見を申せば「中間」を包容するのではなく、その間から両方を共に媒介する論理ですから、共媒律と言う方がより明確ではないかと思われます。

それでは、「間」と「和」の公共哲学は何を目指すのか。それは「幸福共創」――共に幸せになること＝共福実現――を目指すのです。「和」、特に「相和」は、世界を普遍一元化するのでもなく、だからと言って多元差異化するのでもなく、多様・多元・多重の差異性・独自性・個別性を「間」の問題として捉え直し、たがいにそれぞれが設定する境界・領域・区分けを横断媒介する可能性を共に探るという柔かい力働です。わたくしはそれを transversality ということばであらわすのがよいのではないかと思うのです。trans（横断）+vers（向かう）+ality の合成語です。一言で横断媒介性ということです。そして、『論語』の「和而不同」とか『国語』の「和実生物、同即不継」という命題は、「和」の横断媒介的な力働として解読するのです。「間」を「同」で一体化するのではなく、「和」をもって「多」と「異」を活かすのです。そこに「間」と「和」の実心実学としての公共哲学の特徴があるわけです。

それでは「間」と「和」の実心実学としての公共哲学は何を目指すのか。それは「幸福共創」の世界を構築することです。それは近世日本の思想家、新井《あらい》奥邃《おうすい》（一八四六―一九二二）の「公快共楽の栄郷」の構想とも似たものです。一人ひとりの幸福――私福――の実現を活かしあうことがたがいの幸福――共福――を共に築くことにつながり、そこからみんな（国家・世界・全体）の幸福――公福――をはからうことにもなると思うのです。今までの哲学は私福の哲学と公福の哲学でありました。例えばアメリカやヨーロッパでは「主観的幸福論」（Subjective Well-Being: SWB）の研究がさかんです。またブータン王国では国家政策の基本を「国民総生産量」（Gross National Product: GNP）では

---

* 「同一律」は同一原理ともいい、思考過程において同一の意味を保持しなければならないということ。「矛盾律」は矛盾原理ともいい、思考過程において、同一であると同時に相異であるというのは成立しないということ。同一律の反面。

なく、「国家総幸福量」（Gross National Happiness：GNH）にしています。それなりの哲学ですね。公共哲学は私福・共福・公福を相互関連的になしとげるということです。そのためには私福と公福を多次元的にむすび・つなぎ・いかすことが最重要課題であるということです。

（初出　『公共的良識人』二〇〇七年十月一日号）

【語りあい その2】

1 知識人の位相・役割・責任・活動

日中社会学者との語りあい

日時 二〇〇六年二月九日
場所 京都フォーラム大阪オフィス内会議室
通訳 朱安新《ズ・ヴァンシン》（名古屋大学共同研究員）

二〇〇五年十一月五日と六日の二日間、第六四回公共哲学京都フォーラムin名古屋大学会議を開催した。その主催者・西原和久名古屋大学大学院環境学研究科社会学講座教授の要請により、ちょうど日本訪問中であった南京大学社会学部の周暁虹《ズウン・ヤオホン》学部長をはじめとする成伯清《チェン・ボチン》、王奕紅《ワ・インホン》、呂斌《ルウ・ビン》諸氏及び宇都宮京子東洋大学社会学部教授との哲学対話をなすことになった。そしてこの会議の前後に中国社会科学院、上海社会科学院、華東師範大学、南京大学、北京大学、北京外国語大学、首都師範大学などで公共哲学対話集会が開催され、日中韓のいろんな問題が公共哲学との関連で語りあいのテーマになった。

はじめに

金泰昌 本日は、中国の南京大学から四人の先生をお迎えし、名古屋大学の西原和久先生と東洋大学の宇都宮京子先生と一緒に、公共哲学と社会学の接点を探ると同時に中国と日本との学術的な対話をかわすことになりましたことは、何よりも大きな喜びであります。では、はじめに、参加者の自己紹介を行いましょう。まず西原先生からお願いします。

西原和久 私の専門は、間主観性論を中心とする現象学的社会学ですが、大きくいえば社会学理論を柱とする社会理論です。哲学的なものも念頭に置いて社会学するということをしています。数年前から東アジアに関心をもっていろいろ考えているうちに、「公共哲学」を展開なさっている金泰昌先生と知り合いました。この問題を一つの核として、今後の共働可能性を考えてみたいと思っています。

呂斌《ルウ・ビン》 今私は南京大学の外国語学院・日本語学部で講師をしていますが、同時に成伯清《チェン・ボチン》先生の下で社会学のドクターコースでも勉強しています。博士論文は日中の現代文化比較についてです。

王奕紅《ワ・インホン》 私も南京大学の外国語学院の日本語学部で副教授をしていますが、同時に社会学部の博士課程でも勉強しており、半年過ぎました。指導教官は成伯清先生です。今、社会学についての基礎概念を検討しています。文化や社会について深く勉強してみたいと思っています。

朱安新《ズ・ヴァンシン》　私は中国人民大学を出て、北京外国語大学日本学研究センターで大学院修士課程を終え、次いで名古屋大学の大学院博士課程を修了し、現在、研究員をしながら博士論文を執筆中です。専攻は都市社会学で、北京の「社区」*（コミュニティ）を研究し、下からの公共性の可能性を探っています。

蔡　龍　日《ツァイ・ルゥンリィー》　私は一九八九年に日本に参りました。七年間の留学生活を経て、一九九六年に卒業しました。四年間実務体系を学び、二〇〇〇年にフェリシモの方々のご支援をいただいて、株式会社世代継承活学社を創らせていただきました。主に日本に来ている中国人留学生たちの留学環境が少しでも改善されるようにと願って努力しています。

せっかく日本に来ている留学生たちです。「日本に来てよかった」という、よい思い出を持って中国に帰られて、これからもずっと日本とよい関係をつくっていかれますように。そういう思いをもって今の会社が出来上がりました。なかなか難しいところもありますが、矢崎勝彦株式会社フェリシモ代表取締役会長と、金泰昌先生をはじめいろんな方から実践的なことを勉強させていただきながら、少しずつ形をつくっています。「留学生によい留学循環システム」をキーワードにしています。

＊　中国における行政の最小単位である「街道弁事処」と都市の自治組織である住民委員会がもとになって、様々な住民サービスを提供する共同体組織。近年、その役割が高まっており、提供されるサービスは文化、スポーツ活動の組織、社会治安、環境衛生の整備強化など多岐にわたるという。政府も二〇〇〇年に、「社区」を「一定地域の範囲内に住む人々によって構成される社会生活の共同体」と定義して、社区の建設を支援しているという（『人民中国』二〇〇二年十月号特集記事を参照）。

金泰昌　蔡龍日さんはわたくしと一緒に日本と中国と韓国が共に幸福を実現するための公共哲学を中国で語りつづけてきた同志です。彼がいなければわたくしの公共哲学を公共する中国への旅は到底成り立ちません。貴重な宝です。

宇都宮京子　私はお茶の水女子大学の文教育学部哲学科の出身です。もともとは哲学畑の人間ですが、卒業論文がマックス・ウェーバーだった関係で、いつの間にか社会学部の教員になりました。哲学的な発想をするものですから、自分がやっている授業も社会学というよりも社会哲学なのではないか。そういう意味では「公共哲学」という言葉にはむしろ共感を覚えており、嬉しく思っています。

京都フォーラムの金泰昌先生にお会いできたのは、昨年十一月五日、六日に「京都フォーラムin名古屋大学会議」が開催されたときに、西原先生に声をかけていただいたのがきっかけです。その時に、「ああこういう動き、努力がずっと積み重ねられてきたか」と非常に感激しました。

成伯清《チェン・ポチン》　私の研究分野はヨーロッパの社会学です。私が日頃読んでいる本には二つのジャンルがあります。一つは欧米系の社会学、もう一つは中国の社会学の古典です。外国の研究著書を読んで中国の古典をどう読み直すかということに、一つの問題関心をもっています。いただいた京都フォーラムの資料の中に、金泰昌先生の中国の「公共」に関する論述がありました。それを読んでびっくりすると同時に反省しております。

なぜ中国人でないはずの金先生の、中国古典に対する読みがこんなにも深いのか。アメリカでも現在、「パブリック・フィロソフィー」に関する議論があって、社会学の中で大きな議論を呼び起こしています。その部分の具体的な話は後ほどさせていただきます。

現在の社会のあり方のほとんどは十九世紀と二十世紀の世紀の変わり目に生まれてきた知識体系ですが、さらに新しい世紀の変わり目に当たる現在はより「新しい理論」が必要ではないかと考えています。

周暁虹《ズウン・ヤオホン》　今回、大阪に来て京都フォーラムに参加することができ、とても嬉しく思っています。このあいだ西原先生経由で金泰昌先生から頂いた「公共性」とか「公共時空」についての資料をもとに、中国でも議論が始まっています。中国は今大きな変化を経験しています。その一つは「経済」面の変化です。しかし、今我々が次第に気付きはじめていることは、「社会」も一つの特殊な力として登場してくるのではないかということです。

一九七八年までの中国は、ある意味では「国家」によって統制されていました。そこでは「社会」ということは考えようもなく、ましてや「公共領域」というような議論は論じようもなかったわけです。このように、今の中国は変化を経験している最中です。

私の考えでは、中国と韓国とは似ている部分が少なくとも二つはあるのではないかと思っています。似た伝統を持っているのではないかというのが一つです。二つ目は、日本も含めた三つの国は、近代化のプロセスを辿っている。その意味で似ているのではないかと感じています。特に近代化のプロセスについては、今まさに研究者の興味関心を呼び起こしているところだと考えています。

そして私の個人的な問題関心は三つあります。一つは社会心理学という学問分野です。二つ目は社会理論。三つ目は中国研究ですが、特に社会理論と中国研究については私の所見を述べさせていただければと思います。

今回たまたま蔡龍日さんにお会いできたのですが、偶然に同じ故郷です。ちなみに成伯清先生は杭州生まれの杭州育ちで、父系の先祖は多分、黒龍江だと思います。私は、蔡龍日さんと金泰昌先生とは似ている部分が二つあるのではないかと考えています。一つは、日本で生活しておられることです。単に日本で生きているというのではなくて、積極的に日本の公共的な生活にコミットされています。そういう意味で、金泰昌先生も蔡龍日さんも「お客さん」として日本に居住しているだけではない。お二人は「日本」を「余所者」とは見なしていないのではないかと考えます。もう一つは、中国・日本・韓国の三つの国に「共福」を実現させようとしておられることです。

確かにこれまでの歴史では、中国から日本、韓国へと影響を与えてきました。しかし、現在は近代化という過程の中では、日本と韓国は中国より先に進んでいます。そういう部分では、中国は逆に影響を受けていくだろうと考えています。

最後に一つお願いですが、「京都フォーラム」という知識体系を、例えば中国の南京でも分けていただけませんでしょうか。将来もしも可能であれば、「京都フォーラム・イン・南京」ということも考慮していただければ幸いです。それは京都フォーラムの理念や思想が中国に影響を与えるだけでなく、何よりも中国の南京の研究者たちが恩恵を受けるだろうと考えています。

金泰昌　公共哲学共働研究所長の金泰昌でございます。今回の座談会を通して、特に日本と中国における公共哲学と社会学との接点をどのあたりからさぐるのがよいのか、具体的な共通議題としてはどういうものがあるのかなどを考えてみたいと思うのです。西原先生は最近、南京大学においでになったと聞いています。そこで先生が体験して感じられたことからお話いただけますか。

中国と日本の学生

西原和久　私は南京大学で集中講義を二週間ほどさせていただきました。南京、中国での経験を名古屋大学の授業の中でもいろいろ話したことがありますが、ここでは二点に絞ってお話したいと思います。一点目は一般的な話です。日本では現在、テレビで「公共広告機構」というところが「公共性」とか「マナー」ということを盛んに流しています。例えば他人に迷惑をかけないとか、たばこの吸い殻を捨てない。そういう「公共マナー」とか「公共道徳」という形で「公共」という言葉が、現代日本で通用している側面が一つあります。

上海から南京に行く電車の中で字幕テロップ状の車内案内を見ました。それは「列車の中では痰や唾を吐かないこと。それが文明化や文明人であるために必要なことだ」という趣旨の文章でした。その時私は、「公共心」「公共道徳」「文明人」「文明化」とはどういうことなのかなと思いました。私たちは「公共」ということについて、ある程度定義をきちんとする必要があると思います。

エリアスという社会学者は、「西洋近代では、痰とか唾を外に吐かずに飲み込んでしまうことが文明化の過程であると考えられた。それと同じように、自分の感情や思いを表に出さずに内に秘めていくことが近代の自己形成、自我形成につながっている。そしてそれが〝閉ざされた人間〟という近代的な人間像になった」という趣旨のことを著書に書いています。いきなり話が大きくなりましたが、そういう問題と合わせて、近代化とか文明化とは何だろうと考えさせられました。

もう一つは大学の中での授業の話です。南京大学での集中講義の二週間、現象学的社会学と社会理論について話させていただきました。実は日本では、こういう話はとても嫌われる時代環境にあります。南京大学では大学二年生が半分と大学院生以上の方で三〇名あまりが授業を聴いてくれたのですが、基本的な知識は皆さんすでにしっかり勉強していて、学説史全般やマックス・ウェーバーとかジンメル(一八五八―一九一八)といった人の名前もある程度知っている。私はその先の話をすればよかったので、非常に楽しく教えることができました。

しかし、日本では今、「哲学とか現象学とは一体何ですか」とか、「そんなことをやって何の役に立つのですか」というのがすぐに反応として出てきます。むしろ、なるべく学生の気をひいて、やさしく楽しく面白く教えるためにはどうしたらいいのかが、いろいろな意味で我々に迫られています。「学問」とか「学ぶ」ということがどういうことなのか。「公共性」の問題に限らず、とりわけ「哲学」とか「理論」ということがどういう意味・役割を持ちうるのかというようなことを、授業を通して少し考えさせられました。私自身は、無理に上から覚えさせればいいと考えているわけではありませんが、興味を引き出すためにはある程度の基礎知識は必要で、その点になかなか難しいところがある。その折り合いをどうつけるかを、実際に教える中で探っています。

そういう社会学理論や理論社会学の歴史は多分、周暁虹先生や成伯清先生の方針によって、その学科できちんと体系的に学んでいて、その成果が出ているのだろうと思います。しかし今の日本は、どうすれば実証的、客観的なデータが取れるのか、科学主義的に数字を使って実証する、という考え方が強すぎて「哲学」が忘れられています。

それに対して、中国の学生は外国から積極的に学ぼうという姿勢があります。そこは日本と随分と温度差があると感じています。

金泰昌　只今西原先生から、中国で受けた印象についてお話がありました。では中国から日本に来られた周暁虹先生と成伯清先生はどのようなことを感じられたのかをお話いただけますか。

成伯清　西原先生のお話を聞いて、なるほどと納得しました。それには一つのわけがあります。西原先生の授業がなぜこんなに人気があったのか。実は先生の授業を聴講した学生は、西原先生の授業をとる前に理論的な勉強が一段落したばかりだったのです。その延長線上だったのですんなりと受け入れられたということがあるかもしれません。ではほかの学生はどうなのかと考えると、楽観できないところはまだまだあります。

中国ではまだ大学に進む割合がとても低いのです。少数の人しか大学には進みません。まして、南京大学のような中国でトップクラスの大学に来られる学生はごく少数です。我々は教育方針として、大学は「教育の機構」であると同時に「学生たちに公共責任を分からせる場」でもあると考えています。そういう意味で、我々は学生に知識を伝達するだけではなくて、思想の面でも勉強を深めてほしいと考えています。我々の授業ではそういう考え方も貫いています。さらに一点付け加えれば、中国のインテリの文化的伝統に、「天下を憂慮する」ということがあります。そのことが、うちの学生の考え方につながっている面はあるかもしれません。

このような状況が将来どうなっていくのか、その行方の問題は楽観できないのではないかとわたくしは考えています。むしろ、西原先生が言われた日本のあり方に近づいていくのではないかと心配しています。

中国の「知識人」

金泰昌　わたくしが質問したのは、日本の状況はまさに西原先生がおっしゃった通りだけれども、中国も恐らくそっちの方に変わりつつあるのではないかということが気になったからなのです。

ここで一つ、お聴きしたいのは、中国社会における「知識人」に関する社会的認識とか議論の現状はどうなのかということです。わたくしが日本に来て驚いたことの一つは、日本におけるかなり根強い反知識人的社会風土です。韓国では「知識人」と「知性人」を区別して知識人の評価はやや低い。そして「知性人」こそ良心と責任とコミットメントが明確な人間として高い社会的尊敬を受ける。日本では「知性人」という概念がないようです。そして知識人というのは自称的にも他称的にもあまり言及されない。わたくしの個人的な意見ではありますが、社会学的問題であると同時に公共哲学的問題でもあるという意味における共通関心事の一例として、社会における知識人の（公共的）位相と責任は一緒に議論してみる価値が十分あると思うのです。

成伯清　中国の知識人の一番の理想像は、むしろフランスの知識人です。フランスの知識人たちが出す声は、力強く伝わるルートがあります。わたくしの理解では、中国にはこれまで「道統」と「政統」という二つの言葉がありました。道によって統一することと、政治・政権によって統一すること。知識人は道統に関わり、権力者は政統に関わるわけです。

これまでは道統が知識人のある種、伝統であった。では現状はどうなっているのか。わたくしの考え方では、知識人は民衆から遠くなっているのではないかと思えます。その理由は二つあります。一つ目は、知識人が自分たちの問題ですら解決できていないということ。二つ目の理由は、知識人たちに用意される空間がとても少なく限られていることです。

例えば、ある時期に「公共知識分子」、日本語でいう「公共的知識人」という言葉が提唱されていたのですが、あっと言う間に否定されてしまったのです。なぜ否定されたかというと、このような概念を用いるのは、知識人と共産党との関係を悪くするためではないかと指摘されたからです。この二つの理由で、知識人が民衆から遠くなっているのではないかとわたくしは考えています。

ところで、周暁虹先生は中国でとても有名な知識人です。周暁虹先生こそ、このような実感をいろいろと持っておられるでしょう。

周暁虹　だいたい成伯清さんの発言通りだと思います。一点だけ補足しておきたい。それは、おおむね中国の知識人は「自分」に対して、期待というか、いろんな思いを籠めているということです。

「天下の興亡は、知識人の誰にも責任がある」という古い諺がありますが、私の考え方では、これはひょっとすると知識人が言い出したのではないかと思います。なぜかと言うと、普通の人々が天下がどうのこうのということを「自分」に結びつけることはほとんどないだろう、と考えるからです。

具体的に例をあげます。一九三七年に、日本が中国への侵略を始めました。日本でいう、いわゆる日華事変です。そのとき、中国の東部から西部へ、二千万人の人口が移動したと言われています。知識人がその中に占めた割合は、わりと大きかったのではないかと思います。事後の統計によれば、中国の中級レベルの知識人の五〇%が、東から西へ逃げていった。知識人の中の高級知識人の場合は、九〇%以上が西へと逃げ込んでいったというデータがあります。だからこそ、普通の農民よりは知識人のほうが国家に対する責任感が大きいのではないかと私は思います。

金泰昌　逃げた知識人の方が責任感が大きい？

周暁虹　逃げ込むというより、東から西へ移動したという意味です。その裏にある事実としては、中国の中央政権が東から西へ移動したということがあります。東にそのまま残っていれば、中国全土が敵の支配下になり、全人民は敵の下での生活を余儀なくされるということがせまっていました。

金泰昌　中央政権が移ったがゆえに、その中央政府と運命を共にするために一緒に移ったという意味ですね。「逃げた」というのではなくて……。

周暁虹　その通りです。中国の伝統では、「天下や道義への責任感が強い」という知識人像が出来ていますが、その理由は二つあると私は思っています。一つは、あくまでも儒教的な伝統があると思います。二つ目は、官僚を採用する制度として科挙制度が清代まで確立していたということがあるのではないかと思います。なぜかというと、科挙制度の下で真面目に勉強すれば、いずれ自分は国家のために貢献できることになる。いわば国家の官僚になることにつながる。そういう暗黙の前提、認識が知識人たちに共有されていたわけです。一言で言うと、知識人はすなわち潜在的な国家官僚である。その国家官僚に対しては、ある意味で「国家に対する責任感」というものが求められている。こういうつながりで、知識人は国家に対して強い責任感をもつ、という現実ができているのではないかと思います。

私は「公共」と「公」という言葉を分けて考えなければならないと思っています。もちろん「公共」という言葉について我々は議論をしなければなりませんが、少なくとも中国の知識人の場合は、「公」に対する忠誠心とか責任感があったと考えられます。

私の考えでは、この伝統的な「公」からすると、一九四九年からの中国は知識人にとって特殊な時代ではないか。その時代の知識人は、最初はとても甘かったのではないかと思うのです。その時の中国はまさに共産党が「新中国」という言葉で提示したように、新しい中国が生まれたのです。そこで、欧米に留学していたインテリたちが先を争って中国に戻ってきます。やっと国家に貢献できる日がやってきたと喜び勇んで帰ってきたのです。しかし、事実は違いました。国家が権力を独占することによって社会主義路線を打ち出します。例えば、ソ連モデルを採用して国家づくりを進めました。これも「権力独占」ということが前提になっているからこそ実現されたわけです。

一九五七年に右派打倒という運動がありましたが、* そのような意味で私は、右派として追放された知識人こそが公共的知識人と呼べるのではないのかと思います。

一つの事例を挙げます。当時の北京大学の教授に梁漱冥《リャン・シュミン》（一八九三―一九八八）という農村社会学者がいました。彼は毛沢東を相手に、中国の工業化のあり方について進言しました。すなわち、中国の工業化過程では農産物の値段をとても低く設定して、都市で生産している工業製品の方の値段はとても高く設定した。だから、中国の工業化は結果として農業に対する略奪、搾取によって成りたっていたのです。このような農業の作物と工業製品との価格の違いのことを、中国では「ハサミ」差と呼びました。つまり、値段の差が開くと農業と工業の格差が広がることをハサミに喩えて表現したのですが、梁教授の言い方によれば、中国の共産党革命はまさに農業地域を頼りにして成功したわけであって、都市が農村を搾取するという中国の工業化の問題は今もあるのではないかと指摘したわけです。毛沢東は、あたかも梁教授をからかうかのように、「農民たちの収入は確かに少ない。では、あなたが自分の給料を彼らにあげてはどうですか」と言ったのです。実は、毛沢東のこの言葉の裏側には、一つの根本的な考え方が潜んでいると私は思います。つまり、毛沢東は、自分と共産党のほかに、農民階級・農民集団を代弁する力、すなわち公共領域の人たちに登場してほしくなかったわけです。完璧なプロレタリア政権と言われた当時の政権に対して、知識人は何も物を言えない、また何も言いたくない状況であった。そういう意味で、知識人の声が失われてしまいました。

しかし、一九七七年から八九年までは知識人がまた活躍するようになった時代だと思います。そして、一連の知識人の活動が八九年の天安門事件につながったと私は考えています。それ以降、知識人は再び声を失っていくことになります。その原因として、二つのことが考えられます。一つは、共産党や国家が高圧政策をとったことです。もう一つは、経済的な手段によって知識人の進む方向が影響されてしまったのではないかと一般的に考えられています。でも、私は実はもう一点が見落とされているのではないかと思うのです。それは「教育の大衆化」です。

「教育の大衆化」という趨勢の中で、知識人たちが知識人というカテゴリーの中での自分の地位が相対的に弱まっていくのは必然ではないかと私は思います。私の体験を申し上げます。中国では一九七七年頃に大学の受験が行われるようになります。その時一〇〇〇万人の大学入学希望者がいましたが、入学できる枠は二二万人しかありませんでした。その後六万人増えたけれど、入学できる割合はそれでも一〇〇〇分の二八です。当初は五〇人に一人しか大学に進むことができなかった。

しかし現在は、大学生の枠が毎年五〇〇万人ずつ増えており、「教育の大衆化」によって政治的な知識人の脱政治化が行われているのです。それで、公共的な領域に対する責任感が弱くなってくるだろうと思います。

更に、先ほど私は「経済的な手段」という言葉を使いましたが、一九九〇年代以降の中国では、旧

＊　一九五六年に毛沢東は中国共産党への批判を歓迎する「百花斉放百家争鳴」を提唱したが、翌五七年、批判の激化に対して右派の摘発を指示。「反右派闘争」と呼ばれ、五〇万以上もの知識人が摘発されたという。

来の経済の代わりに市場経済が導入されるようになります。そのような経済手段の変化という大きな波の中で、知識人たちは方向を見失ったということも考えられると思います。成伯清先生の先ほどの話の中にも出ていましたが、知識人の一つの傾向として以上のことが言えるのではないかと考えています。

金泰昌　ありがとうございます。成伯清先生のお話の中に知識人という言葉が出て、何だか懐かしいものを感じました。韓国でも一時期ロシアの近代化における知識人（インテリゲンチアという名称が使われました）の歴史的役割が大きな話題になりました。例えば、ツルゲーネフの『父と子』という小説なんかがよく読まれました。わたくし自身も一種の憧憬を持っていましたから。また、二〇〇二年十二月に上海の華東師範大学で「公共性と知識人」という問題を語りあう国際学術会議が開催され、そこで発表された論文の中から選別・編集された『公共性与公共知識分子』（江蘇人民出版社、二〇〇三）という書籍が許紀霖《シュウ・チーリン》教授によって出版されました。それがきっかけになったのかどうか分りませんが、中国で発行されているある刊行物に「現代中国における公共知識分子」の名簿が掲載されたそうです。そこにわたくしの友達の名前も何人か入っているということでした。中国でもようやくこういうことが芽生えたかなと思いきや、その後インターネットなどでものすごく攻撃がなされ、結局その後「公共知識分子」という名前・概念が行方不明になってしまったということがあります。その後どうなったのか分かりません。

周暁虹　「公共知識分子」という言葉遣いとか、そういう概念の行方が不明になっていったということとについては多分、先ほどの成伯清先生のお話の中でもふれられていましたが、一言で言うと、党と国家がそれ以外の声を聞きたくないという現状がまずあるわけです。今、金泰昌先生がおっしゃった華東師範大学の許先生の本よりも以前に、私の知っている限りでは「公共」というタイトルが付いた刊行物が何種類かあったと思います。大体一九九八、九九年頃です。

党と国家がそれ以外の声を聞きたくないにもかかわらず、「公共性」に関する文書や出版物があることからみると、多分、新聞や放送のようなマスコミよりも本の出版の方がある程度融通が許されてきたのではないか。私が書いているものの中で引用している文書に、そういう「声」があります。例えばアメリカにいる中国研究学者の黄宗知《ファン・ツォンチ》は、「公共的」という言い方を切り口として中国の改善をはかるとすれば、権力が一度内部から崩れなければならない、という言い方をしています。そういう書き方が許されたりする場面があるのですね。中国での事例としては、これは少数派ですけれども、『南方週末』という新聞があります。

金泰昌　そう、『南方週末』です。

周暁虹　中国では、この新聞が知識人の声を伝える媒体としてはわりと有名です。先ほど金泰昌先生がおっしゃられた話ですが、「公共知識分子」という議論が行方不明になってしまったのは、ひょっとするとこのような議論が逆鱗に触れたということがあって、だんだん消えていったのではないかと思います。もっともこれは国家や党が関係しているという話ではなく、あくまで社会の力ではないかと思います。というのは、今中国でとても分かりにくいことが起きているのです。誰か一番目立っている者がいれば、それが誰であろうとすぐに攻撃を受けるというようなことがあるのです。

利益集団としての知識人からは二つの要求がありがちです。一つは自分のためにする要求。もう一つは、自分以外の領域の問題に対して発言することです。中国では、例えば利益集団としての知識人が自分の状況の改善を主張すれば、国が研究経費を増やしてくれるとか、待遇を高めてくれるということが考えられます。もう一つの、自分以外の問題について発言する利益集団としての役割ですが、まさにここでは一つの問題に焦点を合わせて議論を起こして社会問題化していくというプロセスが必要になります。その時に、知識人であるからこそ、そういう力が強いということが分かるのです。

もう一つの具体的な事例を言います。中国には収容審査法という法律がありました。これは、公安局と警察官に対して出稼ぎ労働者を取り締まる権限を与える法律です。特に流動人口に対する取り締まりについて、正当性を根拠付ける法律です。しかし、現在はこの収容審査法が無くなっています。そのきっかけはこういうことです。一人の大学生が自分の身分を証明できる書類を持ち忘れていた。その時に深圳《シンセン》の警察官に尋問された。しかし生憎《あいにく》、その大学生は自分の身分を証明することができなかったために、殴られて死んでしまった。彼が大学生で知識人であったからこそ、この問題が知識人によって大いに取りあげられました。

『南方週末』にこの事件が載せられたのがきっかけとなり、議論になりました。なぜ収容審査をしなければならないのか、と。実はこれには一つの前提があります。この、都市にとっての見知らぬ流動人口、つまり出稼ぎ者には、公民権が認められていません。だから収容されたり審査されたりするわけですが、しかしこれこそが「近代」の自由・平等・人権という理念に背反しているのではないかという議論になるわけです。

そこで、公安部（省）の政策策定者が法律の改正に積極的に取り組んでいき、結果として収容審査法が取り消されたということです。そのプロセスの背景には、この問題を議論し社会問題化し得た知識人の強い力が潜んでいます。しかしこういうものはあくまで両義的で、プラス・マイナスが同時に伴ってくるものなんですね。この法律が取り消された結果、深圳のある広東省の警察官が仕事に消極的になり、広東省での犯罪率が急に高まったということもあるわけです。ここで一つ読み取れることは、知識人たちによる言論建設によって制度を改正するということにも両面性があるのではないかということです。

金泰昌　わたくしがなぜ今「知識人」の問題にこんなに関心をもっているのか。それにはわけがあります。先ほど一九九八年に「公共訳相」という話がありましたが、実はその一年前の一九九七年に京都で国際陽明学会が京都フォーラム主催で開催されました。そこに世界中から儒学研究者たちが集まりました。陽明学だけではなくて朱子学の学者も集まったのです。皆さんもよくご存じだと思いますが、ハーバード大学に杜維明《トゥ・ウェミン》という儒学者がいます。その杜維明さんが会議に来て、「今後、公共的知識人の役割と責任の問題を一緒に議論していきましょう」という提案をされたのです。

その時にわたくしが一つの代案を出しました。即ち「公共的知識人」というと、何か公共的知識人という実体があってそれが公共性の主体になるべきだというように誤解される可能性がある。公共性の担い手というのは万人に開かれたものなので、知識人も市民としての位相から公共性の形成に参加するだけのことである。ということは同時に知識人にはそれなりの役割と機能と責任があるとも言えます。それが果たして何なのかを社会学的にそして公共哲学の観点から共に考え、議論してみるということには大きな意味があると思うのです。

しかしお互いの考え方が一致しませんでした。では別々にやりましょうということで、杜維明さんはアメリカと中国を中心に公共的知識人論を主張し続けたのです。そしてわたくしたちは、公共哲学運動を続けてきたわけです。最近中国の何人かの学者たちから聞いたことによりますと、公共哲学とか公共倫理の研究や議論が中国でもいろんなところで進められているということです。

「公共哲学」という呼び方

成伯清　「公共哲学」という呼び方についてですが、中国で「公共哲学」ということを言えば、多分アメリカ的な「パブリック・フィロソフィー」がすぐ浮かんでしまうかもしれない。もちろん金泰昌先生の考え方はそういうものとは違うということを私は知っています。問題は「公共」と「哲学」ですね。中国で「哲学」というと、とても高尚なもので大衆一般とは全く懸け離れたものであると思われています。

そして「公共」ですが、私の理解では、中国では「公共」といえば、「社会全体」という意味がそのなかに含まれていると考えられます。例えば、先ほど西原先生がおっしゃった「公共広告」というのは中国では「公益広告」という言葉で表現されるでしょう。具体的にどのような言葉を使い、どのようなやり方で学問間の交流をはかって、その概念を推し進めていくのかというときに、どういう部分にこだわる必要があるのかを考えていく必要があると思います。

金泰昌　その点は日本でもあまり変わらないと思います。わたくしたちが公共哲学対話活動をやり出した当初、日本でも「哲学というのは、一般大衆とはあまりにも懸け離れた知的営みだから根付かないのではないか」とさんざん言われました。それで、意見もいろいろ出たのですが、わたくしはある意味で頑固なところがあって「それでも哲学することが大事である」と言って推し進めました。今になってみると、一部で反発がありながらも、政府や市民社会や学界でも「公共哲学」という言葉遣いが定着しつつあるのです。

中国の場合はどうなのか。わたくしはみなさんとお会いする前に、北京や上海や杭州やいろんな所でお会いした方々と話をしました。一方では「哲学という言葉でいくのがいい」という方がいらっしゃる。もう一方では今おっしゃったように、「中国では哲学というと遠いところにあるようで掴みどころがない。だから、まずは倫理という言葉を使いましょう」という方もいらっしゃいました。それで、『公共倫理』という本が中国で沢山出ているんですね。わたくしが集めただけでも五、六冊あります。

中国では「哲学」より「倫理」の方が身近なものと考えられるのでしょうか。とにかく何人かの中国人哲学者たちは「公共倫理」という名称のほうを好む傾向があります。すくなくとも大学の研究はその方向にすすんでいるようです。だけど、一部では「倫理」よりは「哲学」の方が広い概念なので、いずれみなさんが理解するようになれば、もっと広範囲の問題を考えることが可能な「哲学」とする方がいいという議論もあります。日本でも中国でも、今そういう議論の真っ最中なわけですね。

成伯清　もちろん、今やっている内容から見れば「公共哲学」というタイトルの方が正しいと思います。しかし、「哲学」とすると、一般の人々の生活との隔たりがあります。例えば「公共生活哲学」というふうに「生活」という言葉を入れれば、もっと理解しやすいのではないでしょうか。

金泰昌　今後の議題として具体的な名称のことも考えます。実際、その内容から言えばまさに「公共生活哲学」という側面が主な基軸になっています。そして「公共哲学」というのは、既に作られた何かではなくて、創りつつある現在進行形の新しい学術研究分野であると同時に、実践的な知・徳・行の連動変革運動でもあります。いろんな意見がありますので、今後時代と状況の要請に応じながら、継続的・持続的に修正・改善・向上させていくのが重要であると思います。

先ほど「社会」との関連の話が出ました。わたくしは中国古典をずっと勉強してきた者として思うのですが、「社会」という言葉は西洋から入ってきた言葉であって、もともと中国の古典や日本の古典にはなかった言葉なのです。ある意味では「社会哲学」という言葉よりも「公共哲学」の方が、東アジアの古典や伝統から考えればより根が付いた言葉とも言えるのです。

ただ、問題は、中国古典や日本古典に使われた「公共」という言葉がすっかり忘れられてしまっていて、西洋から入ってきた言葉の方がより身近に感じられるということです。これは、まさにある意味では近代化がもたらした一つの新しい状態であって、わたくしはそれを否定するつもりはありません。それはそれで活かしながらも、東アジアの伝統、古典の中に綿々と継承されてきた「公共」という言葉を、改めて二十一世紀の地球と人類に貢献する東アジア発の新しい哲学の根底に置きたいという願望があるわけです。ですから東アジアの思想資源にこだわっているのです。

これだけは申し上げたいと思うことがあります。わたくしが個人的に一番悲しいのは、日本でも中国でも韓国でも、「公共哲学」という言葉を使うと、すぐアメリカもしくはヨーロッパからの輸入哲学のように捉えられるということです。ウォルター・リップマンだとか、ハンナ・アレントの名前とつなげるのです。あるいはユルゲン・ハーバーマスとの関連で語られます。しかし事実はそうではありません。紀元前九〇年あたりなので今から遥か昔のことですが、中国の『史記』の中に「公共」という言葉が使われているのです。その後にもいろんな人々によって論及されているのです。中国の古典や日本の古典に綿々と使われてきたこの文字を大事にし、それを改めて読み直し、解釈し直すという古典解読の過程から、「公共哲学」という用語を使うようになったのです。

「公共哲学」は「パブリック・フィロソフィー」とは基本的に違うものとしてわたくしは考えています。アメリカのパブリック・フィロソフィーはほとんど政治哲学と同じものであります。しかし「公共哲学」は生活世界の哲学であり、制度世界（＝政治・経済・社会・文化・宗教・科学・技術など）の哲学であると同時に、生活世界と制度世界をその間からむすび・つなぎ・いかす（媒介集団＝NGO、NPO、ボランタリーなどいわゆる中間集団の）哲学でもあるのです。そして東アジア三国の歴史的経験に基づいているのです。パブリック・フィロソフィーはどちらかと言いますと専門家の見解表明ですが、公共哲学は専門家と市民の対話・共働・開新の哲学であります。

成伯清　そういう深みのある内容であれば、アメリカの「パブリック・フィロソフィー」とのちがいを明確にするためにも、「公共哲学」という名称を再考することも大切なことではないかと思います。

知識人の位相・役割・責任・活動

西原和久　もう一つ論点があります。一九六〇年前後頃までの日本では、「行動する知識人」とか「アンガージュマン」という言い方がなされていました。サルトル（一九〇五―八〇）の影響などもあったわけです。ところが一九六〇年代後半から七〇年代にかけての学生運動の中で、「知識人」が行動しないということで徹底的に批判されたのです。「学者」という言葉も同様で、かなりマイナスのイメージになりました。私は「学者」とは言いません。自分のことを言うときは、せいぜい「研究者」と言っているのです。

そのように、「知識人」とか「学者」というのは日本ではネガティブな意味を持つようになっていました。だから、それを使わなかったのは金泰昌先生の卓見だと思います。やはり日本では、「公共哲学」の方が「倫理」とかそれ以外の言葉よりもインパクトと深みを持っていると私は考えています。

ただ、もう一つ申し上げたいことは、「パブリック・フィロソフィー」の問題ももちろんあるけれども、「公共」という言葉の「公」という字が、日本の場合は「お上」とか「国」という問題と結びついている。「公共」と言ったときにも、何か上から押し付けるというイメージがある。それで私は「公共広告機構」の話を出したわけですが、上から押し付ける倫理というニュアンスがまだ強いですね。「共に語りあう」とか「共働する」とか「何かを共に創り上げる」とか「その創造の場を確保する」という意味が、一般には浸透していません。地域研究者と国の間でさえも、「公共は重要だよ」という不思議な一致点があって「公共性」という言葉が広まってきているという部分もあると思うのです。

ただ「上」からというのではなくて、相互行為や共働に基づいて「公共」というものを考える場を創っていくんだという発想が、これから問われなければいけない問題です。公共責任とか知識人の経済的な動機づけの問題も、公共哲学との関連で今後議論していく必要があると思います。

金泰昌　西原先生のお話にもありました「アンガージュマン」(engagement)という言葉は「現実参与」という意味ですね。だから、知識人は現実の問題を放っておくのではなく積極的に関わって、ある種の現状改善とか社会変革をもたらす主役になる、という思いこみが強かったわけですね。日本ではそのような意識が弱いのですが、韓国ではそれが相対的に強いと言えますね。知識人が中心になった反体制市民運動が結局強固な軍事政権を倒したわけです。韓国の知識人というのは、天下国家のために一定の役割を担うという意欲が今でも明確にありますね。

ではフランスはどうなのか。フランスでは、サルトル的な知識人はレイモン・アロン(一九〇五—八三)という人で終わってしまったのです。その後はミッシェル・フーコー(一九二六—八四)という人が出てきますが、彼によれば、知識人はいわゆる包括的な社会問題に参与《アンガージュ》するのではなくて、断片的な機能を果たせばいいということで、いわば断片的知識人になりました。

その後、デリダ（一九三〇—二〇〇四）は「解体」の方に行きます。いわゆる脱構築ですね。それはある意味ではポジティブな何事をも示していないという批判が出ています。それで、リクール（一九一三—二〇〇五）は、いわゆる過去の記憶と物語と、それによって新しい物語を創るというように、やや控えめな知識人になった。フランス自体が変わっているわけですね。

アメリカでは一時、ニューヨークを中心にしたユダヤ系の知識人が「公共的知識人」として活発な活動をしました。しかし、彼らが大学に就職した後は、高い給料と安定した生活で、現実に不満を持たなくなってしまったわけですよ。全部、サラリーマンになってしまった。日本も恐らく似たようなことではないかと思うのです。

しかし、中国は、いわゆる儒教の士大夫の意識がまだまだ残っています。周暁虹先生の先ほどのお話では、知識人が時代によって積極的な役割をしたり、少し活動をやめたり、また再開したりと変化はありましたが、少なくともわたくしがお会いした中国の知識人たちは、やはり積極的な役割認識を持っている気がしたのです。中国では「公共性」の担い手としての知識人というのがまだ残っているような印象ですが、それはどうなのでしょう。

一言、個人的なことを言いますと、一九七〇年代の初期に、『二十五時』という小説を書いたフランスの知識人が韓国に来たことがあります。ゲオルギュー（一九一六—九二）という文人です。わたくししは彼の講演の通訳をしたことがあります。今でも記憶に残っているメッセージがあり、それは韓国の若い学生の「知識人とは何か」という質問に対するゲオルギューの応答です。彼は、フランスで世界的に有名な小説家になった人ですが、もともとルーマニア人です。彼の『二十五時』という小説はアンソニー・クイン（一九一五―二〇〇一）主演の映画になり、世界的に有名になりました。わたくしも見て感動したことを今も覚えています。恐らく日本でも上映されたと思います。その彼の答えは一見奇妙なものでした。「知識人というのはルーマニア潜水艦の中にいるウサギのようなものだ」。何？知識人がウサギだと？　それもルーマニア海軍の潜水艦の中の？　どういう意味？　疑問は当然でした。それでその学生は「それはどういう意味ですか」と聞きました。

「ルーマニアは貧しい国なので、アメリカやヨーロッパの潜水艦のように、海水に潜っている時に酸素が少なくなったことを適切に測定する機械がない。だから、酸素が減っていくのを、人間より素早く感じ取るウサギを底に置いているのです。ウサギがまず最初に、酸素が少なくなって危なくなっていることを感じます。酸素不足で死ぬ。それを見て酸素が少なくなっていることを判断するのです。知識人というのは特別な知識をもった特別な人間ではない。学者とか専門家だけを意味するものではない。社会問題に他人より敏感な感受性とコミットメントを持った市民である。そしてある社会の道徳的健全性があやふやになったときに、いち早くそれを感じ取る。ある場合は一般大衆にそれを警告する。またある場合は批判したり反対運動を起こしたりする。そうやってその社会の道徳的健全性を保つ存在なんだ」というメッセージです。

ずいぶん時間がたちましたが、わたくしは今もこの話を忘れたことがありません。では、知識人は普通の人と何が違うのか。その人が高学歴の人間だから違うのか。高度の専門知識を持っているから違うのか。有名大学の有名教授だから違うのか。そういうことではないのです。結局、ほかの人より沢山悩み苦しみ、何とか現状よりは善い状態へ変えて行く途はないのかという思いが強いということです。批判意識をもつことによって社会の健全性がどこかで崩れそうになったときに、他の人よりいち早くそれを感じとって、自分に出来る限りの力量を尽くしてそれを知らせる。それでみんなの危機を事前に防ぐ役割をはたすというのが、知識人、特に公共的知識人というものではありませんか。

知識人がそういうことを考えなくなったら、誰が考えるのですか。みんな金儲けと快楽追求に忙しく、自分のことしか考えないとすれば、結局社会は滅亡に至るわけです。そういう時こそ知識人の役割が改めて重要になるのではないかと思うのですが、そのことについてはどうお考えでしょうか。それが「公共性」ともつながると思います。

わたくし個人の場合はゲオルギューから聞かされた物語こそが「知識人の公共的責任」の原点です。一方では、立身出世して高級官僚になって天下国家のために尽くすという知識人がおります。わたくしはそれを「官僚知識人」と呼んでいるのですが、言い換えれば公的知識人のありようでもあるわけです。

その次に、自分の満足のために知識を追求し、それを獲得する。そういう人々を、わたくしは「私的知識人」と呼んでいます。それはそれでいいと思います。数としては一番多いでしょう。ただ、知識人の公共的役割とはどういうことかというと、高い地位に就くのでもなく高い給料をもらって満足するのでもない。専ら自分の好奇心とか願望を充足するためだけでもない。一方では自分の知識欲をみたすために知識を追求するけれど、もう一方ではその知識が一般大衆や市民の（わたくしの言葉で言えば）「幸福」を実現するのに直接・間接役立つようにという思いをもつ。それで、社会的・道徳的健康が損なわれるとか、いろんな人間を不幸にするような問題が起こったときに、他の人たちよりいち早くそれを感じ取り、みんなと分け合うことによって事前にその不幸を防ぐ。そういう役割をするのは官僚的知識人とも違うし、かといって私的知識人とも違う、それがいわゆる公共的知識人の責務であるとわたくしは考えるのです。そこに「公」とは違う「公共」のあり方が提示されているのではないかと思うわけです。

「公共」というと、上の方から下の方に向かって押し付けることが連想されるという西原先生のお話はまさに日本の現状です。今までの日本では「公」イコール「公権力」でした。だから、「公」という言葉を使うとすぐに国家権力が思い出されるのです。だけど、本当の意味で中国の古典に現れている「公」の意味はそうではありません。「公」という漢字のもともとの意味は物事を独り占めせずみんなで分けあうということです。そして「共」は「他者とともにする」ということです。

成伯清　知識人についての三つのカテゴリーのお話は、とても啓発的で面白く聞かせていただきました。私は中国の知識人です。中国ではフランスの知識人のことを一つの理念型として考えているわけですが、多分、（フランスに）中国的な問題が存在しているからこそ、そういう現状につながっているのではないかと思います。

エミール・ゾラ（一八四〇―一九〇二）のようなフランスの知識人が一つのモデルになっているわけです。中国の問題は、ゾラのようなモデルに憧れますが、そのような知識人への途は遮断されています。つまり中国の伝統は、知をもって権力に移行するという発想が形成されていることです。もう一つは、知識人が声を出していく制度的な仕組みが形成されていない。この二つがあると思います。

しかし、中国の現状は、こういうことがあるとしても変わりつつあるのではないかと思います。どういう方向に変わっていくのか。一言でいうと、フーコーが言うように「普遍的知識人」から「断片的知識人」へと変わっていくのではないかと思います。

中国の知識人は、一つは自分がいかにある分野の専門家になるかであり、もう一つは議論を起こしていくという、この二つのことを通して、天下を以て自分の責任とするという理念を貫こうとしているのではないかと私は考えています。費孝通《フェイ・シャオトン》さん（中国の初代社会学会会長）の公共哲学の文章の中では、中国にはやはり公共的領域は存在しており、知識人はそういう領域において公共的役割を果たしてきたということが提示されています。

だから、中国で「公共的知識人」ということを議論するための前提として、先ず「公共空間」を議論しなければならないのではないかと私は思います。周暁虹先生も先ほどおっしゃられたように、中国の場合は国家が長期にわたって、ある意味では公共空間を独占してきました。そのため、中国の知識人は、公的知識人と私的知識人という二つのカテゴリーのいずれかのカテゴリーにまとめられるという結果をもたらしたのだと思います。

もちろん、現状において異質性も生まれつつあるし成長しつつあると思います。そういう状況の中で「公共的知識人」という理念を打ち出すことによって、現実に公共的知識人が誕生してくることに貢献できるでしょう。まず「理念」が打ち出され、その理念の影響の下で実際に公共的知識人が生まれてくるという結果につながっていくではないかと思います。

金泰昌　そのお話は分かるのですが、わたくしが少し違うのは、韓国が日本に植民地化されたときは公共空間なんて与えられていなかったのです。その時に叫んだ知識人は監獄にぶち込まれました。「公共空間」というのが存在しませんでした。しかし社会の道徳的健全性――それは民族の自主・自立・自尊など――を守護し、伸張させ、向上させるということで。

アントニオ・グラムシ（一八九一―一九三七）も「知識人」の公共的な機能を強力に唱えました。いわゆる有機的知識人論というものです。彼はそれを監獄の中から唱えたのです。ですから、「公共空間」が創られてからそこで公共的知識人が活動するというのは、いかにも平穏無事な時代の発想なのです。

フランスでドレフュス事件*が起こった時の知識人たちがどうしたかというと、人権擁護のため立ち

＊　一八九四年、フランス参謀本部のユダヤ人陸軍大尉であったアルフレッド・ドレフュス（一八五九―一九三五）がスパイ容疑で逮捕された事件。最終的に一九〇六年に無罪が確定した。

上がって、当局を弾劾して軍部や右翼の横暴に反抗しました。彼らには公共空間というのが十分与えられていませんでした。だけど、身の安全に対する保証も確保されていないところで立ち上がったのです。そこから公共空間が生じるのであって、まず公共空間があって、そこで公共的知識人が活動するのではないのです。

そういう気概と気迫のある知識人が出ないと、いつまでたっても官僚的・公的知識人と、自己満足を追求する私的知識人ばかりになり、本当の意味で市民の側に立って公共的責任をはたす知識人は出てこないのではないでしょうか。

成伯清 中国の場合、牢獄からの声が届けられる範囲は牢獄の四方に囲まれています。それ以外はどこにも届きません。

金泰昌 どこでも大体そうでしょう。中国であれ、イタリアであれ、フランスであれ、日本であれ、それはすぐには届きません。しかし、世の中というのは必ず届くようになっているのです。今すぐそうなりますという意味ではなくて、いつかはそうなるということを言っているのです。まず理念があって、その次に公共空間があって、それで知識人の公共的位相と役割と責任が成り立つという考え方なら、いつまで経っても公的知識人と私的知識人しか出ないということを言いたいのです。知識人の公共的活動というのは、どこかで現状に対する異議とか代案を持つという状況でなければ出てきません。アメリカでもどこでも、知識人が大学教授になり、給料が高くなって生活が安定してしまうと、公共的な志がなくなり、結局、公的知識人か私的知識人のいずれかしかなくなってしまうのです。

だけど、貧しい時とか自分の居所がないという時、衣類が少なくて寒さを感じ、生活が苦しくて貧しさを感じている時にこそ、公共的な知識人の役割がより光るのです。豊かな人は皆、志がないという意味ではないのです。「豊かになる」ということは、社会的に地位が高くなるということよりも、現状満足に陥ってしまう誘惑が強い。たとえ地位が高くなり豊かになっても、心の中は貧しさと痛さに対する感受性を常に持ち続けることが、市民と共に苦楽を共有していく力になるし、そこでこそ知識人の公共的活動の原動力が生まれるということが言いたいのです。だから、権力と金力に反対だということとは違うのです。権力を持った知識人もいます。金力に恵まれた知識人もいます。

西原和久　私がどうしてこの仕事についたかという知識人がらみの話もありますが、今日はそれは置いておきます。先ほど成伯清先生がフランスの知識人の話をされ、そして金泰昌先生もそれに合わせた話をされたことに対して別の意見を申し上げます。私は知識人一般に対してもう少しネガティブです。もちろんゾラの時代からサルトルの時代、そしてアロンまでは分かるのですが、その後のフーコー、デリダ、ブルデュー、リクールも彼らなりに大きな仕事をしました。そのことに関して宇都宮さんもブルデューやリクールに詳しいので、追加の発言があるかと思いますが、フーコーは一九八〇年代に入って「抵抗する主体」ということを言っており、自らのことを語り出して一種の実践的活動に乗り出していきます。その後すぐに亡くなってしまったので必ずしも十分には実りませんでしたが。それからデリダは、とりわけ一九八九年以降、とくに九〇年代に入って、他者の「歓待《ホスピタリティ》」ということを言っており、外国人労働者の問題に積極的に発言しました。また、それに共鳴しながら、ブルデユーも九三年に『世界の悲惨』という本を書き、その後は様々な社会問題に積極的にコミットして、デモや組合の集会の現場に行ってマイクを持って激励するということをしてきました。最後までその活動をやり通して亡くなったんですね。特にブルデューの場合は「反グローバリズム」です。もっとはっきり言うと「反ネオリベラリズム」、「反ネオリベ」の立場であって、ネオリベラリズムに対しては積極的に批判し行動するということをやってきたわけです。

ここからが私の言いたいことの本題です。デリダやブルデューの活動は、やはり「グローバル化」ということを抜きに語ることができないと思うのです。このグローバル化という問題を公共性の議論にどのように組みこみ、あるいは合わせて考えていくことができるのか。それは、「他者」あるいは外国人という「異質な人たち」と思われている人々とどう対話していくのか。これはこれで私の意見がありますが、それはともかく、この「グローバル化」を背景に考える必要があるというのが二つ目です。

三つ目に申し上げたいことは、「公的知識人」と「私的知識人」という話だけでは駄目で、「公共的知識人」と金泰昌先生がおっしゃる文脈は非常によく分かるのですが、聞いている人がそのことだけを捉えてしまうと、やはりそれは理想論にすぎないというふうに取られてしまうと思うのです。知識人も一般市民であって、その実践こそが問われていると思うんです。特別ではない。もっとも、私は金泰昌先生と付き合い始めて、これは理想論ではないと思ったのは、金先生は他者と対話をし続けるなかで公共的な実践をしているからです。他者との共働という側面で「公共性」を捉えていこうとしておられる。「公共性」を活動とか運動とか実践として捉えていこうとされているところに、私は非常に感銘を受けたわけです。

それで「他者との共働」という問題ですが、今の二番目の話と合わせてこの話を考えていくときに、私は脱国家論とか国家論という視点がないと「他者」と関わる公共性論が宙に浮いてしまうのではないかと考えているわけです。

ここは脇道にそれますが、中国の場合と日本の場合とでは少し様子が違うと思うのです。グローバル化について、私はある意味では当然ブルデュー的な批判を持っていますが、他面、国境を超えやすくなっているという意味ではチャンスだとも思っているのです。ただ中国の場合は、グローバル化をむしろ近代化のチャンスと捉えており、国のナショナルな枠がまだ強くあると思うわけです。そこが歴史的に日本と少し違う場面だと思うのです。

そして結論です。例えば「公共」の「公」には開くという局面があるというふうに、古典に戻ってそこから理念を導き出していくことは私も大賛成ですが、理念を掲げることが即実践に結びつくわけではない。「理念」と同時に「実践」という問題がもう一方にあります。〝他者と共働する〟という実践がなければ、グローバル化をチャンスと捉えて国境を超えることにはなりません。金泰昌先生はそれを実践しているわけです。私も別の場面で実践したい。つまり、我々の発想の中でグローバル化をチャンスと捉え、実践的に越境していくという知のあり方を考えていく必要があるというのが私の考え方です。そういう意味では、私の考えは、デリダやブルデューともつながっていると思っているのです。

金泰昌　ありがとうございます。わたくしの言い足りなかった部分をよく補っていただきました。ここから更なる議論が進展すると思います。宇都宮先生にもお話いただきます。

公共哲学と社会学の共働課題

宇都宮京子　金泰昌先生と成伯清先生がおっしゃったことを総合して自分なりに考えてみるに、「公共」を西洋化された意味ではなくて、最終的にはやはりもう一回古典に戻って自分の頭で考える必要がある。そうでないと自分の欲しいものが何なのかがはっきりしないと思うのです。それを求めて叫ぶことが重要なんだというお話がまず金泰昌先生からありました。そのときに成伯清先生だったと思いますが、金泰昌先生のお言葉と結び付けて考えるならば、やはり叫ぶにしても自分たちが何を求めているのかがはっきりしないと叫べない。

例えば「食べるものがない」とか、地震で苦しんでいて「水が欲しい」とか、「病気を治して欲しい」と叫ぶのですけれど、そういうものが満たされているときに、なおかつ生きる自分にとっての力とか他者との関係とかを叫ぼうとするときには、やはり求めるべきもののイメージが明確になる必要があるのではないかと思います。

その時に、例えば中国の方々は何が欠けていると思っておられるのか、また各国の方々や日本人にとっては何が欠けていて今叫ばなければならないのか。やはりそれぞれ違っているのです。だけど、その背後にあってお互いを結び付ける、叫びの根源にある人間的なものを語りあえ、そこから始まる原点みたいなものを共有することができればすごくいいのではないかという気がしました。

日本が今どういう危機的状況にあるのか。今日本に何が必要なのか。私なりに日本人として考えてみました。グローバリゼーションとの関係での基本的なポイントは、西原先生が全部お話になったと思います。それで、私が関わっている日本学術会議と政府との関係で私が危惧していることについて話させていただきます。

私は日本の関東社会学会という学会の事務局をやっている関係で、日本学術会議のサブのシステムである社会学研究連絡会の委員をやっていました。日本学術会議の組織が去年の秋から大きく変わり、結局その連絡委員会というのが無くなってしまいました。

日本学術会議というと、日本の学者・研究者のある意味で代表と言われています。本当に代表なのかどうかは分かりませんが、代表と言われている人たちが作っているはずのこの会議が、内閣総理大臣の直属になったのです。そのため、連絡委員会が廃止されたのです。そのようになった原因の一つは、学術会議の委員が希望したということがあると思うのですが、政府の方からの働きかけもあったと私は考えています。

ではなぜ委員がそれを希望したのかというと、（総理大臣の直属になれば）学者の意見が政府に反映されやすくなるだろうというのがその理由でした。しかし私は、逆に学術会議が政府に支配されやすくなると危惧しているのです。学術会議の自律性が削がれるというマイナス面があるのに、何故それを見ないのか。

それから、今の日本の大学では学長の権限の強化がすごく行われつつあります。しかもその学長職は、文部科学省との組織的連携という面がどちらかというと強くなっています。そうすると、行政から独立した日本の研究組織の力は弱くなっていきます。

もう一つは、「哲学科」というものがどんどん消失しているという問題があります。私が出たお茶の水女子大も、今は哲学科がありません。「哲学」というものは、本当は根源に戻ってものを考えることです。押し付けではなく、自分の心の中の叫びが何なのか、何が欲しいのだろうと考えていくことが哲学の本質だと思うのです。それがなされず、今文部科学省が言っていることは、国際関係で国際競争力をつけるということ。そしてノーベル賞が幾つ取れるかとか（笑）、安保理でどういう地位が得られるかとか（笑）で、どちらかというと結果的なものしか見ていない。

私は、このままいくと日本は本当に駄目になっていくとすごく心配しています。その時に日本を救うものは何か。もしも私が日本人として何かを叫ぶとすれば、「本当の意味で哲学をもう一回取り戻しましょうよ。文部科学省が考えているレベルの競争ではなくて、世界の国の人々と一緒に生きていくためにお互いに何を与えるかということを考えながら、科学技術の進歩を考えましょう」と叫びたい。そこが多分、金泰昌先生とすごく通じているところだと思うのです。

中国の皆様方は中国の皆様方で、きっと叫びがあると思います。金泰昌先生もお国の歴史とか日本との関係とかいろんなものを見てきて、きっと叫びがおありなんだろうと思います。

金泰昌　わたくしの叫びは、日本と中国と韓国に住んでいる人々が共に幸せになれるような公共世界を何とか一緒になって創りたいということです。東アジア三国における「相和と和解と共福の公共世界」を共働構築するという夢です。これはグローバルとナショナルとローカルの三次元相関的な事業であります。グローナカル市民としてのグローナカル知識人の夢の叫びとも言えます。では、王奕紅さんと呂斌さんのお話をお聞きしたいと思います。

王奕紅　私は金泰昌先生が提唱されている「公共哲学」と「知識人の公共的責任」という言い方にとても共鳴しております。特に知識人の公共的位相・機能・責任とつながる生活態度については同感です。では、知識人が一般の人々と相互作業をするときに何をもって貢献できるかというと、知識人ができることの一つは、多分、現在の社会の動態や構造的な変化を洞察してそれを分析する。そしてそのような知見を人々に提供していく。そういうところで相互作業をやっていけるのではないかと思いました。

金泰昌　今後一緒に考えていきましょう。南京にもう一回行ってこの話を続けますよ。

呂斌　先生方のお話をお聞きして大変勉強になりました。先生たちは、理想的な公共概念をもっており、まさに知識人の公共的典型と呼ぶにふさわしいような気がします。その秘訣は何なのでしょうか。経済は高度成長を続けても人間は限りなく私的エゴイズムの方にかたよっていくだけです。公共的知識人の割合が少ないのはなぜなのでしょうか。

金泰昌　お話を伺おうとしたのに、わたくしの方に質問が出されました（笑）。わたくしは「公共的知識人」とは言わない。ほかの人はそう言うのですが、わたくしは知識人の公共的位相・役割・責任・活動という言い方をします。それは公共的知識人という特別な種類の人間たちが存在すると思わないからです。知識人の生き方・考え方・見方が公的にも私的にもそして公共的にもなれるということです。その中でも特に公共的になる側面を重視するということです。それは対話と共働と開新を通して、自己と他者と世界をむすび・つなぎ・いかすための実践・活動・連帯にコミットするということでもあります。

呂斌　金泰昌先生が中国社会を客観的にご覧になって、どのようなことを感じておられるのでしょうか。

金泰昌　わたくしは今まで中国に何十回も行きました。いろんなところで感じたことはこういうことです。これは日本にも韓国にもつながることです。今「客観的」とおっしゃいましたが、わたくしは「客観的」というのは「公的」だと思うのです。「主観的」というのは「私的」です。では「公共的」はどうというと、「共観的」であると言いたいのです。

内から考えるのは主観的ですよね。心の中から考える。これは厳格にいえば「私」です。自分だけしか知らない事柄です。外から考えるのは客観的に考えるということですね。「公」というのは政府とか権力が外から律するわけですから「他律」です。だけど、「公共」というのは「間《あいだ》」からたがいを見つめ合うということです。ですからわたくしは「間律《かんりつ》」とか「互律《ごりつ》」という言葉を使うのです。間から考えるということです。そして「自律」、「他律」、「互律」がともに・たがいに・多様な、公共するというのは、間からたがいを考えるということです。今までのわたくしの中国見聞の範囲内で言えば、自律と他律と互律のバランスがまだ十分取れていないのではないかということです。まだ他律が強いということです。他律社会ということです。そして他律社会は「公」支配の社会でもあります。そこでは「公」がとどかないところが無律の「私」だけが横暴するようになります。社会は無秩序になり、最悪の場合は社会崩壊をもたらす可能性もあります。ですから他律支配が健全な自律を通して、互律が成熟する互律社会になることが緊急課題ではないかということを感じました。結局、公共世界の構築です。そこに公共哲学と社会学の共働課題があると思うのです。この課題は日本社会と中国社会と韓国社会に共通するものだと考えます。

では以上をもって今日の対話を終わらせていただきます。どうもありがとうございました。

（初出 『公共的良識人』二〇〇六年四月一日号）

【語りあい　その2】

2　相和と和解と共福の公共哲学

中国主導哲学者との語りあい

日時　二〇〇六年一月十五日
場所　北京・世紀金源大飯店内公議室
通訳　徐滔《シュウ・タオ》（北京外国語大学日本語系教授）
記録・整理　蔡龍日

二〇〇六年の年初における公共哲学京都フォーラム及びわたくし自身の最重要探究課題の一つは、日中韓における「和」とその「公共」（性）との東洋哲学的相関であった。この問題を中心に日本と韓国でもいろんな会合を持ち、中国でも中国人民大学の張立文《チャン・リウェン》教授の和合学における「和」と公共哲学の「和」との比較討論も二、三回開催した（その内容は大量なので別の機会に出版する予定）。今回の対話は今までの議論を整理すると同時に、共通理解の可能性の更なる探索という意味もある。ここに参加する中国側の哲学者たちは当代中国を代表する重鎮と言われている。

はじめに

金泰昌　北京で東アジアにおける「相和」と「和解」の問題を哲学・思想の観点から語りあうという今回の計画は昨年（二〇〇五年）の中ごろから着案し、直接的・間接的にいろいろと必要な手順をふまえてまいりました。最終的に十一月十三日・十四日の日程でほぼ決まっておりましたが、日本側の事情により、今年（二〇〇六年）一月十四日に延期させていただきました。しかし今度（一月十四日）は天候の問題で、北京の上空まで来て引き返すということになってしまいました。そして、本日（一月十五日）になってようやく北京空港に無事着陸することができました。聞くところによりますと、わたくしたちが会議場に到着した直後から天候がまた悪化し、飛行機が離着陸できないようになっているとのことです。上海から来る予定の復旦大学呉震《ウウ・ツェン》教授は結局参加できなくなりました。また香港から帰京する清華大学王中江《ワン・チョンチャン》教授もどうなるか心配です。いろんな意味で大変多難な道ではありましたが、三度目の挫折はさせないという天の計らいがあってなのか、このようにみなさんにお会いすることができて本当にうれしいです。

とにかく今回は、とくに昨日、北京まで来て日本に帰るということになり、日本と中国の間の「和」と「和解」の問題はいかに複雑で困難なことであるかということを象徴するような気がします。

また、今年の元旦に現在、日本で活躍している朱　建　栄《チュー・ジェンロン》という中国人から年賀状をいただいたのですが、そこに大きな文字で「日中間の和解は困難で、時間のかかることですね」と書いてありましたが、まさにその通りではないかと改めて感じました。日韓間もそうですね。

今日は基本的に三つのことを行うことができたらという願望を持っております。一つは北京大学陳来《チン・ライ》教授と華東師範大学楊国栄《ヤン・グオロン》教授、そして浙江樹人大学卞　崇　道《ピエン・チョンダオ》特別招聘教授という、中国における哲学の大家とされる方々がこちらに同席してくださっておりますので、この三人の哲学者たちが「相和」の問題や「和解」の問題を哲学的・思想的にどのようにお考えになっているのか、これをしっかり伺えるような時間を持ちたいと思います。もう一つは、日本でもこの問題を何回か語り合ったことがありますので、そこで感じたことをわたくしの方から申し上げるという機会も持ちたいと思います。三番目には、日中間、さらには韓国も含めて、この「相和」と「和解」の問題を哲学・思想の次元と現実対応の次元とを相関させながら、できるだけ将来の展望が開かれるような形で、率直に、忌憚なく議論してみたいと思います。

お互いにご存知であるかどうか分からないので、まずお一人ずつ自己紹介を行って本題に入りたいと思います。それでは林美茂先生から自己紹介をお願いいたします。

林美茂《リン・メイマオ》　現在、中国人民大学に勤めております林美茂と申します。哲学院の副教授ですが、三年前までは、日本で学んでいました。先生方にとっては後輩になります。今回このような場に参加させていただき大変感動しております。また金先生をはじめ日本のみなさまにはこのような機会を与えていただいたことに心から感謝しております。日本では愛知大学で哲学を専攻し、専門は西洋古典哲学です。プラトンを研究しています。

難波征男　日本から来ました難波征男です。私は宋明儒学を専門に研究しております。公共哲学京都フォーラムの初期段階から、参加させていただいております。現在、私は主に「和合学」や「和」といった問題について考えております。どうぞよろしくお願いいたします。

楊国栄《ヤン・グオロン》　上海にある華東師範大学哲学系で教えております。専門は中国哲学および倫理学です。

陳来《チン・ライ》　私は北京大学の陳来です。専門は儒学です。儒学哲学・思想の両方です。東アジア、とくに韓国や日本の哲学を研究したこともあります。

卞崇道《ピエン・チョンダオ》　卞崇道と申します。中国社会科学院哲学所東方哲学研究室の者です。私の専門は日本哲学思想で、中国哲学についてはあまり存じ上げておりません。日本の哲学思想の中でも主に近現代の哲学思想を研究しております。私も勉強のために参りました。

金泰昌　わたくしは金泰昌と申します。公共哲学共働研究所の所長です。過去十余年間、日本で日本の友人たちと一緒に新しい時代の要請に対応できる新しい哲学としての「和」と「和解」と「共福」の哲学を共に考え共に語りあう時と場を持ち続けてまいりました。誰か一人の考えたことを話したり書いたりしてそれを聞いてもらったり読んでもらう哲学ではなく、それぞれ相異なる観点と関心と立場をもった複数の人々が共通の問題についてたがいに語りあう哲学です。それが「公共（する）哲学」です。今回は、中国を代表する哲学者でおられる皆様とともに、「和」と「和解」の問題を語りあいたいということでここに来たのでございます。

徐《シュウ》　滔《タオ》　私は徐滔と申しまして、北京外国語大学日本語学部で日本語を教えています。私も日本で学んで帰ってきた者です。東京大学黒住真教授のご指導を受けました。専門は近世日本思想で、主に儒学思想・倫理思想などになります。今日は私にとっては通訳を勤めさせていただくということはもちろんですが、それ以上に絶好の勉強のチャンスと思いますので、大いに勉強させていただきたいと思います。

矢崎勝彦　私は一九八九年十一月三日文化の日に京都に発足した京都フォーラムの事務局長をやらせていただいております。その背景といいますのは、一九六五年の五月に、父親から言われたこともあって、経験を積むために一から会社を創業したのです。その経営体験を通じて学んだのは、現代の抱えている諸々の問題は一経営者の扱えるものではなくて、環境問題をはじめとする非常に大きな問題が横たわっているということです。問題を解決せずして企業も社会も永続的発展は望めないという自覚の下に、有識者の先生方とも同じ問題意識をもって始めたのが京都フォーラムという集まりです。とくに国際社会と繋がっていくきっかけになりましたのは、一九九二年六月にリオで開催されましたアースサミットでした。当時、アメリカの財団と共同で、サミットの準備段階から、国連の内部で話し合われていることを外に知らせ、外の声を逆に国連の内部に伝える『アースサミットタイムス』という日刊の新聞を発行しておりましたが、そのことが認められてサミット本番では唯一の公式の日刊新聞となりました。国際社会には、環境問題に限らずいろいろな大きな問題があり、永続的発展を続けていくためには、一人ひとりの根源にある永続性、すなわち一つひとつのものごとにある永続性、永続的発展性をつきつめていくことが大事であると思うようになりました。その発展型としてこの「公共哲学」の集まりになってまいりました。私は、いわば、外側の、客体としての「公共性」を語りあうだけではなくて、一人ひとりの内発的公共性にもとづく主体と客体が合一になる点を求める永続的発展的な知の営みが公共哲学であり、王道の生き方を求めつづける誠の人々の営みであると思っております。

今日は中国を代表する思想家の先生方の深い、長い歴史に裏付けられた、非常に広範な知識の中からたくさんのことを学んで帰りたいと思っております。よろしくお願いいたします。

金泰昌　自己紹介という形で、お互いにどのようなことをなさっていらっしゃるのか、どのようなことに関心をお持ちになっておられるのかはお分かりになったと思います。これから議論を具体的に進めていくわけですが、まずは陳来教授と楊国栄教授から、中国哲学思想に基づいて、「相和」と「和解」の問題についての基本的な考え方をおっしゃっていただいてから、語りあいに入りたいと思います。

「和」と「和解」

陳来　少し前置き的な話をさせていただきます。中日間の和解の道は困難に満ちているという意見もありますが、私の個人的な見解から言えば、必ずしも難しいことではないと思います。と言いますのは、人民間の「和解」と文化間の「和」はすでに基本的なところでは実現されているのではないかと思っているからです。一九七二年の日中共同宣言で国交を回復して以来、二〇〇二年までの三〇年間、中日間では基本的には「和解」の道を歩んできたと思います。それは主に人民間の「和解」や、企業間の「和解」といったものです。二〇〇三年あたりから中日間の目立った問題は主に政治家間の問題であり、それは政治家に責任があると思います。

一方、中国と日本の学者間でも非常に良い友情が結ばれていると思います。例えば、本日ご在席の難波先生は私の古い友人であります。日本にも韓国にも学者間の交友関係をもっている方々がいらっしゃいます。ですから、この中日間の「和」と「和解」はもちろん解決するべき課題ではありますが、やはり希望を持たなければならないと思います。

二番目にお話ししなければならないのは、私もすでに金先生を主とする「公共哲学」運動についてよく存じ上げております。と言うのも、この学術研究活動は現在十年以上も続いているからです。東京大学の佐々木毅前総長と金泰昌先生の共編シリーズ『公共哲学』のことも私なりには存じ上げております。これは謙遜というわけでもないのですが、今日は「公共哲学」運動の詳細についてもっと知りたくてここに来ました。そして金先生はじめ他の先生方からも教えていただきたいのです。

それでは「和」と「和解」について私の意見を申し上げます。儒学の視点から申しますと、「和」というのは確かに非常に重大な価値を持っている概念の一つです。歴史的に「和」についての議論というのは基本的に二つの分野に関連していると思います。一つは自然哲学の分野です。自然哲学における議論というのは「和」こそが宇宙の万物生成の根拠であるということであります。ただ先ほど金先生がおっしゃったように、今日は「公共哲学」との関連から「和」と「和解」の問題を語りあうということですので、この自然哲学についての話は省略させていただきます。

現在、「公共哲学」の基本概念としての「公共」を「和」との関連で捉えるという脈絡から『論語』に出てくる「和而不同、同而不和」の深い意味を重視する金泰昌先生の考え方に共鳴します。そして、中国でも伝統的に政治哲学・政治思想の観点からその重要性が強調されてきました。「和」というのは主に「民と民の和」、すなわち「民和」ということで取り上げられてきました。「民和、政平、国安」という言説からも、「和」というのは政治家・統治者と人民の間、そして人民と人民の間の関係調整との関連で考察されてきたということが窺われます。そしてもう一つはいわゆる「和同論」の分野です。「和」と「同」の関係については、伝統的にその違いを明確にすると同時に政治的多様性の根拠としても重視されてきました。

本日も「和」については二つに分けてお話ししたいと思っております。一つは次元の問題で、もう一つは構造の問題です。「和」にはいくつかの次元があるかと思いますが、一つ目は天人の「和」、天と人間の関係における「和」です。二つ目は国家と個人の関係における「和」です。三つ目は人間と人間との関係における「和」です。これは基本的には社会関係を表していると思います。四つ目は人間の内心の「和」といいますか、精神的な「和」についてです。五つ目は、文化・文明間の「和」についてです。これは私から見れば、今までほとんど無視され、あまり論じられることがなかったと思われます。この五つの次元というのは中国思想の中に、ただ含まれているということだけではなく、すでに伝統思想の議論を通じて強調されてきたものであると思います。そして現在人類が直面しているいろいろな問題もこの五つの次元における「和」の問題ではないかと思います。

今いただいた資料を拝見しておりますが、「公共哲学」についての金先生の説明があります。そこでは私たち一人ひとりが市民の立場に立って考え、権利と責任のバランスを自覚するということが強調されています。中国では市民ではなく公民ということばがよく使われます。また、アメリカのリップマンが提唱しはじめた「パブリック・フィロソフィー」と日本における「公共哲学」が同じものではないということもよく分かっているつもりですが、私から見れば、共通する部分もあると思います。その共通しているものが何であるかというと、やはり「公開性」や「公平性」としての「公共性」を中心課題としているということではないかと考えます。その「公開性」・「公平性」としての「公共性」ということを総じて言うと、これもまた西洋哲学の概念ですが、「公共理性」と深く関連しているのではないかと思われます。

「公共理性」とは「公共生活」の基本的な原則、あるいは基本的な価値について共通認識を持つということが可能になる精神的源泉ではないかと考えております。

次の問題は「和」の構造に関連することです。「和」の構造についての基本的な認識というのは、「和」はまちがいなく儒学の基本的徳目の一つであり、また重要な価値の一つではありますが、儒学の最高の理念、最高の徳目、究極の価値ではないというのが私の意見です。儒学においては「和」よりも「仁」がより高いのです。また「和」と「仁」の関係は「和」が「用」で、「仁」が「体」であるというのが私の認識です。「仁」は儒学の基本であると同時に儒学の次元を超えた普遍的な道徳原理であるというのが私の解釈です。「和」は「仁」の内在的要求であると思います。「仁」がなければ「和」を論じても、何のための「和」なのかが分からなくなります。しかし「仁」に「和」がなければ、「仁」は実現できないと思います。

もう一点申しますと、「和」や「和解」は私から見れば人と人とのコミュニケーションの問題であります。コミュニケーションの観点から見ても「仁」が基本前提であると思います。二十世紀の中国の有名な先生がかつておっしゃられたことですが、「仁」とは人と人が交流する際の心構えであります。その心構えとは「平和」と「平等」と「清浄」の三つを具えた心構えです。ですから結局「仁」は理性でもあるわけです。理性は基本的に公共的であるという考え方に基づいて公共理性を論じたのがカントであり、ハーバーマスです。特にハーバーマスの「公共理性」はコミュニケーション的理性です。儒学の立場から見れば、コミュニケーションにおける「公共理性」とはまさに「仁」の理性であると思います。これはまったく私個人の考え方ですが、「和」を語る時は必ず「仁」と結びつけて語った方が良いと思っております。もちろんそれは儒家の立場から見たものではあります。

金泰昌　ありがとうございます。では楊国栄先生。

楊国栄　陳先生のお話を受けてお話しします。「公共哲学」そのものについては金先生から学ぶことにして、私からはそれ自体について改めて語ることはしません。「公共哲学」という脈絡の中で「和」

と「和解」をどのように認識するかということについて私の見解をお話しさせていただきたいと思います。

まず一般的な次元から「和」と「和解」とを分けて認識するとします。「和」というのは、哲学的な立場から見ると、「多様性の統一」という問題であると思います。社会的な視点から見ると、「和」というのは「調和」、「調和された社会形態」のことであると思います。それに対して、すでに生じている緊張・衝突などをいかにして克服するか、いかにして解消するかが「和解」の問題であると思います。

先ほど「和」と「和解」を分けて述べましたが、基本精神としては一致していると思いますので、次はとくに、意識的に分けずに、一つにして述べたいと思います。

「和」というものには二つの次元がありまして、一つ目は目標としての「和」があると思います。二つ目は手段としての「和」があると思います。目標としての「和」というのは、先ほども申し上げましたように、哲学的には「多様性の統一」、社会的には「調和された社会形態」ということですが、それはまた積極的な面と消極的な面の両方から理解できると思います。目標としての「和」を積極的に理解するというのは、いろいろと違うものが相互補完的に、また共同体的な関係を結んで、それを通して目標を達成するということであると思います。消極的な理解というのは多様なものが統一されていく過程の中で、なるべく緊張や衝突を生じさせないように、また生じさせたものは和らげるようにということであると思います。

二つ目の、方法としての「和」というのは、いかにして「和」という目標を達成するかということです。これもまたいくつかに分けて論じることができます。「和」というのは「調和された社会形態」ということであると思いますが、それを論じるためにはどうしても異なる利益の共通部分を見出さなければならないと思います。と言いますのは、個人であれ、民族であれ、国家であれ、利益が一致しない部分が必ずあると思われるからです。我々が利益や価値の異なる部分に直面した時、うまく調停しなければ緊張や衝突は避けられないと思います。個人的にも集団的にも各自が自分のことだけを考えて自分の利益だけを図ったり、他者の利益を無視したり、あるいは他者の立場を尊重しなければ緊張と対立の原因になります。民族間も国家間もまったく同じであると思います。

従いまして、それぞれ異なる利益における共通的な基礎を見つけることが大事です。それができれば衝突や緊張を避けることができると思います。そしてそれに対して儒学・儒家がたいへん啓発的な智恵を提供してくれていると思います。『中庸』（孔子の孫、子思の作とされる儒教の総合的解説書）の「万物並育不相害」（万物並び育ちて相害《そこな》わず）という一文がありますが、これは本体論から言えば、多様な異物が共存してもそれが互いの害にはならないという意味です。別の言い方をしますと、すべての個人・民族・国家にはそれぞれの生存空間を認めると同時に、その差異を認めることが互いの損害にはならないということが想定されているのです。

この『中庸』の言葉は直接的には「和」に触れてはいません。しかしこの一文の中に「和」の達成手段が含まれているのではないかと思います。個人・民族・国家いずれのレベルにおいても、いかにして自己中心性を超越するかが肝心であると思います。つまり個人であれ、民族であれ、国家であれ、自分と異なるものにそれぞれの生存空間や生存条件を認めるということです。

これまで述べたのは、いかにして相異なる利益の共通部分を見つけるか、またどうすれば見つかるかということですが、次は相異なる価値観においていかにして共通認識を達成するかということについて述べさせていただきます。

利益の違いから衝突が生じるということはすでに述べましたが、価値観の違いから衝突が生じるというのは現在の世界を見ましてもいくらでもその実例が見つかると思います。今の世界には宗教観の違いから来る衝突もありますし、イデオロギーの違いから来る衝突もありますが、その背後に共通するものとして価値観の違いが見受けられると思います。

一般的には、いわゆる文明の衝突の背後には価値観の相違があると認識されています。その価値観の違い、価値観の衝突にどのように対処すればいいかということについて、儒家もまたすでに啓示的な知見をしめしています。先ほどの『中庸』の「万物並育不相害」（万物並び育ちて相害わず）という文章に続いて「道並行不相悖」（道並び行われて相悖《もと》らず）と記されています。これが価値観の衝突をいかに処理するかという問題についての原則を示してくれており、さらにはこの二つの文章が儒家の理想的な「和」のはたらきを述べていると言えます。

先ほどの『中庸』の原則によって、いかにして価値観における共通認識を持つことができるかと言いますと、その方法としては二つあると思います。まず一つは反省です。この反省というものにも二つありまして、一つの方法は自己反省です。この自己は個人だけではなく、自分自身・自民族・自国家に思考を及ぼす反省です。二つ目は他人に思考を及ぼす反省です。自分に対して反省する場合には、自分の価値観は必ずしも唯一ではないということを自覚しなければならないと思いますが、他人に対して反省する場合は、他人の価値観は本当に悪であるのか、お互いに学びあうものはないのかということを熟慮するべきであります。他人への反省というのは異なるものへの共感と理解であります。この二つの反省を実際に行うには三つの視野の統一が必要であると思います。まず一つ目は自我の立場から考えるということです。二つ目は他者の立場から考えるということです。三つ目は道（理）の立場から考えるということです。三つ目の道（理）というのは、自我と他者という次元を超えたもっとより普遍的な基準に基づいて反省するということです。

先ほど申し上げましたように価値観における共通認識を持つための一番目の方法が反省でありますが、二番目の方法は対話であります。この対話はただ表面的にお互いに知ることだけではなく、さらに重要なことはより誠意に基づいたコミュニケーション、つまりその対話を通して他者への理解・共感が起こり、先入観を持たずに他者を見る、このようなことを通してより誠実なコミュニケーションができるということであると思います。もちろんこの反省と対話、この二つはたがいにかけ離れているものではなく、例えば対話の中に反省も含まれます。そして反省の中には対話が含まれています。反省と対話は相互補完的な関係にあると思います。

また、以上に述べました相異なる利益における共通な部分を見つけることと、また相異なる価値観における共通認識の発見、この二つもいわゆる相互補完的な関係にあると思います。どちらか一方に偏れば、例えば異なる利益における共通認識を見つけることだけに重きを置けば、それは功利主義的なものに偏ってしまいます。かといって価値観における共通認識に傾けば抽象的なものになってしまう、あるいは楽観しすぎるということになってしまうと思います。従いましてこの二つも相互補完的なものであると思うのです。

最後になりますが、「和」と「度」の関係について一言申し上げます。「和」というものは言い換えれば「適切な度合い」を守るということであると思うのです。それについては中国の儒学の古典においてもたくさん言及されております。例えば『中庸』の中に「喜怒哀楽の度」についての内容がありますが、そこには「喜怒哀楽之未発、謂之中。発而中節、謂之和。」（喜怒哀楽の未だ発せざる、之を中と謂い、発して皆節に中《あた》る、之を和と謂う。）という一文があります。これがまさに感情における「度」のことを言っているると思います。「和」というのはそれぞれ「節度」を守りあいながらそれを越えないという状態であると思います。「節度」を越えてしまえば緊張や衝突が生じるということを警告しているのではないかと思います。

「和」と「同」

金泰昌　はい、ありがとうございました。ではわたくしの方からお二人の先生に何点か質問をさせていただきます。

まず陳来先生には何年か前に「和」の問題についてお話ししていただいたことがありますが、当時のお話の内容と今回のお話の内容には明確な一貫性が目立ちます。それは陳来先生の定説のように思われます。基本的な観点でしょうか。それはいわゆる「仁体和用」説のことです。即ち、「仁」は本質・実体・核心であり「和」は作用・実用・応用であるということですね。わたくしも「和」は実体というよりも働きであると思いますのでそういう意味では同感です。例えば『論語』(学而一)に「礼之用、和為貴」(礼の用は和を以て貴しと為す)というのがあります。これは『礼記』(儒行篇)の「礼之以和為貴」(礼とはこれをもって和を貴しとする)というのとつながっています。どちらも「体」ではなく「用」としての「和」が語られているのです。しかし中国儒教の道徳論から見れば「礼」より上に「仁」があるわけでしょう。では、陳来先生の「仁体和用」説をバックアップするような文献的資料、例えば「仁之用、和為貴」(仁の用は和を以て貴しと為す)というような古典的典拠がありますか。

陳来　『礼記』は主に「礼」について記していますので、そこにはもちろん「仁」が入っていません。しかし「仁」と「和」の関係から見れば、「仁」が「体」で「和」が「用」ではないかというのが私の解釈です。「和」は「礼」の「用」であると同時に「仁」の用でもあるということであります。

金泰昌　ここで個人名は出しませんが、中国人の中にも外国人の中にも「仁体和用」という見方・考え方に異議を唱える中国思想及び中国哲学研究者たちがいらっしゃいますよね。特に「和本体論」を強調する学者も活発な議論を展開しておられますよね。

陳来　よく存じております。しかし私は「和」というのは本体ではなく用であると考えております。

金泰昌　楊国栄先生は「和」と「和解」を一緒にして考えるということでありました。日本で何人かの日本思想の専門家やキリスト教神学者とそれぞれ別々に「和」と「和解」の問題を対話してみましたが、そこで出てきた一つの共通認識は、「和」は「和解」に貢献しないということです。「和」をもっては「和解」が成り立たないという考え方です。ですから「和」と「和解」は別々だということです。なぜそういう話になったかと言いますと、日本では「和」を「同」と同じ意味で捉えるからだということです。日本では過去の長い間、そして今でも文化や価値観を同じくする人々――それは仲間とか身内とか家族とか、そういう人たち――の「和」が何よりも重視されます。すると、そのような「和」を強調すればするほど、異質の他者たちは、そこから除外されたり、弾圧されたり、差別されたりするようになります。ですから結局、日本的な「和」を強調すればするほど他者との「和解」からは遠ざかるのではないかということになったのです。そこで今回、中国でこの問題を議論するという話になった時に、中国ではどうなのかをよく調べてほしいと言われたのです。「和」と「同」の関係はどのように理解されているのか、「和」が「和解」に貢献すると考えるような思想的な流れがあるのか、あればどういうことなのか尋ねてきて欲しいということを依頼されたのです。

ここで日本における「和」と「和解」の問題についての考え方がある程度まとまってきた歴史的背景を理解する必要があります。日本では「和」が思想的に整理されたのは聖徳太子（五七四―六二二）が六〇四年に制定したいわゆる「十七条憲法」第一条における「和を以て貴しと為す」がその始まりです。聖徳太子が『論語』からこの文章を引用する時、「礼之用」の部分を取り除き、「以和為貴」だけを十七条憲法に入れたと考えられます。聖徳太子自身はもちろん「君子は和して同せず。小人は同して和せず。」ということばの真意をよく分かっていたでしょうから、「和」と「同」の違いも十分認識していたと思います。しかし彼はその当時の政治的な目的、異質なものを統合する、同化するという目的を抱えて、「和」を「同」と同じような意味で使ったのではないかと推測されます。ですから、「和を以て貴しと為す」の次に「悖《さか》らいなきを宗とする」ということを改めて強調する必要性を感じたのではないかとも思われるわけです。すなわち反対のための反対のようなことは避けるべきだということを加えているのです。そこから日本での「和」の理解は「同」に傾いたのではないかと思われるのです。そのような文脈から考えれば「和」を強調すればするほど同質性の強化になります。それは当然、異質の他者との和解の可能性を閉鎖することになりますね。中国の場合はどうですか？

楊国栄　先ほど私が「和」と「和解」は基本精神においては共通している、同じであると申し上げましたが、それはあくまでも中国の伝統思想という背景の下での話であります。中国では明らかに「和」と「同」は違うのでありまして、「和」はむしろプラスアルファ的な面で語られてきました。「和」というのは調和ということですね。「和解」というのは、やはりそういう調和された状態が破壊された後どのようにしてそれを克服し、解消するかということです。この意味において両者は共通する、同じであると言っています。こういう意味で中国における伝統的な「和」の理解は日本における「和」の捉え方とは違うと思います。

これら中国伝統思想の「和解」というのは異なる部分をなくす、違いをなくすということではなく、「和解」という状態の中ではやはり違うものは並存・共存しており、ただ衝突しうるものを解消したり、克服したりするということです。「和解」というのは一方が他方を同化するということではありません。

「仁」と「和」

金泰昌　陳来先生の「用」としての「和」という捉え方にも通じるところがあるかも知れませんが、日本で「和する」と言う場合、特に他動詞として使われますと「やわらげる」・「まぜあわせる」・「同じくする」という意味が連想されます。差異や対立から生じる緊張を緩和するため、きついことは言わない。出来るだけ反対とか異説を事前に塞ぐことをよしとする。皆と一緒に同調することをすすめる。大体このような意味連関の中で「和」というのが理解され言及される傾向が多いのです。しかし、あまりきついことを言わないとか、抽象的に語り、問題をはっきりさせないから問題はいつまでも残ります。解決されるのではなく回避されるだけです。中国と日本の関係においても、大多数の日本人が言うのは言葉を和らげ、問題はあまりはっきり表に出さず、お互いに安らかにしていればいいという意味と意図をもって「和」を考えるわけです。それでは中国と日本の間の壊れた「和」を回復するということにはならないです。中国の場合「和」は「仁」の「用」であるという陳来先生の考え方からどのようなことが言えるのでしょうか。

そしてもう一つだけお聞きしたいのは、先生は「仁」無き「和」は危険であるという立場から「仁」と「和」の緊密な関係を強調していました。しかしながら最近の国家間の諸問題を見ますと、「義」がない「和」がむしろ危険だという感じがするのです。ですから「和」が「仁」と緊密な関係にあるのはもちろんですけれども、「和」は「義」とも深い相関関係があることをつねづね実感しているのですが先生のお考えはいかがですか。

陳来　まず「和」が「和解」をもたらしてくれるのか、すなわち「和」から「和解」への道について一言申し上げます。中国思想の脈絡では「和」は「同」を意味しないというのは明々白々です。金先生もおっしゃっていましたが、異質なものとの共存をはかるというのが「和」であるのです。これが明らかに日本と違う所です。中国では「和」という字にはいろいろな意味がありますが、その中の一つがいわゆる「和解」です。つまり「和」には「和解」という意味がすでに含まれていると言えます。しかしその「和」の願いがあれば必ず「和解」が達成されるとは限りません。特にどちらかが一方的に「和」の願いを持っていても必ず「和解」が実現されるとは言い切れません。

それから「義」についてですが、私の言っている「仁」の中にはすでに「義」が含まれていると認識しています。「仁」には狭義と広義の理解がありますが、狭義の理解では「仁」は「五徳」――仁・義・礼・智・信――即ち、五つの基本的徳目の中の一つであるという捉え方です。しかし広義の「仁」は「全徳」、即ち完全な徳です。先ほど「公共理性」の問題に言及した際にも、普遍的原理についての共通認識を達成することが重要であるということでしたが、普遍的な原理としての「仁」にはいわゆる「仁・義・礼・智・信」すべてが同時に含まれていると思っています。私の言っている「仁」とは広義の「仁」のことです。

また「和」の具体的な働きについて、中国では「和」には五つの次元があると言われています。その中の一つとして、人間関係の次元における「和」には、日本人の「和」と似たような考え方もある程度含まれています。即ち、あまりきついことは可能な限り避けるということです。しかし中国の「和」には、「同」とは違う「異」を前提にするという考え方が強調されていますね。また他者への尊重がその中に含まれています。儒家の儒学倫理の一つの徳目として「恕」、即ちゆるすというのがありますが、「恕」は「仁」の表れです。その「恕」というのは他者を尊重するということだと思います。とげとげしいことを避ける、相手をわざと刺激することをしないといったように具体的なことはそれほど難しいものではないですが、ある程度お互いに我慢することが必要です。しかしそこには我慢の「度」、先ほど楊先生がおっしゃった「度合い」の問題があります。というのはその「度合い」を越えると、具体的な問題ではなく、「和」の問題でもなく、「仁」と「義」の原理原則の問題になります。基本的な国際正義というか、地球的正義の問題になるということです。

金泰昌 陳来先生が只今おっしゃったように、一方的な和の願望が必ずしも和解の実現につながらないということをわたくし自身も長い間実感してきましたし、また語り続けて参りました。わたくしの個人的な見解ですが「和」とか「和解」というのは一人の人間の心のありかたの問題というよりは、個人間・集団間・文化間など多次元・重層的な「間」(あいだ—あわい)の問題であるということを強調したいのです。特に「和解」というのは相互関係に基づいた共働のプロセスです。決して一方的な善意だけで実現するようなことではないのです。ですからわたくしは「和」を「間和」・「中和」・「相和」というイメージで考えるのです。「和」とか「和解」というのが何かの実体として存在し、それをもって相手に対応すれば何かの具体的な結果が出てくるというようなものではなく、互いの間《あいだ》から両方に連動変化をもたらすはたらき・作用・機能・プロセスとして和と和解を考えるのです。

そしてわたくしなりの理解に基づいて申しますと「度」というのは「節度」であり、それは「礼節」の問題です。英語圏では“decency”ということばで似たようなことを考えてきたのではないかと思うのです。個人間であれ、国家間であれ、ある程度までは互いに「ゆずりあう」という礼節を通してそれぞれの主張・立場・利害・欲求などの違いによる衝突・対立・抗争・反感等々を調整可能な範囲内にとどめておくことができますし、それが望ましいことでもありますが、いろんな事情や理由や原因で基本的に共有されている節度の限度を超えるというか、そこから離脱するという状況が続きますと、原理原則における衝突・紛争になるということですね。問題は原理原則の対立はきわめて解決困難であるということです。よく「神々の闘争」とも言われるくらい難しい問題であります。

楊国栄　私も、国際関係における基本的礼節と原理原則の問題は両方とも非常に重要だと思います。具体的な事例に基づいて言いますと、現在、中国と日本の間にはいろいろなトラブルがありますが、それぞれの利益というのは異なります。例えば、中国の発展が日本の将来に対して何を意味するのか、脅威なのか。そういう意味もあります。また、価値観においても異なります。突き詰めていけば戦争に対する認識や、靖国神社問題の裏にある世相についての価値判断が異なるということもあります。利益面においても価値観においても、「度」（礼節）の問題につながってくると思います。「度」（礼節）というのはやはり他人を尊重し、他人のことを考慮しなければならないということですね。こういう現実上の問題を考える場合にはやはり以上に申し上げました、利益が異なるとしたらどういうふうにすればいいか、異なる価値観がどのように共存していくのかなどをよく考えてよりよい状態の生成を目指す場合、お互いに「節度」を守るということが有効ではないかと思います。

中国伝統思想における「礼」は儀式ではありません。これは早くも中国の古い時代から言われてきたことですが、例えば春秋時代に「礼義之弁」というのがあります。要は、「礼」は「儀」ではなく「義」であるという思想です。それは春秋時代にはすでに明らかに出てきています。「義」とは現実的・倫理的秩序のことです。孔子がその上に「仁」を置いてそれを最高の原理としたのです。ヨーロッパでは宗教会議といったものがありますが、このようなものが存在するということは、宗教の平和がなければ人類の平和も世界の平和もないということだと思います。つまり最低限の倫理的共通認識、お互いに認め合う倫理的基礎というか土台が非常に重要ではないかと思います。それはいわば普遍的な義ということです。私は日本についてはあまり詳しくありませんが、このような普遍原理について日本ではこれまであまり重視されていないのではないかと思います。一方、中国は重視しすぎではないかと思いますが。金先生は日本人が「義」というのをあまり好まないのではないかとおっしゃっておられます。もしかしたら日本人は「義」よりも「同としての和」――秩序――の方を好むということではないかと思います。

これも金先生のお話の中にありますが、日本では、個人と社会と国家における内在的同質性が過剰に強調されているということではないかと思われます。また現実的な問題に戻りますと、認識上の違いは怖いものではないのです。恐るべきものは政治家が国内政治的な目的に基づいて国際関係を操作するということではないかと思います。そういう政治家のやりかたこそが恐ろしいものではないかと思います。しかし、国内的にそういう文化的雰囲気や社会心理がなければ政治家もそういうやりかたをする必要もないですし、あえてそうすることもないでしょう。

金泰昌　ここが日中間・中日間の現在の問題に直接関わる大事なことだと思います。具体的な問題を例として申しますと、例えば、小泉首相（当時）が、一人の人間として、政治家として過去の戦争で亡くなった人たちの霊に追悼を表し、二度と戦争をしないと覚悟を改めて確認するために神社参拝をするのだと言ったことに対して、中国や韓国のような外国の人々が素直に理解してくれないのは何故なのか分からないと不満を表していましたが、彼の言いたいことは、理解しないことは日本人の感覚に基づく基本的な礼節に反するということだと思います。ですから「度」を越えるな、国同士がお互いに遠慮するところがあるのに、そこまで言われると心の問題や感情の問題にまで介入することになる。それは国家間における基本的な礼節に反する内政干渉ではないかと反論しているように聞こえます。一方、中国側の論点は、今のお二人のお話もそうですが、基本的な仁義や道理に合うのか合わないのかという原理原則の問題として捉えています。両国の文化・感情・美学の違いが他の何よりもここに表れているのだと思うのです。わたくし個人の意見としては国家間の基本的な礼節を違反・破壊したのは日本の方が先ではなかったのかと言いたいのです。日本がやったことは内政干渉＝礼節違反どころか内政破壊＝原則無視だったわけです。ですから基本的に「和」は、「同」（同質性）に基づいた同化・統合のための礼節なのか、「異」（相異性）に基づいた異他・共存の原則なのかという捉え方の根本における違いがあると同時に、「和」のはたらきを礼節の次元で考えるのか、原理原則の次元で考えるのかという次元設定における差異も絡んでいると思われますね。

先ほど陳来先生が「仁」の中には「義」も含まれているとおっしゃいました。よく分かります。しかし、近代以後の西洋思想においてはもちろんですが、それ以前の西洋思想では愛と正義というのは相反する原理原則でありました。中国思想における「仁」の原則というのはどちらかと言えば「愛」の教えに近いです。愛というのは条件を越えてお互いに共生を求めるもの、そして正義というのはお互いの違いを違うように対処することであるとも考えられます。

ここで王中江先生のご意見を伺うことにしたいと思います。香港からの飛行機が遅れましたので自己紹介の時にはまだ到着していらっしゃいませんでした。王中江先生は清華大学で中国哲学を教えていらっしゃいます。では、よろしくお願いいたします。

「和」と「仁義礼楽」

王中江《ワン・チョンチャン》　今までの議論を通して一応基本的な問題点はすでに出尽くしていると思いますが、私なりの意見を何点か補足的に述べさせていただきます。

まず天候の不順、これは天人が「和」していないということですね。私は昨日香港に留まりましたが、今日も天候状態が全般的によいとは言えませんでした。しかし、遅れながらも参加出来て本当によかったと思います。

では早速「和」というものの概念について言及します。「和」の概念には高いレベルから低いレベルまでといくつかのレベルがあります。その中での最高レベルというのは、本体論的・形而上的に言いますと、儒家においても道家においても「和」を宇宙の最高の秩序として位置付けています。

まず、この本体論から言えば、「和」の状態はあらかじめ設定された状態であると同時に、そうであるべきと信じている状態でもあります。『中庸』の中にある「万物並育不相害」(万物は並び育ちて相害わず)という表現がまさにそのような中国人の考え方をよく表しているのです。

「和」というのは理想的な秩序です。この点については儒家でも道家でもいろいろと議論されてきました。例えば、漢代の天人感応論は、天の秩序と人間の秩序が、相互的に働きかける理想的な状態が最高の理想だと述べています。本体論からして、「和」というのは理想的な秩序であると同時にあるべき秩序であるということから、価値観の次元になります。それについての中国哲学の全体的な共通認識として、天道即ち、天の「和」という理想的秩序にちなんで人間社会も同じような秩序を打ち立てなければならないという理念があります。今言っているのは価値観における「和」、理想論としての「和」でありますが、方法論としての「和」というものがあります。

この方法論としての「和」は宇宙の最高の秩序としての「和」と天人相似的な秩序としての「和」に加えて「和」の三次元構造とも言えます。儒家が言っている「中和」・「中庸」・「中正」・「中道」というのはすべて方法論としての「和」であると思います。

「中和」・「中庸」・「中正」・「中道」などは原理的な面と方法論的な面の両方を具えておりますが、原理としては先ほど申し上げました「天人合一」、すなわち人間社会は天の道にちなんで「和」の状態を保たなければならないということになります。ただ方法論としては問題解決に具体的な方策を提供しなければならないという意味合いが強いので、「中庸」などもこういう方法論的な観点から見直されているということもあります。

中国では先秦時代にこのような「中和」・「中庸」・「中正」・「中道」などが出現します。同じ時期にギリシャでは、アリストテレスが基本的な徳目として「中和」・「中道」・「中庸」を示しています。こういう二つのほぼ同時期の「中庸」・「中道」などは非常に面白い対話の可能性を示していると思います。

中国の「中庸」・「中和」とアリストテレスの「中庸」・「中和」は、具体的な面における違いを認めながらも、そこに共通する大きな問題が二つあると思います。まず一つはどちらも、「中庸」であれ、「中和」であれ、「間」から引き出された問題解決の方法であるということです。「間」というのは両端に加えて「間」という別の次元を想定するという意味で三元論的な捉え方の基本になるということです。

こういう三元論的な構造の中においては一番重要なのが「間」です。「及ばざるもの」と「過ぎるもの」の「間」です。方向的には両端から真ん中に行けば行くほど理想に近くなる、両端の方向に行けば行くほど理想から遠ざかっていくということになります。こういう三元論的な構造は、現在流っている二元論的な構造とは根本的に異なります。普通はやはり二元論的な考えで、是か非か、善か悪か、正か邪かということになります。

先ほど共通点が二点あると申しましたが、一点目は「間」からの観点。そして、二点目は「度」（節度）です。「過度」とは相反するものです。

金泰昌　「和」を基本的に「間」からのはたらきとして捉えるという王中江先生の考え方は、わたくし自身の「和」の捉え方とかなり似ていますね。ちょっと驚きました。そして二つの実体間の分裂と対立を基軸にしてものごとを見たり考えたりするという二極対立的な観点から、その「間」から両方を媒介するというはたらきを中心にして三次元相関的にものごとを見て考えるという観点への転換を強調していらっしゃるということも、わたくしの今までずっと言い続けてきたこととほとんど重なりますので心の奥深いところで響き合う哲学的共振を感じます。ただ、ここでお聞きしたいことがあります。王先生は「和」をどちらかと言いますと理想論・当為論として論じておられますが、実際論・現実論としてはどうでしょうか。

王中江　私はまず「和」の概念のいくつかの次元について述べました。そこでは「和」というのは本体論的に、また価値観的に、方法論的にしかるべき姿というものがありますが、実際の生活や現実の秩序の中ではなかなか「和」が実現しにくいというのが実状です。「和」を理想的な状態であると理解すれば、現実社会は「和」から離れている、遠ざかっているものであると言えます。古くから人間はこのような現状をどういう風に理解・解釈するか、さらにはどのように対応するかということを考えてきました。

本体論から形而上学的に言いますと、宇宙・人間社会・個人といったどのような次元から言っても、根本的にはその秩序には衝突が含まれています。衝突とは異質なものをどう見るか、異質なものにどう対応するか、それぞれの個体の限度はどのように設定し、それはどのように守ればいいのかということにかかわります。

個体からすれば、個体に自己表現の意欲があるのは当たり前です。それは自然界においても同じです。中国の伝統思想では、天地や宇宙の秩序の乱れは人間社会の乱れた秩序の反映であると認識していますが、実際自然秩序にも個体の自己表現による衝突があります。

儒家の概念の一つとして「性を尽くす」というものがありますが、ここで言う「性」とはもちろん「善の性」です。具体的に言えば「仁義礼智信」という心のはたらきですが、われわれの「性」、即ち「本性」には必ずしも善だけではなく、いろいろなものが混じっていると考えるならば、その「本性」の中の善以外のものをどのように処理すればいいのかを考えなければならなくなります。

魏晋時代の郭象が『荘子』の注釈に書いておりますが、「性分自足」ということを言っております。郭象の「性分自足」においては他人のものを真似することについて反対しています。人は誰しも

「性」と「分」——「分」とは位のことですが——自足されているものであるので真似してはいけない、真似しても仕様がないということです。

しかし郭象のこの「性分自足」にも大きな欠陥が潜んでおります。「性分自足」、即ち一人ひとりがそれぞれ自分の「性」と「分」を十分に発揮することになるとしたら、衝突は避けられないと思うからです。郭象の「性分自足」が十分に実現されたら、結果は彼の意図とは相反するものになってしまうと思います。と言うのは、自然法的な考え方から言えば、こういう衝突なり、対立なり、矛盾なりは「命」即ち、避けられない宿命的なものであると思うからです。ですから「和」を理想としている儒家においては、どうしても避けられない衝突・対立・矛盾が無視され、理想だけを語っているので現実的にはそれほど機能していないということがあります。

自然主義哲学はそれとは正反対です。例えば、トマス・ホッブズ（一五八八—一六七六）は原始的な状態を描きそれを狼と狼の関係に譬《たと》えています。西洋の進化論はそのような狼の状態を理論化したものであると思います。

自然界もそうなのですが、例えば昨日の霧なども霧の自己表現と認識しても良いのではないかと思います。霧でも洪水でも地震でもそうなのですが、これは「性を尽くす」ということになります。地震であれ、洪水であれ、「性を尽くす」ことになれば人間にとって大変なことになります。ですから自然界も、人間社会もそうなのですが、個体が思う存分に「性を尽くす」ならば衝突は避けられないものになります。

人間社会になると問題がもっと複雑になりまして、先ほど楊先生のお話の中にもありましたように、例えば相異なる利益の衝突や価値観の衝突といったものがあり、私の考えでは、そのようなものは必ずしも人間の後天的なものではなくて、天然の、天性的なものではないかと思います。やはり人間の本性というのは、儒家の言う性善論ではなかなか処理できないものではないかと思います。

そういう意味で言えば人間の歴史というのは衝突の歴史であると言えます。衝突や矛盾・対立などは、それを完全に無くすことはできないのではないかと思います。現在もある意味では衝突がもっと深刻化されている時代ではないかと思います。一方ではグローバル化という動きがありますが、他方ではローカル化が進み、その間の非常に深刻な衝突があちこちで起こっています。

伝統社会と現代社会の違いから見ると、どちらかというと古代社会・伝統社会は連帯主義、あるいは統一主義を目指したところが大きいと思います。そのような全体主義、全体性・統一性を目指す古代社会においては、私の考えですが、相異なる個人間・集団間の争いは非常に残酷なものだったにもかかわらず、一つの集団の中では共働一体の土台の上での個体と個体はわりと調和が保たれやすかったのではないかと考えています。

現代社会の最も大きな変化というのは、全体主義の分化への過程と見ても良いと思います。その衝突と関連付けて言えば、現代社会は分化だけでなく分裂の過程とも言えます。一つの例としては人間中心主義が挙げられます。人間中心主義は古代にもあったと思いますが、近代以来の人間中心主義がもたらした最も大きな災厄というのは自然に対する破壊です。人間中心主義の中で、人間のレベルでいえば最も明らかだったのは自己中心主義です。この自己中心主義というのはヨーロッパから全世界に広まっていったものであると思います。自己中心主義というのは社会を分子・原子に還元し、それに基づいて個人の要求を正当化するものですが、その危険性はすでに表れています。

近代におけるもう一つの現象は国家主義、ナショナリズムです。この国家主義、ナショナリズムは自国・自民族の主権を強調するものですが、つきつめていけば自国・自民族の利益を最高に位置付けるということです。近代以降はこのような分化・分裂の過程であり、具体的に言えば一人の人間の身心の分裂などもあります。

三番目には、理想的な状態としての「和」と現実状況としての「不和」の矛盾・問題に直面してわれわれはいかにすべきかというものです。歴史上人間はずっとこの問題に直面し、解決の方法を探ってきました。法律・宗教・道徳などといったすべての手段を使っています。本当は衝突や対立を解決し「和」を達成するというのが理想的ですが、完全な「和」ではなく、いかにして衝突を最低限度に抑えるかということが現実的ではないかと思います。

中国の伝統思想から現在の国際関係を見れば、王道（古代の王者が履行した仁徳を本とする政道）ではなく、覇道（武力・権謀を用いて国を治める覇者の政道）がいたるところで支配していると言えます。正義よりは武力が国際紛争の最終的な解決方法であるというのが現実状況です。しかし正義の原則に基づいて和と和解を実現するというのが原則であると思うのです。国内においても「調和」を理想としています。国内の「和」というものは制度によるところが大きいと思います。制度の正当性は社会における摩擦の度合いによるものです。摩擦が大きければその制度の正当性が疑われてきます。近代以降の制度はある意味では摩擦を硬化するように働いたと言えます。伝統社会では一揆がありましたが、これは摩擦がどうしても解消されない場合に限って起こった現象です。一揆の問題については日本でも中国でもすでに多くの研究がありますので今更言及する必要はないと思いますが、制度の合理性については、どの程度社会に対する適応性があるかという観点から判断できるものであると思います。

衝突や対立、矛盾などは究極的には避けられないものだと思いますが、歴史を振り返ってみますと、人間はいろんな方法を考え、それをなるべく和らげるように努力してきたと思います。寛容や相互尊重、相互理解などいろいろありますが、「和」というのはこのような寛容や相互尊重・理解などの総合的な概念として理解されたのではないかと思います。人間の努力というのはなるべく衝突を避けたり、強度を下げたり、低いレベルでの衝突にしておきたいということに尽きるのではないかと思います。

最後に、「仁」と「義」の問題を「仁義」と「礼楽」の問題に置き換えて一言申し上げたいと思います。先ほど陳先生もおっしゃいましたが、広義の「仁」には「義」も含まれているという点には私も異議はありません。

しかし一方では、儒学の中では「仁」と「義」の違いなども言及されています。この「仁」と「義」の違いから見れば、「仁」というのはどちらかというと「仁愛」のように感情的なものです。法律や刑罰などは悪を罰するもので、それこそ「義」でありますが、その法律や刑罰は場合によっては合法的な殺人というものが必然的に発生します。そしてその殺人は「仁」に反するので感情的には苦痛を伴うことになります。

「仁」というのはやはり「儒家」の理想的なテーゼであり、最高の「仁」というのは万物一体の「仁」ということです。「仁」と「義」は原則ですが、「義」は原則という面でも必ずしも一致するものではないと思います。

「礼楽」(行いをつつしませる礼儀と心を和らげる音楽)についてですが、「仁義礼智信」の中の「礼」ではなく、「仁義」に対しての「礼楽」という並べ方で見ますと、「礼」はやはり「義」の方に、「楽」は「仁」の方に当るのではないかと思います。『礼記』によりますと「礼」は主に差異・分別を意味しており、貴賤の別といったような差異を重んじるものです。それに対して「楽」は「和」を強調するものです。もちろん「楽」も天道に基づく概念ですが、「礼」の分別と比較しますと「楽」は「調和」を強調するものであります。

このように「礼楽」という言葉を形成しているのは、儒家的「礼」の分別による秩序の重視とともにその中で差異の調和としての「和」が強調されるというところに非常に深い智慧があると思います。ここには現在われわれが議論している「和」や「和解」につながるものがあるかと思います。

金泰昌　ありがとうございます。王中江先生のおっしゃることをわたくしなりに理解しますと「和」は「仁」に基づくはたらきであり、それは社会正義というより社会の調和を目指す「楽」と深くつながるということですね。しかし「楽」は同時に「礼」――「義」と「法」も含めて――による分別・是非・正邪の判断と責任及び懲罰が十分機能することによってはじめてその機能が成立・維持・確保されるということでもありますね。そして「和」と「和解」は個人的にも集団的にも誰かの一方的な善意だけで実現するものではないということです。それは関係であり、プロセスであり、力働であります。制度と装置と仕組みであるということですね。

王中江　はい、そうです。

東アジアにおける「和」と「和解」

金泰昌　では中国の代表的な日本思想専門家として有名な卞崇道先生に一言お願いします。

卞崇道　「和」と「和解」についてはこれまで三人の中国思想を専門とする先生方から詳細で明快なお話がありました。私がこの問題について再度言及するつもりはありません。私が考えますのは、まずなぜこの「和」と「和解」を改めて考えるのか、なぜこのような話題で議論するのかという問題があるということです。これには二つの理由が挙げられます。一つ目は金先生と他の学者たちが行っていらっしゃる「公共哲学」の研究課題との関係があります。東アジアにおける和と和解というのがその中でも最も中核的な課題の一つであるからです。日本における公共哲学の共働研究はすでに十数年の歴史を持ち、その目指すところはグローバルであり、ナショナルであり、ローカルでもある「公共哲学」の共働構築にあります。グローバルであるということは全地球的次元にかかわる思想であるということですが、このような思想は国家的であると同時に生活現場的な思想とも連動しているということです。中・日・韓という具体的な国家間の和と和解に関する共通認識が得られるかどうかは、グローナカル志向の公共哲学にとっての最緊急課題であるわけです。それは個々人の生活の幸不幸に直接かかわる生活現場的な問題であり、国家の繁栄と安定にかかわる問題であると同時に全地球的平和と共存にもかかわる問題でもあるわけです。現時点においてこのような視点から考えますと、東アジア思想の中の中国の伝統思想は、とても多くの研究課題をかかえております。その中でも「和」と「和解」についての問題は大変重要な問題であり、特に取り上げて研究していかなければなりません。

もう一つの理由を挙げるとするならば、われわれは現在中日関係において「不和」・「不和解」という現状に直面しているからです。そこで「和」と「和解」を追求していかなければなりません。われわれ中日関係を研究している者の言い方からすれば、現在の中日関係は「道」を欠いていると言えます。また一九七二年に中・日が国交を回復して以来の三十年において、最も低調な、最も良くない状態であると言えます。ではなぜこのような状況が生まれたのか、どのようにして両国間の正しい道筋を開くのか、政界・経済界・思想界といったそれぞれの世界の人々は様々な角度から「和」と「和解」の問題を解決することを求められています。という訳で、われわれ学者が、この「和」と「和解」の問題を議論するのであれば現実的「不和」の歴史的原因を探索するべきです。また中日関係という糸口から見れば、戦後われわれの状況はとても乾ききっていたと言えます。現在われわれがさらに進んで不和の原因を遡及するならばこれは両国間で戦争があったためです。そして戦争のあとしまつをちゃんとしていなかったということです。ですから何時までたっても和解への途が開かれないのです。

しかしさらに遡って明治以前、古代の中日関係、古代から徳川時代末期までの中日関係を見ますと、それは基本的に、友好的な状況にありました。ずっと「和」の時代であったのです。この歴史的過程から見るに、現在の「不和」を解決できるのか、過去の「和」の状態に戻せるのかという問題があります。私は、中日関係はどれだけ悪化しようとも一定期間を過ぎれば、三年や五年などとは申し上げられませんが、必ず「和」の状態に戻ると思っております。中日関係が最も厳しかった昭和期、一九三〇年代や四〇年代のような戦争状態に戻らないためには中日両国は理念の共有から出発しなければならないと言いますが、そのようなことは私に言わせれば不可能であります。これは現実的問題なのです。現在においてわれわれ学者が「和」と「和解」の問題を議論するのであれば、中国の立場からすると、「不和」の原因を追求しなければなりません。「和」であったのがなぜ「不和」になってしまったのか？　この間に「和」から「不和」に変化した、この転換の理由はなんであろうか？　中日両国間にはいったいどのような問題が存在しているのか？　これらの問題には当然政治分野の問題、経済分野の問題があるでしょうが、われわれの思想文化分野には問題がなかったのか？　もし問題があるとすれば思想文化分野における問題はどこにあるのか？　われわれ学者はどのようにしてこのような分野に存在する中日両国間の問題の解決に貢献出来るのか？　わたしはわれわれが可能な限りすべての力量を動員してこれらに取組む必要があると思います。

過去の中日両国の思想文化分野においては、洋の東西における差異が根本的なものであるという認識が基本にありましたので、研究の焦点を東西の差異に置いていました。東アジア、とくに中日間においては文化的にそれほど大きな違いがないと錯覚しておりました。「和」の側面だけを強調していたのです。それは儒家文化が朝鮮半島を経由して日本に渡ったことによります。数十年間にわたって大多数の人間が誤解していたのは、中日両国は「同文同種」で、日本の思想は中国の思想の末節であるというものでした。このような見解とは異なり、現在われわれは中日間には多くの差異を見出しています。われわれは自らの文化・思想・伝統に立脚して中日両国間に存在する問題を見たときに、それに相応しい対応策を立てて来なかったということを実感します。

実際問題として、東アジア、特に中日韓三国間には重要な違いが私は存在すると思います。私たちが話してきた「和」の本来の意味は「和して同ぜず」で、このような状態はとくに矛盾の中の「和」であり、「不同」の中の「和」であります。東アジアにおいて「和」を考えるのであれば、まず「不同」の実状をきちんと認識する必要がありますね。例えば儒教思想と言いましても中国の儒教思想と日本の儒教思想と韓国の儒教思想はどこが不同なのでしょうか？　中国の儒教思想は「仁」を重視していますが、日本の儒教思想は「誠」を重視していることが分かります。「仁」というよりは、「誠」が優先徳目であるということです。そして韓国の儒教思想は「義」を中心徳目にするように考えられます。日本も「和」を論じ、中国も「和」を論じる場合、同じであると容易に誤解してしまいがちです。実際には「和」の捉え方には差異があり、「和」や「和解」の理解にも差異があります。そのため私は、今回のような場と機会を通じて現在の「和」や「和解」の理解を検証することも含めて、一方では中国学問界の視点から中国思想の「和」と「和解」の理解をはっきりとさせ、日本の学者は日本の「和」と「和解」とはどのような意味で、どのように理解しているかをはっきりとさせる必要があります。その後比較を行い、「和」と「和解」について東アジアにおいてはどのような部分が共通する認識であるのか、どのような部分が異なるのか、その異なりがどのような結果を引き起こしているのか、それがどのように中日韓三国の文化意識・思考方法・心情的特徴に違いをもたらしているのかを検討しなければならないと思います。

金泰昌　はい、ありがとうございました。今回、このように陳来先生・楊国栄先生・王中江先生をお招きし、それぞれお話をしていただくようにお願いしたのは、卞先生がおっしゃったように、「公共哲学」が目指す実践課題の中に「和」と「和解」と「共福」が大変重要な基本課題として入っていますので、それをできれば皆さんと一緒に考えてみたかったということがあります。東アジアの三国間の関係がなかなか望ましい方向に進展せず、いつもギクシャクしています。また、かなり多数の一般市民がいつまでも反復される不和の関係をよくないと思っているということも事実です。このような現状を市民の力で何とかしたいという気持ちを持っている人々も少なくないのです。そのような気持ちを台無しにしたくないという思いがあります。

哲学とは物事の大本を考える・見直す・改めて反省し、熟慮し、新しい地平を探索することです。公共哲学は独考者による独話的論証というよりは、相異なる意見を持ち、立場に立ち、目標を掲げる複数の人間たちが、男女が、老若が、異人種・異宗教・異文化の人々がそれぞれの個性と差異を尊重しながら、たがいに応答しつづける語りあいの哲学なのです。

ですから、公共哲学は決して「同」の哲学ではないのです。「不同」が必ずしも「不和」の原因ではないと同時に、「不同」から「共」と「和」と「生」の地平を切り拓くための知・徳・行の連動変革を目指す哲学です。「一」の哲学でもありません。公共哲学はまさに「多」の哲学であり「異」の哲学です。「多」と「異」を前提にした「和」と「共」と「脱」の哲学です。公共哲学は「同」と「異」の分裂と対立、また「一」と「多」の矛盾と葛藤を、それぞれの間からの新しい次元の拓きによって脱出・突破・開新を可能にするための語りあいの哲学なのです。ですから、「和」を「脱出」・「突破」・「開新」の働きとして捉えるのです。

また、公共哲学は一つの世代が専有する哲学ではありません。世代間の対話としての哲学でもあるわけです。特に将来世代と過去世代の間を生きているわたくしたち現在世代が両方を媒介する哲学でもあるのです。将来世代の観点から過去世代と現在世代の思考と判断と行動と責任を問い直すという側面も重視するのです。難波先生、せっかくですからご感想を。

難波征男　今日は、「和」と「同」の違いが明白になり、その上で和についての議論が展開されたと思います。「和」が「同」ではないから、「差異」とそれにともなう「不和」が当然生じます。その不和をどのようにうまく調整するのかという問題がありますね。陳来先生の「仁」＝「体」、「和」＝「用」という考え方は非常に面白かったですし、それから「間《あいだ》」と「度」(節度)という問題も出ました。そういうところでは今の小泉首相による靖国神社の参拝問題はわれわれに課せられた「和」と「和解」を考える非常に大事な問題であると思います。中国と韓国と日本が協力して、互いの文化から考えられる「和解」の方法を、三カ国を越えて、東アジアが公共的に共有できる「和解」の理念・方策・道程を考察する「和解」の哲学、「和解」学というものを創り出すことが期待されますね。それにはそれぞれの違いや、それぞれの特性などがはっきりと出された上で、認め合って尊重しあうことが大事です。そういう意味で今日は中国・日本・韓国を念頭に置いた対話が展開されて改めて感じたことが多々ありました。

矢崎勝彦（京都フォーラム事務局長）　ありがとうございます。今日は四人の先生方のお話を全部、メモを取りながら聞かせていただきました。「和」と言うとどうしても静態的、名詞的に捉えてしまいがちですが、それがダイナミックな「和」、動態的な「和」、さらに言えば、プロセスとしての「和」であるということを重んじるために、いつも「和」のお話の時にはメモを取るようにしています。これは自分なりの方法ですが、ユネスコの松浦晃一郎事務局長が京都フォーラムに来られて基調講演をされた時に、ご自分が国際的な場で心がけてやってきたことが動態的「和」、プロセスとしての「和」であるとお話されました。そのときに頭に浮かんだイメージが「和」を英文の「ＷＡ」と捉え、Ａを閉ざす心、Ｗをともに開く心としてみて、絶えず閉ざす心でＡ対Ａの二元論的に対立する次元からともに開いてより高次の解を求める第三の次元へと開かれているＷ、つまり、絶えず上に開かれた、弁証法的に上に開き続けている「和」というのがあるのだというようにそのときに直感し、それ以来メモを取るようにしているということがあります。

本日は特に「和」の次元と「和」の構造についてお話しいただきました。「和」の次元にはそういう多様な段階があるのだとしますと、ある物事が発生した時にその次元で終わらせるのではなく、絶えずそれを出発点として上の次元をお互いに開くというところに「和」を位置付けますと、今日教えていただいたそのレベルもすべてその上を開き続ける営みの始まりと捉えることもできるのかなと自分なりに勝手に解釈しました。

もう一つは「和」の構造で、「仁体和用」論です。これは私の記憶では初めて伺ったと思います。このことについては今までまったく逆に認識しておりました。「仁」というのは確かに個体の中に出てくる和らぎの概念であるとは思っておりましたが、しかしながらそれが「義」にまでつながっているというところまで行きますと、個体の中に集結するのではなくて、もっと社会全体で共有するものが「仁」であるというのが本来の大きな意義なのだと教えていただきました。これまでは「仁」というものを「礼」の中に小さな「W」があるくらいに捉えていましたが、今日お話を伺ってこの自分の中の小さな「仁」を大きなものにしていく、ここにも「和」のように大事なものがあるし、このときに大きな「仁体和用」論というものを自分なりに「W」と「A」をもう一度再評価する意味で勉強させていただきました。もし間違っているところがありましたら教えてください。

最後に一点だけ、この「A」から「W」の次元に開かれることについては、その後、西條剛央著の『構造構成主義とは何か』（北大路書房、二〇〇五）という本を読みまして、その中にまさに「A」から

「W」への道筋が書かれておりました。「構造構成主義」というもので、「A」というお互いに自分が信じているところで、お互いに世界観の違う人間同士が出会ってお互いに話し合うとまさに対立が起こるというものです。そこで一度その判断を中止します。この「W」と「A」の間というのが判断中止ですね。そうすると上の次元に関連することができる。もう一度自分の今言いたかったことを相手の意見なども受け取りなおして、もう一次元高いところへ持っていく。構造構成主義の現象を分析するときにこれで理解しますと自分なりには理解できたものですから、それ以後よくこれを使っているのです。

陳来　矢崎先生は哲学研究の専門家ではないですけれども、お話はなかなか哲学的で素晴らしいと思います。

金泰昌　それではですね、最後に、今後のことを申し上げたいと思います。日本で如何に「和」という言葉が頻繁に使われているかが実証されるデータがあります。まずインターネットを検索しますと、例えばヤフーの場合は一二億三〇〇〇万件、そしてグーグルの場合は、一四億八〇〇〇万件が登録されています。ちなみに中国では「百度」の場合、八七六〇万件が登録されていますね。また、日本人が一番好むことばは何かと世論調査をしたところ、「和」が最高得点を得たという結果が発表されました。そして「和」が家訓とか社訓というかたちで、愛好されているということです。そして日常的な生活用語としても例えば、和気・柔和・温和・和音から和語・和歌・和紙・和風・和服・和食・和訳など広範囲に和ということばが使われています。昔は「倭」と呼ばれていた日本の国号も「大和国」もしくは「和国」と改称されてから「日本」－「和」－「大和」－「大和民族」－「大和魂」という考え方が定着する程、「和」は日本人にとって重要なことばなのです。ですから日本人の「和」についての認識を理解する場合、定義とか原則というよりは、機能というか実用という観点から「和」を捉えているということが何よりも重要ではないかと感じられるのです。そして「和」が国家とか民族の名称として使われるようになりますと、どうしても「和」を統合・同化・合一の力働・作用という側面から捉えざるを得なくなるということにも注意する必要があります。

徐滔　日本人は「用」としての「和」を重んずるということですか？

金泰昌　すくなくとも世論調査の結果や日常的用例を見ますとそうですね。その次に日本人が好むことばは「誠」です。日本人の考える「誠」は人間の本心・真心・まごころという意味です。それはどちらかといいますと人間の内面の意識にかかわることですね。いわゆる意識内在的な事柄ですね。恐縮ですが、わたくし自身の「誠」の理解は、日本人の「誠」の理解とはかなり違います。その違いは大体三点に絞られます。まず第一点は、「誠」は一人ひとりの人間の心の中の問題というよりは、人間と人間との「間」の問題であるということです。誰か一人の主観の問題というよりは、人間と人間との間の、主観と主観との間のたがいの姿勢・言行・配慮にかかわる問題であるということです。第二点は「誠」は文字通り、字源通り言語を通して成立する事柄です。ですから、こころ・意識・心理の問題に還元できないということです。ですから第三点として、「誠」を誰かの心の中に秘められた私秘的な事柄としてではなく、人間同士が互いにことばを通して確認できる公共的な事柄として理解したいのです。

また、「和」にしても内面・内在・内発との関連で理解するのではなく、「間《あいだ》」・相関・相生との関連で理解するということを強調するためにあえて「相和」ということばを使うことにしてきました。ですから、中国の大学などで公共哲学を語る場合、特に東アジアにおける公共哲学の意義に関する議論では、グローナカルな相和と和解と共福の公共世界を共働構築することを目指すと言い続けてきたのです。グローバルとナショナルとローカルという三つの次元の相互関連を重視する立場から、互いの和（相和）と、ともに幸せになること（共福）を実現するためには、必ず過去の怨念と憎悪を解消する（和解）ことが先決事項であるということです。

このような立場から今後、中国と日本と韓国が、とくに市民の立場から二十一世紀の新しい東アジア、そして世界にできるだけ貢献できるような哲学を一緒に考えて行きたいのです。まず東アジアの三国の間で基本的にどういう「不和」があるのか、この点を真剣に考える必要があると思います。東アジアだから「同一」だというのはあまりにも乱暴な考え方です。

その中の一つにわたくしが今まで中国と日本と韓国との間を往来しながら考えて感じたことは、中国は「理」が強調される文化だということがあります。日本については、わたくしも今まで十数年住んでいますし、日本人の学者、さらにはいろいろな分野の方と一生懸命に語りあうのですが、「場」が強調される文化と言えますすね。何を言っても「場」が大事にされます。その方向で言いますと、わたくしは韓国人として、自分の文化を改めてよく考えて見ますと「気」を大事にする文化ではないかと思われます。ですから韓国では「気」が合う人というのが一番大切なのです。ですから「気」が合わないと一緒に何かをやるということがなかなかできないのです。中国の場合は「理」を重んじます。そして「理」を共有することが大事です。つい最近ある研究会で文化人類学専門の東大教授が、日本人は「場」を共有すれば大きな問題は起こらないと言っていたのが印象的でありました。京都学派の元祖である西田幾多郎(一八七〇―一九四五)が場所論を提示したのも分かるような気がします。

今それぞれの文化の特徴を十分尊重しながら「公共哲学研究会」を進めておりますが、ここでは「理」を重んじ、「場」を大切にしながら、「気」の働きを活かすというのが目標なのです。そういう立場から「理」としての「和」・「場」としての「和」・「気」としての「和」という三次元相関的な和の捉え方を基本にしているのです。ですからお互いにもっと自分の歴史的な脈絡を重んじながら、それぞれの古典からの学びを大事にしつつ、比較研究していくことも必要ではないかと思っております。今後、共福の問題も共働研究の重要課題にしていきたいのです。

陳来 最後に一点単純ではない話をさせていただきます。金先生が「理」・「場」・「気」のお話をなさいましたが、それは共感するところが多々あると思います。ただ補足させていただきますと、確かに中国人は「理」を重んじるという側面がありますが、韓国文化が重視する「気」の中には「義」が入っているということを実感します。私が今まで出会って話したり付き合ったり共に研究したりしたことのある韓国人――学生であったり、学者であったり、いろいろな方々がおられましたが――から受けた印象ですが、社会的正義に対する意識と感覚が強いのではないかと思われました。そして私の感覚では日本文化の「場」としての「和」は内向的というか、内面を指向するものであると思います。ですから日本人は自分のことはうまく処理できるのです。これには日本国内では他者の問題があまり目立たないという側面と関係しているかもしれません。ですが、日本文化の「場」的特徴との関連で理解される「同」としての和が主に内向的であるという傾向を、外との相互作用を強調する方向に転換していく必要があるのではないかと思われます。「和」を国際間の異質のものの間の次元にまで広げて捉えるということが必要ではないかと思われます。儒家の理念から見れば内向的に閉じ込められるのではなく、たがいに共感の輪を拡大・深化するということが大事だからです。

金泰昌　わたくしも今の陳来先生のご意見には同感です。確かに韓国人の「気」というのは「義」と深くつながりますね。そしてその「気」は「和諍《ファジェン》」と「会通《フェトン》」――和する議論を通して相互理解に至る――をねばり強く続けるエネルギーです。そして、日本人の「場」の感覚はどちらかといいますと、「内」と「同」と「一体」に向かうこころのありかたですね。それが極限まで行きますと、いわゆる西田幾多郎の「絶対無の場所」であり「絶対矛盾的自己同一」という考え方につながるのではないかと思われますね。そのような比較で考えますと中国人の「理」は「道」であり、それは「徳」でもあり、その特徴は自他相関的であるということですね。ですから「和」――わたくしの言い方ですと『間和』・『中和』・『相和』の三次元相関的交響」――は中日韓の共通価値ですが、それが意味付け・位置付けされる関連というか、脈絡が互いに違うということも改めて認識する必要があるということを実感しました。

では、これで今回の和と和解に関する日中間の座談会を終わらせていただきます。どうもありがとうございました。

（初出　『公共的良識人』二〇〇七年三月一日号）

【語りあい　その2】

3　詩と詩人と公共詩人

日中詩人との語りあい

日時　二〇〇七年十二月七日
場所　リーガロイヤルホテル京都内会議室
通訳　茹楊《ルウ・ヤン》（参一文化研究室）
記録・整理　池本敬子（京都フォーラム事務局）

今日の中国の代表的詩人兼詩評論家唐暁渡《タン・シャオトウ》氏とは北京で出会い文学と哲学のことを語りあった。大変哲学的な詩人であり文学全般にくわしい活動的な知識人であると印象付けられた。また唐氏の紹介で日本の著名な詩人高橋睦郎氏とともに語りあう機会を持つようになったということは、なみなみならぬ日中韓の公共哲学対話としての意義が大きいのではないかと思われる。長い間京都フォーラムでの同志でもあった茹楊《ルウ・ヤン》さんは唐氏の奥様でもあり、今回の対話を流暢な日中両国語で美事に通訳し、その後の校正も唐氏に確認しながら遂行してくれた。

はじめに

金泰昌　今日は遠いところ、唐暁渡《タン・シャオトウ》先生にはわざわざお越しいただきありがとうございます。また、高橋睦郎先生にははじめてお会いしご意見をお伺いさせていただきます。どうぞよろしくお願いいたします。

それでは、今日は、二十一世紀の中国、日本、韓国、そして、アジア、世界の激しい変化の中で、詩人はどういう役割を担うことが出来るのか、これまではどういう役割を担ってきたのか、これからどういう役割が期待されているのか、ということに関して率直なお話を伺えたらと思います。では、まず、中国の事情について唐先生のお話をお聞かせいただきたいと思います。

中国の事情

唐暁渡　日韓中で話をするこのような場を設けていただいたことに感謝いたします。

ちょうど今年十一月二十九日から十二月三日まで東京で日中の詩人が集まって、「第二回日中現代詩シンポジウム」が開かれました。そこで、高橋先生とは対話をしてきたところですが、その対談のテーマも、「いま、詩に何が出来るか」というものでした。この東京での対談は、第一回目の北京での詩人の交流を踏まえて行われたものだったのですが、今回はさらに深まった交流ができました。今回のシンポジウムを通して、詩は何をやってきたか、詩の役割については、なんらかの答えが見えてきましたが、直接、詩人に何ができるかということについては正面から答えは出せませんでした。詩人、あるいは、私個人から直接、これについて答えを出すことは難しいことです。詩の役割とは無用の用であり、詩と哲学は共通の面もありながら、差異もあります。

昨日、資料としていただいた公共哲学座談会「公共哲学共働研究の成立過程と基本課題」という小冊子を読んでみたのですが、その中で日本の高度経済成長時代の市民の問題が取り上げられていましたが、その時代の公共性の問題、あるいは、そのときの公共性の意味合いには、マイナスのイメージがあるように感じました。中国の詩人にとっても、詩の中でどのように公共性の問題を取り入れるかということを考えた場合、公共性についてはマイナスの要素が入ってくるように思われます。詩人としての身分、アイデンティティのために、このような考え、感覚をもつのかもしれませんが。

金泰昌　マイナスのイメージとはどういう意味ですか?

唐暁渡　中国では公共詩人といわれると、それは誉め言葉ではなくて、皮肉がそこにこもっています。中国の一九五〇年代、六〇年代では、文学と詩の創作活動がすべて労働者、農民のためのイデオロギー化された政治目的で強制された歴史背景があったためです。

伝統中国の中では、身分あるものの基本教養として、「六芸《りくげい》」(周代に士以上が必ず学ぶべき科目と定められた六種の技芸、すなわち礼・楽・射・御・書・数)ということが言われていましたが、その中で詩は第一とされていました。伝統的には、詩人はエリートの階層で、国家の支配者と対等な立場にあり、権力とは離れられない立場にありました。唐代になると、詩が書けるということが、士大夫になるための資格とみなされていました。このように、その時代は、詩人のアイデンティティ、身分が認められていました。しかし、このような伝統の中で、一九一九年の五・四運動以来、詩人は初めて周辺化されました。そして、文化大革命が終わって八〇年代になって、詩人が再びリーダー的役割を果たす時代となりましたが、また、九〇年代以降、経済発展、消費文化の中で詩人は周辺化されています。

そのような中で、八〇年代、伝統的詩に対して、新詩の位置付け、即ち、詩人の身分について、中国における第三世代の詩人はその問題で悩まされてきました。中国は古典詩の影響があまりにも大きくて、新詩は詩ではない、身分が確立していない、ということがあります。京都フォーラムにおいて、司馬遷の『史記』における公共人というテーマでの発表があるようですが、その時代の「公共人」としての詩人は、いい意味で捉えられていました。しかし、消費文化の進んでいる現代では、娯楽化と消費化という語境《コンテクスト》の中で、注目を引くスターや芸能者たちが公共人物として見られており、周辺化されている詩人は、自分のアイデンティティの独立性を強調しているので、公共詩人などと言われた場合、それがいい意味で解釈されるのかどうかということがあります。

日本の事情

金泰昌　日本の事情はどうですか。

高橋睦郎　日本の事情として、古くからのことを一通り考えてみたのですが、「公共性」という場合の「公」ですが、「公」、「私」、あるいは「公」に対する「私」というように、対応において考えないといけないと思うのです。これは白川静先生の説なのですが、中国でいう「公」とは、宮廷の前の庭と関係がある。両側についたてがあって、そこでお祈りするということであったらしい。それに対して、「私」というのは、そういうところに属している奴隷的な農民のことであったようです。

日本語では「公」は、「おおやけ」、「私」は「わたくし」という読み方をしますが、この「おおやけ」の日本語の本来の意味は、「第一の家」ということです。それは天皇家のことであり、宮廷のことであります。「私」の方は、語源はよくわからないのですが、『大言海』で大槻文彦氏の説によると、「我をつくす」ということ、「われづくし」というのが、やや説得力のある説です。「自分のことだけ」ということです。

そこで、宮廷詩人＝公共詩人というのは、「おおやけのうたびと」ということになるのですが、その大前提として、「天皇がうたびとである」という構造があるわけです。では、天皇はどのような歌をうたったのかというと、恋の歌です。もっぱら恋の歌なのです。なぜ恋の歌を歌うのかと言うと、その恋の歌によって、天地自然を感応させて、そして天地も恋愛をして実りを豊かにして、たくさん稲が実ったり、牛や馬が増えるようにするために恋の歌を歌うわけです。

しかし、実際には、天皇がいつもすぐれた詩人であったというわけではなく、その代わりの役割を担ったのが、巫女であり、宮廷詩人でした。『万葉集』の最初に出てくる宮廷歌人は、巫女的要素をふんだんにもった額田王でした。天皇の代わりに彼女が歌ったわけです。巫女が、神の代わりに託宣をする、神の言葉を告げるという役割がありました。その後、今度は男性の詩人がその巫女的役割を代行するようになっていきます。柿本人麻呂が代表的な人です。そして、もう一つはそういう歌というものが、国を経営していくのに非常に重要なので、勅撰集という、天皇の命令で歌を集めてお墨付きで国民歌集を作るということが起こってきました。二十一冊くらい出ています。勅撰集というのは『古今集』からと言われていますが、実はその前にある『万葉集』は、挫折した勅撰集だったのです。本来は勅撰集であるべきものなのです。

唐暁渡　勅撰集は何代目の天皇が始めたのですか。

高橋睦郎　第六十代醍醐天皇が始めたものです。それが『古今和歌集』です。しかし、その前にあった『万葉集』は四千何百首入っていて、天皇から名の無い奴隷的な農民のものまでが入っている、本当の国民歌集です。これは実は、天武天皇がそういう意志をもって構想し、その薨去後、遺志を汲んで妻の持統天皇が下命したと言われています。その後、四回ほど選集がなされて、百年くらいかかってどんどん拡充していきましたが、最終的には、政変が起こって、挫折してしまうのです。最後の選者が大伴家持だったのですが、この人は中納言で、皇太子を司る役所の一番偉い人で、後に東北地方の前線基地の大将軍にまでなった人です。しかし、死んだ後、骨が隠岐島に島流しにされました。彼のこのような運命が、歌というもの、詩の運命を象徴していると思うのです。彼は、天皇のために歌をたくさんつくりました。しかし、天皇にそれだけつくしたにもかかわらず、罪人扱いにされてしまいました。それまでは、天皇のため、国のためという歌のつくりかたがあったのですが、それ以降は、形の上では「わたくし」のため、自分のための歌になっていきます。

そういう歌の時代が続いたずっと後に、俳諧というものが始まります。それまでの和歌の世界に対して俳諧の世界、これはあからさまに「わたくし」の世界です。「おおやけ」のために歌う場合も「わたくし」の立場において、歌うわけです。たとえば、芭蕉の句で、「春立つや新年古き米五升」というのがありますが、立春に、その前の年にお米を五升もらったから　今年は安泰だという意味です。それは自分の支援者たちからもらったものだったのですが、結局はお米を作れるのは、天皇のおかげということになるのです。天皇は雨を降らす雨師であり、稲の祭司なのです。それが天皇の本質です。そのため、米五升が手に入ったということは、間接的に天皇からいただいたことになるのです。そういうかたちで、国の、一年の初めを寿《ことほ》ぐわけです。

では、われわれが今やっている詩はどうであったかと言うと、近現代になって興ってきます。それまでの詩は漢詩だったのが、日本語による、ヨーロッパなどの影響を受けた新体詩ということで興ってきました。それはすべて「おおやけ」ではなく、「わたくし」のものとして発展してきました。それが一度だけ、「わたくし」でなくなったことがあります。太平洋戦争のときに戦争の協力をせざるを得なくなったときでした。ですから、その当時は日本においても「おおやけ」の詩人というのは恥ずかしいことだったことになります。

日本では本当の意味で公共詩がなりたったことが、いまだにないのではないかと思うのです。今までは宮廷＝公だったにすぎないのですから。特に詩の中ではないと思います。しかし、私は、この国の詩に公共性ということが育たなかったことを奇禍として、それを幸いとして、これから新しい公共性を育てて、作っていかなければならないというところに、逆に期待をしています。そこには日本人だけではなく、全人類を含めていくことは当然で、さらに、生者だけではなくて死者や未来者も含めていかなければならない。それと同時に全生命、全非生命、無までも含まなければならない。仏教で三世諸仏、草木国土悉皆成仏*という言い方がありますが、成仏とは公共化とも考えられます。無までを公共性のなかに含めていかなければ、生きている人間だけでやったのでは世界はむちゃくちゃになってしまう。こんなことを私は考えています。

韓国の事情

金泰昌　今、お二人のお話を伺っていて、詩人と公共性の問題は根本から考え直す必要があるという

＊「三世」とは過去・現在・未来のこと。「三世諸仏」とはつまり、あらゆる時代の諸仏をさす。「草木国土悉皆成仏」とは、心を持たない草木や土も成仏をするとの意味。

ことをつくづく感じました。話を進めていくために、韓国の事情がどうだったのかをご説明しますと、歴史的に見て、詩人が宮廷とか権力の側に立つということはまれで、庶民の喜怒哀楽、特に草の根的民衆が歴代の政治権力によっていかに虐げられ、弾圧され、排除され、殺されたかを、その悲しみ、苦しみ、痛み――それらを民衆的基層感情としての「ハーン」(恨)と称する場合もありますが――を象徴的言語を通して形象化し、それを後世に残してきたというところに詩人の役割があったのではないかと思います。韓国でも高麗時代初期から始まり、朝鮮王朝時代の末期に廃止されるまで、科挙(公務員採用試験)による官僚登用が制度化されていましたので、作詩能力が高級官僚の基本教養として重視されました。ですから、官僚詩人もいます。しかし、わたくし自身は率直に申し上げてあまり評価したくありません。詩人として、そして、その詩精神もです。

彼らには吟風弄月《ぎんふうろうげつ》(自然の風物を友として詩歌を作り、そこで風流を楽しむ)の洗練された教養が感じられたり、時にはそこにあらわれている政治的不運や人間的悲哀に同情もしますが、深い共感はもてません。何故か。民衆の実存的苦悩が欠如しているからです。民衆とともに悲しみ・苦しみ・痛むというのがあまり感じられないのです。わたくし自身の心情としてはどうしても民衆詩人・抵抗詩人・預言者的詩人のようなタイプにひかれます。

特に高橋先生のお話をお聞きしながら考えたことですが、わたくしが一九九〇年の来日以来、いろいろ調べてみてわかったことは、日本における「公」の伝統的な捉え方は「おおやけ」ということばであらわされ、主に、天皇や国家や政府及びその支配範囲とそれを正当化する理念・規範・原則という意味を基軸にして理解され、そのように通用してきたのではないかということです。それは基本的に個々人の「私《わたくし》」を否定するところに成立・発揚・進展するもの・ことと想定されます。ですから「公」と「私」とは相互否定的な二極対立関係にあるもの・こととして認識されてきたとも言えるでしょう。ですからこのような公私観に基づく限り、「滅私奉公」か「滅公奉私」かの両者択一的な閉塞状態から脱却・発展・進化することが困難であったと思うのです。

そこで公と私を相互否定的な関係ではなく、相克・相和・相生の連動力働として捉えるという発想の転換を探ることの重要性に気付いたのです。そのような意味で公と私をそのあいだからたがいに活かしあう・育みあう・実らせあうというはたらき・実践活動・生生過程を「公共」と称し、それを「公」とは別次元として明示する必要があると考えたのです。

先ほど、高橋先生がおっしゃった「公共」というのが、現在生きているもの、すでに死んだもの、今から生まれてくるものが総合的に関係しながら、そこからすべての生命と非生命、そして無までを含めるものである、そしてそのような「公共」というのが今までなかったから新しくつくるべきであるというお考えには共感するところが多々あります。

わたくしは過去の数年間、特に日本に来てから「公共」ということばを、まず、「公私共媒」と捉えてきました。そして、「公私共振」・「公私共尊」・「公私共貴」とも言わせていただきました。要は、「滅私奉公」でも「滅公奉私」でもなくて、その対立・葛藤・行き詰まりからの脱出・転換・変革を目指すということです。わたくしが今まで生きてきた経過から実感したことを申し上げますと、国家とか政府とか体制の維持・強化・発展という「公」の大義名分の下でわたくしたちの生命・生活・生業が犠牲・否定・無視された時期が長く続きました。そして、その後、急激に「公」が軽視・屈辱・非難され、専ら「私」が追求・重視・賛頌されるようになったかと思うと、また失われた「公」の回復・強化・拡大にこそすべての問題の解決のカギがあるといわんばかりの社会風潮が跋扈しています。

そこで、わたくしは、公私二元対立的発想では突破口が見えて来ないと考えたのです。ですから公と私をそのあいだからむすび・つなぎ・いかすという発想に基づいて、まず「活私開公」、即ち一人ひとりの「私」(のいのちとくらしとなりわい)を活かすことによって「公」(国家・政府・体制)を時代的・状況的要請に応答できるように開放・改革・改善するということと、「公私共媒」——公と私をどちらも犠牲にすることなく、ともに媒介する(はぐくみあう)ということ——こそ、「公共」の新しい捉え方であるというのがわたくしの考え方です。

公共をこのように理解するわたくしから見ますと、唐先生と高橋先生の「公共詩人」の捉え方がわたくしとはかなり違うなという感じがします。わたくしの感覚から申し上げますと、お二人のおっしゃる詩人の位相は公定(認)詩人であって、公共詩人ではないからです。わたくしの考えている公共詩人とはどちらかと言えば民衆の側に立って、体制権力とたたかう詩人です。権力によって奪われた言語を回復させ、それを高度な美的水準に昇華させ、民衆の共感を得、そして民衆の心を振動させるのが公共詩人の有り様と効能ではないかと思うのです。

例えば、現代韓国の詩人で言えば、朴斗鎮《バク・トゥジン》とか、金芝河《キム・ジハ》などが、軍事独裁政権のもとで命がけで民衆とともに民主化を目指して、たたか（戦・闘）い抜いた詩人たちです。こういった詩人たちが、古代から中世、近世、現代に到るまで、歴史を通して体制権力の下で苦しむ民衆の喜怒哀楽を表現してきました。それは武力に対する言力のたたかいです。高度な象徴語を使って、民衆の自立と自由を訴えた詩人たちは、「公」の詩人でもなく、「私」の詩人でもなく、まさに「公共」の詩人ではないかというのがわたくしの考え方です。

日帝の最終期に亡くなった尹東柱《ユン・トンジュン》は決して忘れられない詩人です。京都の同志社大学に留学していました。彼は亡国の民の哀愁を韓国語で表現しました。しかし、それが国法に違反する犯罪行為ということで監獄にぶち込まれて、一九四五年の韓国の独立の直前に九州の監獄でなくなりました。自分の母国語で詩を書くことが不法になるような時代でありました。彼が書き残した詩は、一見、私的な感情の表現のように読めるけれど、もっと深く読むと、国を奪われ、生きる土台が破壊され、自分を表現する言語を喪失し、民衆の自立への強烈な願望、自分の国を持ちたい欲望、そういうものを高度なシンボル言語を使って表現したものなのです。戦後しばらくして、同志社大学は彼を悼んで、大学の一箇所に石碑を置いて、そこに彼が一番好んだ「序詩」を刻んでいます。日本でも尹東柱を愛する人々が大勢いて、彼の詩は日本語に翻訳され、教科書にものっています。

わたくしは公共詩人というのは自称するようなものではないと思います。将来世代が判断することであると考えます。詩人は自分の詩想に忠実に詩を書くだけでしょう。一部の意識的国家主義の詩人以外は恐らく純粋な詩精神だけが詩を書く原動力ではないかと思われます。

詩人とは大体、謙遜で、敏感で素直です。ですから、時代の課題を、質の高い言語で表せるのかも知れません。

歴史的に見て、韓国民衆の共通体験と言えば、外国もしくは自国による権力悪・体制悪・制度悪への「共憤」・「共怨」・「共闘」でありました。外国人であろうと自国人であろうと支配者層の不正・不義・非理とその弾圧への抵抗・反発・拒否であります。

高橋睦郎　しかし、弾圧しているのは自分でもある。そのことを自覚しなければならない。

金泰昌　同感です。自分にも他者弾圧の当事者としての責任があるという意識が必要です。

それでは、今までの議論を踏まえて詩人の役割についての対話を続けて行くことにします。唐先生、なにかお考えになったことがございましたら。

屈原の詩「天問」

唐暁渡　和歌、俳句といった日本の流れ、日本の公と私についての関係の説明などを伺い、また、金先生からは韓国の詩の中では民衆の喜怒哀楽といった感情が表現されているということをうかがい、中国における詩をめぐっての古来から今までの公共性について、新たな気づきを与えていただきました。

中国の詩の伝統の中では、最初の詩というのは「詩経《しきょう》」です。詩経は、風《ふう》・雅《が》・頌《しょう》に分かれていて、風とは、金先生の言われた韓国の民衆の詩のような、各地の民謡を集めたもの、雅は　インテリの詩、貴族や朝廷の宴席などで奏する音楽の歌詞など、頌とは朝廷の祭祀に用いた廟歌の歌詞などを指します。

中国には詩教という言葉があります。支配者が詩を集めて、もっと世間のことを知る。支配者は人々を教化する立場にあるので、そういう支配者が詩を通して世間のことを知るという意味では、当時の詩人には、いわば公共的役割もあったわけです。

歴代の皇帝、漢の時代からは、楽府という官署が作られ、そこが、民間から詩を集めて、詩を通して民衆がいま何を考えているのか、何を求めているのかということを読み取るようになりました。この楽府の仕事を、文化人がすることによって、詩を書く意欲を高めたのです。

中国では、最初の文化詩人としての代表的人物に、屈原がいます。この屈原が書いた詩の中に「天問」という詩があって、その詩の中で彼は、王が行う政治とは別の、彼独自の社会に対する理想を歌っており、知識人として公共的な詩を最初に書いた人物だと言われています。この「天問」という詩の中で、詩は源流から問いを発して、詩人が生きている時代の問題など、いろんなことを問い続ける。生命のあるもの、生命の無いものなど万物が、その詩の中で書かれています。

金泰昌　万物が詩の中に書かれているということでしたが、特に問い続けられたのはどういう問題でしたか。

唐暁渡　屈原は楚の国の士大夫（高級官僚）です。楚の国の王のやり方に対して、彼は自分の理想をその「天問」の中で書き続けました。彼は湖南省、湖北省など、楚の国の文化を旅する中で、庶民の苦しみ、戦争によってもたらされた苦しみなど、その当時の世相、現実の場面を見て、自分の国のやり方の改善を求め、理想をたて、「天問」という詩を通じて、国の盛衰の道を探究して、楚の支配者、王に対して、訴えているのです。

高橋睦郎　今回、東京で行った中日詩人会議の大きなテーマがまさに「問い」でした。詩に何ができるかということです。その出発点が実は屈原の詩だった。その屈原の詩は、具体的には、いっぱいある矛盾に対する問いなのですが、それにとどまらず、なぜ、人間はこの世の中に存在するのか、なぜ世界はあるのか、世界の中に人間がいる意味は何なのか、ということを天に向かって問うわけで、それこそが詩ではないかと思うのです。問い続けるのが詩であって、しかし、問い続けるけれど、安易な答えは出てこない。つまり、問い続けた結果、出てきた答えがまた新たな問いになる。詩とは永遠の問いであるというようなことが今回の大きなテーマだったと思います。

金泰昌　唐先生と高橋先生のお話を伺って考えたことですが、この問題は、過去の一時期の問題ではなくて、今までも、今も、そして今からの問題でもあって、常に改めて問い直すべき課題だと思うのです。「天問」という問い方は、すべてを天の方から、天の角度から、問い直すということですよね。当時の王のありかたさえも、その是非を天の立場から問う。それは即ち民の立場から問うということでもあるわけですね。天意はすなわち民意でもあるわけですから。王はいろんなイデオロギーや理屈で自分の権力とそれによる支配を正当化しようとする。しかし、それを民の立場から見れば、民のいのち、民のくらし、民のなりわい、民のしあわせが犠牲になるというのが現実であります。公共感覚のある詩人であれば、中国であれ、日本であれ、韓国であれ、時・処・位を問わず、民の立場から支配者や権力のありかたを、時代的・状況的要請に基づいて天＝民の実心＝真心・正心・誠心をもって問わざるを得なかったのではありませんか。

そこで、唐先生にもう一度聞きたいことがあります。「天問」という問い方が中国にあったということはわかりましたが、例えば、「地問」という問い方もあったのでしょうか。日本の場合は、場を大事にするので、「地問」という考え方が出そうな気がしますが。もう一つは、中国では哲学的な問いをするときに、「原君」とか「原臣」という言い方で、「君とはいかにあるべきか」「臣とはいかにあるべきか」という問いかたがありますね。それは「原問」とも言えるのかも知れません。そこで、「原詩」という問いかたもありましたか。

唐暁渡　「原詩」というのはあります。清朝最後の葉燮《イェ・シェ》という詩人が「原詩」というものを書いています。中国六朝に書かれた文学理論を体系化した書物、『文心雕龍《ぶんしんちょうりゅう》』も、最初の原詩の本と言えるでしょう。その『文心雕龍』には三つのキーワードがあって、それは原道、徴聖、宗経です。『文心雕龍』の理論も内容自体は、ある意味で公共性の問題と捉えることができるのではないかと思うのです。そういう意味では、詩人は、古来から、孔子時代から、中国の士大夫の役割として、詩とか文の公共性を問い続け、それを書き続ける役割をはたしてきていると言えるでしょう。古来からの詩の創作の動機は、公共的なものを求めて書かれたもので、支配者の立場で書かれた詩はわずかしかなかったのです。

中国では「地問」というのはないですが、「天問」に対して、「天対」というのを書いたものがいくつかありますが、レベルは高いものではありませんでした。

「天問」には、私たちが天に向かって問うと同時に、天のほうから問うということがあると思います。また、屈原のように、天を代表して天の立場から問うというありかたもあります。屈原の後はそういうことをした人はいなかったのですが、この屈原のありかたは詩を書く原点になっています。天から問い直す、天から問う、天から見るというのが、文化人、詩人、ものを書く人にとっての原点なのです。

古来から今日までの詩の創作活動は、中国の文化大革命の間の毛沢東を称えた詩は公詩といえるのかもしれませんが、このような詩はほかにはあまりありません。基本的には私詩か公共詩ということになると思いますが、この二つは明確な境界線をひくことは難しいことです。自分の感情を歌っていても、人類全体のことを言っているかもしれないですから。

詩における公共性について、私なりに理解したことですが、先生は、いろんな国、いろんな人がもっている哲学を、対談を通じて、その中に新たな公共哲学を作っていくというかたちだと思うのです。しかし、詩人の場合、屈原にも見られるように、対話の中で天問という詩が書かれましたが、哲学の対話と違うところは、詩人はあくまで個人なので、個性の要素が強い、屈原は孤独の状況の中にありながら、抱えている課題は人類全体の課題、万物全体の課題、それが孤独であったからこそ、詩における公共性を最大限に表現することができたということがあると思うのです。

金泰昌　哲学者だって孤独の中で自己と他者と世界のことを考えるのです。

わたくしが重要だと思ったのは、戦国時代の詩人である屈原を唐先生が中国史上の公共詩人の一事例として言及したということです。

朱熹（一一三〇―一二〇〇）という南宋時代の大儒学・哲学者は、「公共」ということばを使うとき、必ず、「天下公共」と「衆人公共」という言い方をしたのです。道を語り、理を語り、学問を語る場合、それらは天のほうから見て天下公共のものであり、同時に天即民でありますから、衆人＝万民公共のものであると考えたのではないかと思われます。

このような思想が、日本では、例えば、横井小楠が、「天地公共の実理」という言い方をするのです。なぜ、天下でなくて、天地なのか。天下とは、天の方から問いかけたり、天に向かって問いかけたりするところに中心が置かれる問い方です。それは「(天) 理」を重視する中国思想文化の特徴の一つでもあると言えますね。しかし、日本の場合は「場 (所)」というのがその思想文化の基軸と言えますから、人間の生存・生活・生業の現場としての「(天) 地」に重点を置いて、「天地公共」と表現したのかも知れません。おもしろいのは、天下と天地は一文字違いのように見えますが、発想の原点がかなり違うのです。

韓国思想文化の脈絡からわたくしが推測するのは「天地人公共」もしくは「天人公共」という考え方です。唐先生がおっしゃったように詩人はあくまでも個人として孤独の中で人類世界・宇宙万物の課題に取り組み、詩における公共性を最大限に表現することであるとすれば、それこそ天地人公共と言えるのではありませんか。唐先生のお話のように、どんな問題も一人の人間が自分の生命を基軸にして考えるわけですから、結局は、すべて一人ひとりの問題になるのです。ですから原初的な問い方としての「地問」という質問をしたわけです。そして、「人問」という問い方もあってよいのではないかという気がします。そういうわけで東アジア三国の詩人の問いかけのありかたの原点を、あえてわけて言えば「天問」、「地問」、「人問」があるのではないかとも思ったわけです。

権力に抵抗する詩人

高橋睦郎　韓国の民衆の虐げられた側から訴えるというようなところは、日本の詩には基本的にありませんでした。中国の詩というのは、士大夫階級が政治に関わる、科挙の制度をとおして政治に関わってきますから、彼らは常に為政者、支配者に向かって、諫言ということをします。中国の詩人ほど、世界で命を晒した詩人はいないでしょう。こんなに詩人が殺された国はほかにありません。詩を書くことは命がけだったのです。韓国も命がけだった。

そういう意味で、日本でそういうことをやった人は誰かというと、菅原道真くらいです。この人は臣下としては、一番上まで行った人ですが、この人だけが、詩の上でも民衆のことを書いています。最後は排斥されて、それがもとで一年後に死んでしまいます。それは、一つには、政治というものが、韓国や中国のように過酷ではなくて、どこかで和んでしまうところがあるからではないかと思います。平安時代は四百年間、死刑がありませんでした。徳川時代も時代劇などではおもしろくするために演出されていますが、実際は、武士が人を切るなんてことはほとんどありませんでした。ほんとうの意味での抵抗ということが起こらなかった。それでも、儒教の影響を受けた当時の家臣たちは諫言をして、閉門ということになります。ほんとうの意味でそういうことを考えていた人はいたのですが、詩の上でそれが表れるということはほとんどなかった。

もちろん、太平洋戦争の前後、それより以前の戦争に至るまでの間に、プロレタリア文学の抵抗ということはありましたが、それは例外的なものであって、日本というのは、公共詩人というものが育たないままに戦後を迎えて民主主義になってしまった。実際は民主主義といえるかどうかわからないのですが。

そこで、いま、考えないといけないのは、公共のために詩を書いてこなかったのだけど、民主主義が曲がりなりにも実現したのだけれど、民衆の民も一つの暴力になるということを忘れてはいけないということです。民というのは自分のことです。自分が暴力になる可能性があるということです。

もう一つの暴力はお金です。数字です。今、一番最先端の経済問題はお金という具体的なものではなく、抽象的な数字です。毎日、コンピューター上の数字の上がり下がりをみているのが、先端の経済人です。その「私」と「お金」が結びついたとき、すべてを破壊してしまう。だから、詩の上で公共性を追求するということは、他の矛盾、問題を追求することも大事だけれど、自分の中にある悪、すなわちそれがお金に結びついたときの私利私欲という悪を見つめること、究極的には悪の根源を自分の問題として取り組まなければならないと思います。

金泰昌　二つくらい申し上げたいと思います。

一つは、日本ではなぜ中国や韓国と比べて、権力に抵抗する民衆詩人があまりいなかったのかということです。それは国家が和む、国民を和ませてしまう、和みこむということがあるからでしょうか。わたくしも、日本に来て思うことは、和とは、和む《なご》、和らぐ《やわ》、いやすという意味で理解されています。これは中国での捉え方とは違います。中国古典では、「和して同ぜず」という言い方があるように、和と同を対比して、和は同ではないというところが強調されます。日本の場合は、「和」はほとんど「同」であり、和合・調和・合一すなわち統合・同化・無異という考え方が定着してきました。聖徳太子以降、天皇を中心とし、和を何よりもとうと（尊・貴）いとする大和国では和をこわ（壊・毀）すことが最大の罪・悪であります。

日本思想史の専門家に聞いたことですが、日本では、反権力・反天皇が悪だと言うのです。それは、天皇に逆らい、権力に逆らうのが悪だという考え方です。ですから、人々は和を乱さないように努力するわけですから、表向きには、日本は安定した、平穏で和やかな社会のように思われるわけです。それはすごく重要なことだとは思います。

韓国の場合は、統合・同化・無異としての和合・調和・合一の作動が十分でなかったと言えるかもしれません。権力側のなごみ・やわらぎ・いやしの戦術が日本ほどうまくいかなかったのかなとも思われます。いずれにしろ、権力に対して軽々しく従属しないという精神的風土において詩人の抵抗する姿勢を肯定的に評価する人々が大変多いのです。

もう一つは、民主主義のありかたです。民の方が暴力の主体になるということは、中国では文化大革命を通して痛感しましたし、韓国でも軍事政権に対する民主化運動の真只中で民のほうから出てきた暴力の怖さを実体験しました。ですから、「民」が全善全良というのは幻想かも知れません。民も、主役の立場に立ったとき、従来の権力者とは違う高度な道徳性を体現できるか、そして、すべてをいい方向にもって行けるかと言ったら必ずしもそうではなくて、民の暴走も大きな問題であるわけです。スペインのオルテガ・イ・ガセット*という人が『大衆の反逆』という本を書いていますね。民がいかに暴力的になれるかということを実証していますね。ここで重要なことは権力悪・体制悪・制度悪も大変な問題ですが、民衆悪・集団悪・群集悪というのも深刻な難題であるということです。

三点目は、詩の捉え方で、特に資本主義制度の中では、貨幣価値・金銭万能主義に偏った考え方が諸悪の根源になる可能性が大きいのです。お金というのは増えすぎますと個人で管理するには限界があるので、銀行に預けたりそれ以外のいろんな方法で管理をする。そうすると、お金は通帳上の数字になってしまうのです。すると、それはコンピューター上で取引できるようになって、どんどん限りなく増えるということにもなります。すると、人間のいのちとか人権とか自由といったことは全部数字の暴力によって消されています。それが、法人経済、貨幣経済、市場経済、さらにいくと、E（電

* オルテガ（José Ortega y Gasset, 一八八三—一九五五）は、スペインの哲学者。一九三一年のスペイン共和国成立に際しては、憲法制定のための議員としても活躍した。

子）経済にまでなると、人間は消失します。数字の遊びというか、数字が一人歩きする世の中になってしまって、もともとそれがなんのためにあったのかが忘却されます。手段にすぎなかったものが、目的化されて、人間存在自体が台無しにされてしまう。日本で住んでいながら、中国の状況を心配しているのです。日本人はせいぜい一億三千万人しかいませんが、中国には十三億人もいるので、世界全体に対する影響が大きいのです。

ですから、民の暴動や数字の暴走によって、わたくしたちの希望が消されてしまうようなことにならないように、何とかできることがないのかを考えたいのです。詩人もそのような認識をかかえているのではありませんか。

哲学と詩の共働作業

唐暁渡　グローバリゼーションにおいて、地球全体がめざしている、大きな、すさまじい状況が、中国はまだ始まったばかりなので、そのような社会の中で詩人の声は弱くて小さいのです。この大きな流れをどう阻んで行くかを考えると無力感を感じるのです。それでも、大きな流れの中で詩人たちは実現不可能であっても、何かやらないといけないという使命感を持つことは大事だと思うのです。詩人たちの役割としては、人間としての中身を伝え、広める。そういう人間として失ってはならないものを常に問いかけ、訴える。それが詩人の役割ではないかと思うのです。手段化された、数字化されることによって、見失われていっている人間の大切なことを訴えつづけるのです。中国でも、イデオロギーの中で、詩人は声をあげて、抵抗し続けました。これも一つの詩人の公共性の役割の光った部分です。あの時代は特別な一つの時代でしたが、詩を通して、生活者として、人間とは何か、心とは何かを、心を見失った人々に対して示していくことが、いつの時代にあっても必要な詩人の役割ではないかと思うのです。ですから、このような時代であるからこそ、芸術家などとの交流、対談を通じて、詩の存在を目立たせないといけないと思うのです。

そして、詩の個性を薄めないことを前提にして、各レベルで、哲学、芸術的分野との共働作業を通じて、今の時代の課題と対面し、それに対してなんらかの役割を示していく。詩を通して伝えていくということは、ある意味で、叫び声を出して、直接対抗するというやりかたよりは、もっと難しい方法だと思うのです。大声を出すことは簡単だが、詩的表現によって独特にそれを伝えていくということだと思うのです。

八〇年代に、イデオロギーではない詩、新詩に書かれた太陽と空についてを読んだとき、衝撃を受けました。それまでの太陽は毛沢東でしたから。その詩人たちの新しい解釈、それまで固定概念化されていた言語を、詩人たちの努力によって、新たなものをそこに加えていく。その詩を読むことによって、自分たちのおかれた時代の真実なる生活状況に気づかせていく。そういった役割があると思うのです。

高橋睦郎　先ほど、金先生のお話の中でも、日本においては天皇制や社会制度に反抗することが悪とされて来ていて、今もそれがどこかに残っているのではないかということでしたが、日本における天皇は本来、稲をつくる祭司であり、自然と密着した存在なのです。民草《たみくさ》という表現がありますが、民は草です。また、お金に関しても、黄金《こがね》の花が咲くという言い方がされてきた、お金が増えることを黄金の花が咲くという言い方があるのですが、稲が実ることも黄金の花が咲くという。このように、すべてを自然になぞられて考え、表現し、感じるというありかたが、古来から日本にはあった。

この感じ方は一つのヒントを提供しているのではないでしょうか。制度でもなんでも、行き過ぎたものはそれ自体悪です。行き過ぎた天皇制、行き過ぎた民主主義も、行き過ぎた共産制も、行き過ぎた資本主義体制も悪です。それはなぜ悪かというと、自然律に反しているからです。だから、悪というものを捉える場合は、それは自然と対立するものとして捉えるべきであって、天皇制に反することだからとか、民主主義に合わないから悪という問題ではなくて、自然というものが本来どうあるべきなのかということに返っていかなければならないであろうと思うのです。だから、数字だけが一人歩きしているということは悪なわけです。つまり、詩人のやるべきことは、抽象的なことを具体的なものに戻すという作業が一つ。それから、逆に具体的なものを一回、抽象化するということを、常にやっていかなければならないだろうと思うのです。

金泰昌　中国で今、起こっていることで、日本でも韓国でも起こっていることですが、特にわたくしが気になるのは企業グローバリゼーションです。企業の論理で、世界中の物事を全部商品化して、そこに法律的な権利を与えて、売り物にして、全部を独占化しようとする。そうすると何がなくなるかというと、地元で一人ひとりが生活していくうえで必要だった仕事もなくなるし、資源もなくなるし、文化もなくなります。すべてが、巨大企業の私有財に変質してしまいます。そういう企業グローバリゼーションは、その世界規模の資金力と市場支配を通して巨大な企業帝国を形成するわけです。

企業帝国と軍事帝国とは相似点が多々あります。暴力（金力か武力か）によって人間の生命・生活・生業を全面領土化・植民地化するわけです。かつてすべての人間が帝国臣民にされたように、今度は企業臣民に落とされるのです。

現時点におけるわたくし個人の最大の関心事は、生活現場（ローカル）と福祉国家（ナショナル）と地球社会（グローバル）の三次元相関的な観点の共有を通して、国境・民族・宗教・性差を横断媒介することを可能にするための哲学的基盤創りです。新しい哲学は新しい言葉を作り出すことから始まるのです。人間は基本的に概念的意味生生の当事者・参加者・活用者です。ことば無しには人間の共働体はもちろん、その単独存在ですらほとんど不可能です。ここでわたくしが言いたいのは、民衆の胸の中に胎動しつつある新しい時代への生命向上的感受性に、生命力あふれる新しい言葉を与えることが詩人の役割ではないかということです。多様な象徴的言語をもって民衆的原初感情をグローナカルな公共理性・公共感性・公共霊性にまで向上させることも詩人に期待されるのではないでしょうか。

強大国家による帝国主義は周辺の弱小国家たちを領土化・植民地化することによって、そこに居住する人間たちを奴隷化しました。そして巨大企業による帝国主義は市場化・商品化することによって売買可能で自由に処分できるものにしてしまうのです。ものとは、まず言語が奪われた存在です。ですから、帝国主義は固有の言語を抹殺するのです。

こういう国家によるグローバリゼーションと企業によるグローバリゼーションの両方から、一人ひとりの生命と生活と生業、基本的な生命共働体を守らなければならない。職業とは、賃金をもらって、人のためにやる仕事ですが、生業というのは、自分が生きていくために必要なことを自分がやる。そういったものを全部なくしてしまっているのです。ですから、そういうグローバリゼーションから、一人ひとりの人間の生命と生活と生業を守るための、活動、運動、仕組みが必要だということで、どうしても詩人がやることは、行き過ぎた制度悪のありかたを民衆に実感させるということです。

軍事帝国も企業帝国もそして両方の併合帝国も、帝国の学知と道徳を正当化・正統化するための帝国言語を捏造します。自由かつ平等な民衆の生活世界は「貴生」（いのちを貴ぶ）・「好生」（いのちを愛する）・「養生」（いのちのはたらきを養う）の言語を必要とします。詩人には民衆の魂を振動させる言語を発見して、それを見事に表現する能力があるからです。

唐暁渡　金先生と高橋先生のお話を受けて感じたことを申し上げます。

今、特に自然という概念が出てきましたが、『文心雕龍』の中で言えば、文人、インテリ、詩人は大徳を立する。天地人という三才の役割を担って、天地のために志を立てる。立志の役割とは文人、詩人の公共性を担うところだと思うのです。

自然とは、元来、形而上の言葉です。形而上のこの言葉を、日常生活の中でどのようにあらわすか、日常生活の中のありかたを通して、どうやって自然という道を表していくかということだと思うのです。

大岡信という詩人が、日本は第二次世界大戦には負けたが、文化、生活様式という点では負けなかった、ということを言っていましたが、たいへん印象深く、そうして日本は生活様式の中で伝統文化を受け継いできたということがあるのだと思うのです。

詩人のアイデンティティとはなにかと言った場合、ドイツの詩人、どこそこの詩人という言い方をしますが、例えば、パスカルは生まれはフランス、育ったのはアメリカ、最後は南アフリカで自分の文化の求めていた原点、境地に到達した。詩人とは、本来の身分は不確定な存在だと思うのです。詩人は、地域に定められる存在ではなくて、詩人が対するのは常に自然で、大いなる自然が身分を確立する原点になるべきだと思うのです。地域に属するもの、民族に属するものではなく、大いなる自然こそが詩人の身分を確定するものなのです。

高橋睦郎　唐さんがさきほど、大岡信さんが、戦争には負けたけれど、日本文化が残ったといわれたことに対して少々異論をさし挟ませていただきたい。と言いますのも、とりあえずは、日本文化はアメリカ文化に負けなかったかもしれないけれど、今、アメリカから起こったキャピタル・グローバリゼーションというものに負けそうになっているのではないでしょうか。日本文化なるものも今、危うくなっていると思います。

伊勢神宮といえば、日本文化のシンボルと言っていいでしょうが、その分け宮の一つに、伊雑《いぞう》の宮というのがあって、そこには、御田といって神様の田んぼがあります。その田んぼは日本の田んぼの原点的存在です。そこに、私が先般の遷宮のときに行ったのですが、驚きました。なんと、原点の田んぼのあぜ道がコンクリートになっていたのです。

日本は海岸線に富んだ国です。ところが、その自然の海岸線は今、一五%も残っていません。全部、コンクリートで固められています。なぜこういうことが起こっているのかというと、海からいろんな富をもらっているのに、向こうにそれを取り返されたくないという発想からなのです。奪うけれど返さない。そんなことでは、コンクリートの内側も腐っていきます。向こうから取って、また向こうに返す。それが自然なのです。それが、グローバリゼーションの一番プリミティブな現れかただと思うのです。われわれは他の生命から奪わないと生きていけない。しかし、それはまた返さなければならない。今のグローバリゼーションが生産性を高めているということは、地球の潜在的生命力をものすごい勢いで奪っているということです。地球を早く滅ぼそうとしているわけです。私たちが生きているうちはなんとかなっても、私たちの後の生命、まだ、生まれていない生命が生きていくには地球はもうもたなくなっている。そういうことが理屈で分かっていても、数字はどんどんすすんでいくのです。結局、日本もだめになりかけていると思うけれど、アメリカも究極的にはだめになりかけているということです。

禅のことばで、吐く息と吸う息では、吐く方が多い方がいいといわれています。自分がたくさん奪うより、たくさん与える方がいいというのです。詩人は特別な存在ではないけれど、鋭敏な人間であることには間違いがないので、詩人の直感で、そういうことを警告していきたいと思います。なかなか聞いてもらえないけれど、聞いてくれる人もいるはずです。それを詩の言葉で言い続けていきたいと思います。哲学と詩の違いということよりも、共通性を見ていった方がいい。それは、結局、「問う」ということだと思うのです。

詩が目ざすもの、公共哲学が目ざすもの

金泰昌　わたくしの考えている公共哲学的想像力の源泉には若い時、夢中になって愛読した感動的な詩の影響があります。いつでもどこでもわたくしのこころの奥深いところには尹東柱の詩心が響いています。

死ぬ日まで空を仰ぎ見／一点の恥ずべきことなきを、／葉あいにそよぐ風にも／わたしは心苦しんだ。／星を歌う心もて／あらゆる死に行くものを愛さねば／そしてわたしに与えられた道を／歩み行かねば。／今宵も星が風に吹かれる。

また一九六〇年四月十九日の学生革命にあわせて発表された朴斗鎮《パク・トゥジン》（一九一六―九八）の詩によって民主主義の意志が改めて確認されました。

徹底した民主体制／徹底した思想の自由／徹底した経済均等／徹底した人権平等の、／われらの目標は地上での勝利／われらの目標は／正義、人道、自由、平等、人間愛の勝利である。／人民の勝利である、／われらの革命を闘いとるときまで、／……

若い学生たちが李承晩独裁政権を打倒したという実体験が民衆の力に対する自信を強めたのです。

そして、生命・生活・生業を中心課題とする公共哲学的発想は金芝河の詩の中で詩的表現を発見できるとも思われます。彼の生命思想とともに。

めしが天です。／めしがひとりのものでないように／めしがたがいにわかち食うもの／めしが天です。／天の星をいっしょに見るように／めしはみんながともに食うもの／めしが天です。／めしが口にはいるときは／めしをからだにむかえるもの／めしが天です。／ああ、めしはみんながいにわかち食うもの。

唐暁渡　今日の対話を通じて、今までやってきたこととの相違性と共通性が見えてきました。特に今日、明らかになったのは、個人としての詩人と、詩そのものがこの時代に何ができるか。詩人は個人主義、個性、アイデンティティを強調します。本当の個人主義とは、社会のありかたに関わることだと思います。個人主義を主張する詩人が直面すべき対象は世界そのもの、自然そのもの、万物そのもの、それを地域を越えて直面していくことだと思います。

中国にこういう言葉があります。その人の工夫、即ち、詩人が磨き上げてきたことは詩の中ではなく、詩の外にある。つまり、詩人は詩の作業、詩を創作するということだけを磨くのではなく、自らの生活そのものを磨いていかなければならない。その生活世界で磨いてきたものが、生きてきたこと全体が、詩の作業を通じて、詩という空間を通して、象徴的な言葉を用いることで、表現されるのだということです。

そして、勇気だけではなくて耐える力が必要です。詩がめざすものと公共哲学がめざしているものの共通しているところは、常に新しい人類のありかた、文明のありかたを求めるところだと思うのです。詩人たちの交流が国境、民族を問わず、交流が容易く実現できるのはそういう理由からだと思うのです。国家、文化を問わず、つねに新しい人間のありかた、文明のありかたを求め続けるということが、詩人たちの心に潜んでいて、それが交流を容易にするのでしょう。このことは、公共哲学でも言えることではないでしょうか。

金泰昌　今日の言語世界は権力・金力・暴力の言語によって汚染されています。生命・生活・生業の言語が殺生・殺掠・殺業の言語によって生活世界から追い出されています。生命・生活・生業の言語を守護し、質を高め、共感力を増す真実の言語が必要です。それは支配者の都合によって民衆をだまし続ける偽・仮・名だけの言語ではなく、本当の・真正の・実質の言語です。偽語の汚染を実語によって浄化すること、それこそが詩人と哲学者、詩と哲学の対話・共働・開新に求められている役割ではありませんか。

（初出　『公共的良識人』二〇〇八年三月一日号）

【おわりに】

中国における公共哲学を公共する時空の奥底にあるもの

公共哲学は、自己と他者とのあいだ・あわい・であいを通して行われる公共世界についての語りあいであります。自己と他者とが、ともに・たがいに・向きあって、東アジア、そして願わくば全世界における相和と和解と共福のさきあう公共世界の共働構築を、真摯に・根気強く・持続的に語りあうという哲学的いとなみです。

中国・中国人はわたくしにとって重要な他者です。巨大な他者です。数も多いし規模も大きい他者です。日本・日本人という他者との対話・共働・開新の経験・体験・学習を積み重ねると同時に、中国・中国人との対話・共働・開新を試みて参りました。中国で中国人と生身の対話・共働・開新を実行する前に、また、途中で、二千年以上の長期にわたる中国・中国人の、思想と哲学と文化の遺産・資源・宝庫としての中国古典との対話・共働・開新を綿密に粘り強くつづけざるを得ませんでした。

特にその重量に圧倒されそうな公私論とそれに関連する厖大な言説の蓄積との対当・対応・対決は大変な苦労ではありますが、とてもやりがいのある努力です。そこでわたくし自身の個人的な問題意識は、「公」に偏重し、「私」を圧殺するような言説から、「私」を立てそれをい（活・生）かすことによって「公」の開新をはかる議論に、か（替・换・代・変）えるにはどうすればよいのかということです。それは「公」と「公共」とのちがいをはっきりさせることからはじまるわけです。「公」は「私」を同化するか、それとも排除することはあっても、「私」とともに・たがいに・むきあうということはありません。「公」と「公共」を分けてその相互関係を改めて考える必要などまったくないし、公の中に公共がすでに含まれているという主張がありますが、それこそまさに「公哲学」の偏説なのです。

わたくしの中国における公共哲学を公共する時空は、鞏固な「公哲学」の君臨する精神風土のなかで、「公からの公共の自立と私との連帯」を基軸にして、公共哲学の新地平を中国人の問題共有者たちとともに切り拓いて行くための対話と共働と開新の哲学的遍歴であります。

中国古典の公私論

西暦前二四一年頃の文献と言われている『呂氏春秋』巻一孟春紀貴公に記されている言説をよく聴いてみましょう。

昔《むかし》 先聖王の天下を治《をさ》むるや、必ず公を先《さき》にす。公なれば則《すなは》ち天下平《たひ》らかなり。平《たひ》らかなるは公より得《う》。掌試《こころみ》に上志《じょうし》を観《み》るに、天下を得《う》ること有《あ》る者衆《ものおほ》し。其の之を得《う》るは必ず公を以てし、其の之を失《うしな》ふは必ず偏《へん》を以てす。凡そ主の立つや、公より生ず。故に鴻範《こうはん》に曰はく、偏《へん》する無く党《とう》する無く、王道蕩蕩《とうとう》たり。偏する無く頗《は》する無く、王の義に遵《したが》へ。好を作《な》すこと或る無く、王の道に遵《したが》へ。悪を《を》作《な》すこと或る無く、王の路に遵《したが》へ、と。天下は一人の天下に非《あら》ざるなり。天下の天下なり。陰陽の和は、一類を長《ちょう》ぜず。甘露《かんろ》時雨《じう》は、一物に私《わたくし》せず。万民の主は、一人に阿《おもね》らず。

[現代語訳 むかしの聖人君子が天下を治める際には、必ず公（平無私）であるということを第一とした。公（平無私）であれば天下は（泰・太）平である。天下の（泰・太）平は統治者の公（平無私）から得られるのである。こころみに上古の記録を調べてみると、天下を得ることができた者は数多いが、彼らが天下を得ることができたのは、きまって公（平無私）による。そして天下を失うのはきまって私に偏《かたよ》ることによってである。およそ統治者の権威の成立根拠は、公（平無私）であるところから発生するのである。そこで洪範には次のように言われている。偏《かたよ》ることなく私（利・益・党・謀など）にくみすることのない治道は平穏無事である。偏《かたよ》ることなくよこしまなく、ひたすら統治者の大義に忠実であれ。自分の私的な好みで動することなく、ひたむき統治者の正道に尽せ。自分の私的な憎悪感情だけでものごとを判断せず専ら王としての理路に整然たれ、と。天下は一人（君主）の天下ではない。天下（万民）の天下なのである。陰陽の和気は一類一族だけを育てるのではない。恵の露や時節の雨は一物一所だけに降るのではない。天下万民の主たるものは一人だけの肩をもつものではない。]

古代中国の聖人君子たちは「公」を統治者たる者になくてはならない人間的道徳性の根幹であり、そこから統治行為の正当性の根拠が発生すると考えたようであります。「公」は政道の基本であり、平天下の源泉として重視されています。「公」は「先」(他の何事よりも真っ先になすべきこと)であり、「平」(天下万民の平穏無事のおおもと)であり、「義」(王の義)であり、「道」(王道・王路)でもあるということです。そして、「公」が「偏」・「党」・「頗」・「悪」・「私」との明確な対比で語られているということが重要であります。

では、何故、古代中国の聖人君子たちは統治行為の正当性の根拠としての「公」を「私」との相反的対比で語ったのか。そもそも何故「公」と「私」を分けて考える必要性を強調したのか。何のための公私の分別なのか。『韓非子』飾邪第十九の言明に耳を傾けてみましょう。

> 明主の道は、必ず公私の分を明かにし、法制を明かにして、私恩を去《す》つ。夫《そ》れ令《れい》して必ず行はれ、禁じて必ず止《や》むは、人主の公義なり。必ず其の私を行ひて、朋友に信ぜられ、賞の為に勧《すす》む可からず、罰の為に阻《はば》む可《べ》からざるは、人臣の私義なり。私義行はるるときは則ち乱《みだ》れ、公義行はるるときは則ち治《をさ》まる。故に公私、分有り。人臣に私心有り、公義有り、身を修《をさ》むること潔白して、公を行ひ正を行ひ、官に居《お》りて私無きは、人臣の公義なり。行を汚《けが》し欲を従《ほしいまま》にし、身を安じ家を利するは、人臣の私心なり。明主上に在らば、則ち人臣私心を去りて、公義を行ひ、乱主上に在らば、則ち人心公義を去りて、私心を行はむ。

［現代語訳　賢明な統治者の格別に留意すべき統治道のかなめは、まず必ず公と私の分別を明確にすることであり、法令禁制を明らかにし、私恩行為を排除することである。命令は必ず実行されるべきであり、禁じたことは必ずやめさせるべきである。これこそが統治者の公義というものである。いつも私（情・縁）に流されて行動し、仲間だけには信頼があつく、賞を示しても励まず、罰を示しても退かない、これは臣（官吏）の私義というものである。だから私義が行われれば国は乱れ、公義が行われれば国が治まる。よって公と私との峻別があるのである。臣（官吏）には私心もあれば公義もある。その身をよく修め、潔白を保ち、行為は公正で官職を遂行するうえで無私であれば、これこそ臣（官吏）の公義というものである。もしも汚職を行い、私欲のままに動き、自分の身の安全をはかり、自分の家の利をもとめるとすれば、それは臣（官吏）の私心である。賢明な統治者が上におれば、臣（官吏）は私心を去って公義を行うが、乱暴な統治者が上におれば、臣（官吏）は公義を去って私心を行おうとする。］

要は、統治者の統治行為もしくは統治体制の正当性の根拠は公（平無私）の確立にあるけれど、その有効性もしくは実効性を担保するのは公私の厳格な区別と臣（官吏）によるその規範化・身体化・実践化であるということです。統治者の公（平無私）は臣（官吏）の公（平無私）に反映され、それこそ安国安民の礎となる、しかし統治者の公が乱れ、臣（官吏）が私心をもって私義を行えば乱国乱民の原因になるということです。ですから、統治者とその臣（官吏）は、何よりもまず、公私を明確に峻別し、それに基づいて法令禁制や論功行賞をどこまでも公義によって実行するためには、特に臣（官吏）の私義と私心と私欲の弊害を徹底的に除去する必要があるということです。

そこで、問題は臣（官吏）の公（平無私）はどのように確保されるのかということになります。『管子』巻第十君臣上第三十には次のような言説があります。

是《こ》の故《ゆえ》に、人に君たる者は、貴《たっと》きこと其の言の如きは無し。人臣たる者は、愛すること其の力の如きは無し。言下《げんくだ》りて力上《ちからのぼ》り、而して臣主の道《みち》畢る。是の故に、主之を画《はか》りて民之《たみこれ》に役《えき》し、則ち又符節印璽《じ》・典法筴籍有りて以て相揆《あいはか》るなり。此れ公道を明かにして姦偽を滅するの術なり。

［現代語訳　以上のような理由から人の上に立つ統治者たる者にとって一言一行ほど大切なものはない。また一方、臣（官吏）たる者にとって統治者の言明に従うという気力（＝栄辱に堪え得る精神力。気根また忠誠心）ほど大事なものはない。統治者の言明が下達され、臣（官吏）の忠誠心が上達すれば、それが臣（官吏）と統治者とのあいだに期待されるべき統治の道理が完備することになるのである。そのうえでまず統治者が物事の根本の計画を立て、閣僚がこれを受けて守り、さらに閣僚がこの計画を検討して、役人がこれを受けて守り、またさらに役人が細かく計画を立てて、人民がこれを受けて労役につくのであり、また一方、割符や印鑑、法令文書などの事務的処理についても正確を期して調査するのである。これが公（平無私）に基づいた（統治者の）道を明らかにしてよこしま（奸邪・姦悪）やいつわり（偽・詐・騙）を絶滅させる方法なのである。］

結局、官吏の公（平無私）を担保するのは、統治者の公（平無私）に徹する言行ということになります。官吏とはひたすら統治者の公（平無私）に基づいて言明される根本計画に従い、それを実現するために全身全霊を尽すことによって、統治者と官吏との間に本来的な統治の正道が共有されるということであります。公（平無私）とは統治者に要請される道徳的資質であるばかりではなく、官吏と統治者とのあいだで共振・共鳴・共有されるべき統治行為の核心規範でもあるわけです。

しかし、官吏の公（平無私）が統治者の道徳的資質によって確保されるでしょうか。『韓非子』飾邪第十九は次のように語ります。

故に君臣は心を異《こと》にす。君は計を以て臣を畜《やしな》ひ、臣は計を以て君に事《つか》ふ。君臣の交々計するや、身を害して国を利することは、臣為さざるなり、国を害して臣を利することは、君行はざるなり。臣の情、身を害しては利する無く、君の情、国を害しては親む無し。君臣は、計を以て合ふ者なり。夫《か》の難に臨《のぞ》みて死を必し、智を尽《つく》し力を竭すに至は、法の為に之を為す。故に先王は賞を明かにして以て之を勧《すす》め、刑を厳にして以て之を威《おど》す。賞刑明かならば、則ち民死を尽《つく》さむ。民死を尽《つく》さば、則ち兵強く主尊《しゅたつと》し。刑賞察《あきら》かならずば、則ち民功無くして而も得むことを求め、罪有りて而も免《まぬが》れむことを幸《こひねが》ひ、則ち兵弱く主卑《しゅいや》しからむ。故に先王の賢佐は、力を尽し智を竭す。故に曰く、公私は明かにせざる可《べ》からず、法禁は審《あきら》かにせざる可《べ》からず、と。先王は之を知れり。

〔現代語訳　従って統治者と官吏とは心のあり様が異なる。統治者は、それなりの統治理念の大計があって、それに基づいて官吏を大事にするのであり、官吏はそれなりの思慮と計算があって統治者に従うのである。だから統治者と官吏とはたがいに計らうところがあってまじ（交・雑・混）りあうのだから、おのれ一身の損害をこうむ（被・蒙）りながらも国利国益の実現に献身するようなことは、官吏はなさず、国利国益の損害をこうむりながらも官吏の利権をはかるようなことは、統治者たる者はなさない。官吏の本心と言えば、一身の損害をこうむることになれば、何も利することなく、統治者の本心と言えば、国利国益の損害をこうむれば親愛も何もない。つまり統治者と官吏とのあいだというのは相互の利権計算で成り立つのである。あの官吏が難局に臨んで死力を尽し、知略も力能もすべてをささげるのも、実は法令に従うということだ。故に昔の賢王は、賞を掲げて励まし、罰を厳しくして恐怖感をもたせた。賞と罰とが明確であれば民は死力を尽すし、民が死力を尽すようになれば兵力は強く統治者の権威は高まる。ところが賞罰が明確でないと、民は功もなしに利を得ようとし、罪を犯しても何とかのがれようとして、兵力は弱く、統治者の威勢はさびれるばかりである。だから言っておくが、公私は厳格に区分せねばならないし、法令禁制を明確にせねばならぬ、と。このようなことは昔の統治者はつとに知っていたのである。〕

また、『書経』二十一周官にも官吏の心得として、類似の内容を訓示する綸言（君主が下に対して言うことば）があります。

王曰《いは》く、嗚呼《ああ》、凡そ我有官の君子。乃《なんじ》の司る処《ところ》を欽《つつし》み、乃の令を出すを慎め。令出《いで》ては、惟《こ》れ行ひ、惟れ反《かえ》さざれ。公を以て私を滅すれば、民其《たみそ》れ允《みつ》として懐《なつ》かん。古を学びて官に入り、事を議して以て制すれば、政乃《すなわ》ち迷はず。其れ爾典常えが師と作《な》し、利口を以て厥《そ》の官を乱《みだ》すこと無《な》かれ。

［現代語訳　王が訓示した。ああ、すべて官職についている素晴らしい人々よ。あなたたちがついている職務を大切にし、あなたたちの出す命令を慎重にしなさい。命令を出した以上、必ず実行するようにし、引っ込めたりしてはならない。「公」（平無私）の精神をもって「私」（利・欲・情）を消去すれば、人民は信じて慕ってくるであろう。古のことをよく学習してから官職につき、実際のものごとについては、十分議論したうえで裁断を下せば、政治は誤ることがない。あなたたちは古くからのきまりを師とし、口先だけ上手にして官職を乱すことがあってはならない。］

統治者の公（平無私）の道徳的資質が確認されたとしても、官僚の個人的・集団的・組織的公（平無私）がおのずから保障されるわけではありません。統治者と官吏との関係は冷静な利権計算に基づいたものであり、何かそこから具体的に得られるものがあってはじめて持続するのであります。ですから、何らかのかたちで公（平無私）が奨励され私（偏・偽・悪）が刑罰を受けるというきまりやしきたりが是非とも必要になるわけです。

統治者の立場から見て考えますと、官吏であれ一般庶民であれ、統治の対象という意味ではあまりかわらないのです。統治の要請から統治者以外のものはすべて例外なく被統治者としての従属的な位置付け・意味付けがあたえられるだけだからです。そこで『管子』巻第十五任法第四十五の言説は傾聴に値します。

夫《そ》れ法は、上《かみ》の民《たみ》を一《いつ》にし下《しも》を使《つか》ふ所以《ゆえん》なり。私《し》は、下《しも》の法を侵《おか》し、主を乱《みだ》す所以《ゆえん》なり。故に聖君は、儀を置き法を設《もう》けて、固く之を守る。然《しか》るが故に、堪材習士《かんさいしふし》、閒識博学の人も、乱《みだ》す可《べ》からざるなり。衆彊富貴私勇の者も、侵《おか》す能《あた》はざるなり。信近親愛の者も、離《はな》す能《あた》はざるなり。珍怪奇物も、惑はす能はざるなり。万物百事、法の中に在る者に非ざれば、動かす能はざるなり。故に法は、天下の至道なり。聖君の宝用なり。

今、天下は則ち然らず。皆、善法有れども、守ること能はざるなり。然《しか》るが故に、堪材習士、閒識博学の士、能く其の智を以て法を乱《みだ》し上を惑はし、衆彊富貴私勇の者、能く其の威を以て法を犯し侵陵す。鄰国の諸侯、能く其の権を以て子を置きて相を立て、大臣、能く其の私を以て、百姓を附け、公財を翦《き》りて以て私士に禄す。凡そ是くの如くにして、而も法の行はれ、国の治まるを求むるも、得可からざるなり。

［現代語訳　そもそも法とは、統治者が人民を統一して、彼ら彼女らを支配して使役するための手段である。人民の私（利私欲）は、彼ら彼女らが法を犯し、統治者の権威を乱す原因である。そのために、賢明な統治者は人民に対して規範を作り法律を設定して、堅くこれを守護するのである。

そのようであればこそ、特に才能のすぐれた者、物事に熟練した者、博識博学の者であっても、統治者の権威を乱すことはできないのである。また、強力な集団、富貴な身分の者、個人的な勇気を持つ者も、統治者の権威を犯すことはできないのである。また、信頼されて統治者の身辺に仕える者、統治者から親愛されている者でも統治者と官吏を離間させることはできないのである。また珍貴で貴重な品物も、統治者の心を惑わすことはできないのである。ありとあらゆる物事は、それが法の中に包含されていない限り、統治者の心を動かすことはできないのである。それゆえ、法こそは天下の最高最上の道である。そして聖明な統治者が宝物として重んじるものなのである。

現在、天下はそうなっていない。皆それぞれにもっともらしい法律を設定してはいるが、それがきちんと遵守されていないのである。そうであるから、特に才能の優れた者、物事に熟練した者、博学博識の人物は、彼ら彼女らの知恵で法を乱し、統治者を惑わすことができ、強力な集団、富貴な身分の者、個人的な勇気をもつ者は、彼ら彼女らの威力で法を犯し、統治者をはずかしめることだってできる。隣国の諸侯は、彼らの権勢によって統治者の後継ぎの子を廃して宰相の位につけることもでき、大臣たちは、彼らの個人的恩恵を施すことによって大衆を味方にひきつけ、国の財貨を削り取って、個人的に任用した部下に俸禄として与えることもできるのである。いったい、このような状況にありながら、法が正当に施行され、国がよく収まることを祈求するというのはあるまじきことである。」

ここで注目すべきことは統治者から見た「民」（衆）（国民・市民・私民）の位置づけであります。民（衆）とは基本的に私利私欲の塊であり、どちらかと言えば、犯法反乱の可能性が大きい悪者とみなされているということです。民の独自の位相が言及なされていないのです。ほっておけば法を犯すか、治安を乱すか、ともかく危険な者たちだから、一つにまとめて道徳的規範と法制的規定によってしばりをつけ、いろんな労役につかせる必要があるということです。しかし、統治者の立場からすると、一般民衆の私利私欲よりも危険なのは多様なエリート層からの統治者の権威に対する挑戦であります。法によってすべての民衆を統一するということは、統治者の権威を唯一の正当な権威として確立・定着・強化させ、一切の余他の権威を排除・否定・破壊するための仕組みづくりであります。それは統治者の公（平無私）という大義名分の前では、余他の個人・団体・組織は全部、私（偏・偽・悪）としか認められなくなるのです。統治者の権威に対するいかなる挑戦も公（平無私）の天理に対する私（偏・偽・悪）の人欲の反逆行為として糾弾されて然る可き究極の基準を担保するのが法ということになりますから。

わたくし自身の個人的な関心は、『管子』第十五任法第四十五の言説の中でも特に「上《かみ》の民《たみ》を一《いつ》にし下《しも》を使《つか》ふ所以《ゆえん》なり。私《し》は、下《しも》の法を侵《おか》し、主を乱《みだ》す所以なり」というところの「一《いつ》にする」と「私《し》は、法を侵《おか》し、主を乱《みだ》す」という問題にあります。「上」（統治者）がすべての下（民衆＝国民・市民・私民）を一元化し、それを統合・支配・威嚇するのが法の目的・役割・機能とみなされているということです。そしてこれは北宋の大儒、程頤（伊川　一〇三三―一一〇七）の「公則一、私則万殊。

人心不同如面、只是私心」（『近思録』）〔現代語訳　公とは即ち一（唯一の立場・観点・名分・論理・基準など）であり、私とは多異（多数の相異なる立場・観点・名分・論理・基準など）である。人間の心というのはそれぞれの顔が同じでないように同じではない。これこそ私心というものである。〕という公私観と深くつながっています。このような関連で改めて考えてみますと、法とは公であり、それは統治者の公（平無私）というのが唯一の立場・観点・名分・論理・基準として特権化されるということでもあるわけです。そして南宋の巨儒、朱熹（一一三〇—一二〇〇）の『朱子語類』巻十三・三十項には「凡事便有両端、是底即天理之公、非底及人欲之私」〔現代語訳　およそ一つのものごとには二つの糸口がある。是なるものは、天理の公であり、非なるものは人欲の私である。〕という公私論が語られていますが、ここまで来ますと、中国における公私観とその論脈の中での「公」（平無私）の捉え方が内包する、歴史的もしくは思想的負荷の大きさと重さに圧倒されそうな気もします。その影響は日本にも韓国にも広く深く波及し、昨今の日韓両国の学界・言論界・政財界の多様な言説の中にもいろんなかたちでその痕跡が残っていると感じられます。

「公平無私」から「公私共活」を通して「活私公共」へ

なぜ今さら中国古典の公私論と特に公（平無私）の考え方を詳論するのか。それはそのような「公」と「私」の捉え方から脱出するためです。ではなぜ脱出するのか。何のために脱出する必要があるのか。それは時代と状況の根本的な変化によって、まったく新しい発想と論理と基準が要請されているからです。新しい時代と状況にはそれに相応しい新しい哲学が必要であります。中国における公私論は紀元前二五〇年頃にはかなり整然とした形姿で確立されていましたし、それから時代の変遷とともに、多様な論争を経ながらもその基本的な論旨は綿々と続いてきました。そこで感知できる特徴は、徹底した尊公卑私の公私論ということです。それは結局、強力な一君万民体制の確立とその正当化をはかる公哲学の定説創りのための言説であるわけです。「公」とはまさに一人統治者の権威の成立根拠——公（平無私）という道徳的資質・性向・規範として明示された——であり、統治行為の正当性を担保する基準・準則・原理でもあります。公は一元化の論理であり、法秩序の根幹でありまず。法とはまさに公の具現であるわけです。公は統治者とその信任を受けて統治行為を部分的に、そして、限時的に担当する臣（官吏）たちによって独占された統治倫理的価値——「統治善」とでも言いましょうか——として尊重されたわけです。

中国における公優越の公私論——わたくしの個人的見解としては、公（官）哲学的価値志向以外の何ものでもありません——が、持続的にその影響力を波及しているのは何故なのか。それは中国社会が基本的には統治者の道徳的純粋性——専ら公（平無私）を目指す——によって正当化される官治社会であるからだと思われます。歴史的にも現実的にも十分推測できることです。「公」（平無私）はどこまでも体制中心の価値志向です。体制維持のためには個人の犠牲を強要するという意味でまさに「滅私奉公」の精神姿勢でもあります。「公」（平無私）は制度優先の立場です。個人の存在とその権利を積極的に擁護する立場ではないのです。「公」（平無私）は全体への無私の奉仕というのがその名分です。しかし、部分（私）の存在しない全体は抽象に過ぎないので空虚な名分への奉仕に変質しやすいのです。「公」（平無私）の評価が高いのは統治者とその周辺の権力層――堅固な官僚組織とそこに所属する官僚群――の権威と特権と支配を正当化する立場・観点・原理・価値・規範として、巧みに操作・利用・称賛されてきたからではないでしょうか。では何が問題なのか。問題は「公」（平無私）が統治者とその忠実な臣・官吏の一方的な、「ための」の原理であって、国民・市民・私民と「ともに」の実理ではないということです。例えば、「国民全体のために」とは、典型的な統治者的・官僚的発想・論理・倫理です。本当は全く誰のためにもなっていないのに、勝手に思い込むのです。「公共」とはどこまでも「ともに」を最重要視する非・脱・反「公」・「臣」・「官」の発想・論理・倫理です。ですから、「公」と「公共」の混同は危険なのです。

では、何故「公」と「公共」の混同は危険なのか。「はじめに統治者あり」という考え方に（慣・馴・狎）れ、お上依存からの脱出・自立・自尊への意志を麻痺させるからです。「公」（平無私）とは響きはよいのですが、どこまでも統治者の原理であり、それはかつての悪名高いナチスの指導者の原理に変質した事例にもありますように、全体主義の独善・独裁・独断の原理になりやすいのです。

全体主義と言いますと何かすごく大きい・怖いもののように思われますが、要はすべてのものごとを一元化・同質化・統合化し、多元性・異質性・多様性を認めないということ以外のなにものでもありません。要は「公」（平無私）が「私」（欲・利・益）の多元・異質・多様を否定するところに成立するということです。しかし、「私」が否定された人間が人間でありえるでしょうか。「公」（平無私）

はその動機が善であっても結果的に人間不在・否定・抹殺の体制をもたらす恐れがあります。私欲とは生命欲であり、私利とは生存を利することであり、私益とは生業から得られる実益であります。それが否定されるということは一人ひとりの人間の生命・生存・生業の意味と価値と尊厳が否定されるということです。

だからと言って、「公」(平無私)を廃するということではありません。「公」(平無私)の専横・過剰・圧倒を調整・制限・改築する必要性を提言するというのが、「公共」を「公」と区分けする意味・意図・意向なのです。「公共」は「私の積極的な肯定」を通して、「公」の閉鎖性・抑圧性・独善性を開放・解放・改革するための活動・運動・連動であります。「公」は一元化・同質化・統合化を目指し、「私」は多元化・異質化・分散化を志向しますが、「公共」は公と私とのあいだ・あわい・まじりあいから多元・多重・多層の媒介・仲介・共媒をはかるのです。「公私共活」です。そして結局、「活私公共」を目指すことになるわけです。公と公・私と私・公と私をむすび・つなぎ・いかすための対話・共働・開新(新しい次元が開ける/を開く)こそが「滅(破)私公共」ではなく「活私公共」の具体的なはたらきです。ですから公と公共を分けて語る必要があるのです。

(註) 本文中の引用と訓読に関しては、主に明治書院から刊行され新訳漢文大系に依拠し、現代語訳はわたくしの判断に基づくものであります。

(初出 『公共的良識人』二〇〇八年八月一日号)

編著者紹介

1934年生れ．公共哲学共働研究所長．来日（1990年）以後，*Creating a New History for Future Generations* (Kyoto, Japan: Institute for the Integrated Study of Future Generations, 1994), *Self and Future Generations* (Cambridge, UK: The White Horse Press, 1999), *Co-creating a Public Philosophy for Future Generations* (UK: Adamantine Press Ltd., 1999), *The Generative Society: Caring for Future Generations* (Washington, D.C.: American Psychological Association, 2002)，シリーズ『公共哲学』全20巻（共編，東京大学出版会，2001-2006年），『一神教とは何か』（共編，同会，2006年），シリーズ『物語り論』全3巻（共編，東京大学出版会，2007年），『東アジア歴史対話』（共編，同会，2007年）．

公共哲学を語りあう
中国との対話・共働・開新

2010年5月1日　初　版
2010年6月30日　第2刷

［検印廃止］

編著者　金《キム》 泰昌《テチャン》

発行所　財団法人　東京大学出版会
代表者　長谷川寿一
113-8654 東京都文京区本郷7-3-1 東大構内
http://www.utp.or.jp/
電話 03-3811-8814　Fax 03-3812-6958
振替 00160-6-59964

印刷所　株式会社三陽社
製本所　牧製本印刷株式会社

ISBN 978-4-13-010114-1　Printed in Japan